JN075849

戦後日本、記憶の力学

「継承という断絶」と無難さの政治学

Yoshiaki Fukuma
福間良明

作品社

戦後日本、記憶の力学＊目次

II

文化の力学――ポピュラー文化と死者の情念

Ⅲ　社会の力学――「無難さ」の前景化と現代

凡例

引用にあたっては、現代においては不適切な表現もそのままに記している。あくまで資料としての正確性を期するためであり、他意のないことをご了承いただきたい。資料の引用に際しては、以下の基準に従っている。

一、旧字体の漢字は、原則的に新字体に改めている。仮名遣いは原則的に引用元のとおりである。

一、読みやすさを考慮し、適宜句読点を加えた箇所もある。明らかな誤植と思われるものは修正している。

一、中略は［中略］で示している。また引用中の筆者による註釈は［　］内に示している。

プロローグ　「継承」の欲望と戦後

「継承」のカタルシス

ざっと二〇〇〇年代以降の日本の戦争大作映画を観ていると、ある特徴に気づく。それは、作中における「現代の若者」と戦争体験者の「共感」である。それまでの邦画興行収入を塗り替える大ヒットを記録した『永遠の0』(二〇一四年)では、特攻死した主人公の孫が、祖父の足跡を追い、その話を語ってくれたかつての戦友と抱き合う場面がある。戦艦大和の最期を描いた『男たちの大和　YAMATO』(二〇〇五年)でも、元乗組員の娘や孫が、戦艦大和が沈んだ海に向かって敬礼するシーンがラスト近くに見られた。そのような描写が盛り込まれていることの背後には、「現代の若者は戦争の記憶に耳を傾けなければならない」という規範があり、かつ、その規範がポピュラー文化のなかでも広く受け入れられていることを示す。現代の人々が実際にそうであるかは別にして、というより、そうではないからこそ「戦争の記憶を理解し、共感しなければならない」という意識が社会のなかで共有されている。

だが、これが一九六〇年代や七〇年代の映画になると、「若者」と戦場体験者の関係はまったく異なるものになっている。予科練出身の元特攻隊員が主人公の『紺碧の空遠く』（一九六〇年）では、往時の体験や当事者の複雑な心性を理解しようとしない戦後の人々への憤りが、つよく打ち出されている。ぶざまな学徒兵の戦争体験をコミカルに描いた岡本喜八監督『肉弾』（一九六八年）や特攻作戦実施に踏み切った海軍中将・大西瀧治郎を扱った『あゝ決戦航空隊』（一九七四年）でも、「現代の若者」に対する同様の違和感や怒りを描いている。戦後中期においては、戦争体験の断絶や風化こそが、映画作品のモチーフにあった。

考えてみれば、軍の組織病理や暴力を主題にした劇映画も、いまはあまり見られない。かつてであれば、『二等兵物語』（一九五五年）や『兵隊やくざ』（一九六五年）が軍隊内部の凄惨な暴力や不正の横行を主題化し、『独立愚連隊西へ』（一九六〇年）は不毛な軍旗奪還にこだわる軍のありようを嘲笑した。だが、近年ではこうしたなかで「無駄な死」を死ななければならなかった兵士たち（および戦地住民たち）に焦点を当てる映画は、ほとんど見られない。

いまも毎年夏になると、「戦争の記憶」の継承が叫ばれる。だが、そこでは「継承の欲望」は語ってはいても、そこ自体に内在する「風化」「断絶」が見落とされてはいないだろうか。戦争映画や戦跡観光といったポピュラー文化のなかで、調和的な「継承」が麗しく語られる一方、軍内部の組織病理や暴力に着目されることは少ない。だとすれば、体験や記憶の「継承」の美名に浸ること自体が、じつは見るべきものから目を背け、「風化」「断絶」を進行させているとも言えまいか。

「語られたこと」の後景化

同様のことは、体験者への向き合い方にも通じるものがある。戦後七〇年あまりが経過し、戦争体験を有する世代の存命者は、ますます少なくなっている。記憶が鮮明で会話に支障がない当事者となると、ごくまれである。それもあって、「いまのうちに体験を聞いておかなくては」という切迫感はたびたび語られる。実際に研究者やメディアによる聞き取りの作業も進められているし、修学旅行などで「語り部」に話を聞く営みも多く見られる。むろん、それらは有意義なことではある。

だが、言うまでもなく、体験者は現在のみならず、過去にも多くを語ってきた。それを活字化した記録・出版物は、膨大な量にのぼる。それらは今日、どの程度、顧みられているのだろうか。さらに言えば、今日の「体験者」「語り部」によって語られることは、戦後七〇余年のあいだに体験者らによって編まれた記録と比べて、何がどう目新しいのか。あるいは逆に、「同じような話」を現代のわれわれは彼らに強いてはいないだろうか。

その意味で、「いま聞き取らなければならない」という「継承」の欲望は、過去の体験者の「忘却」を生み出している。さらに言えば、メディアや教育の場においては、存命の体験者に話を聞くことと、過去の膨大な資料を読み解く手間を省くこととが、ときに表裏一体になっていることもあるのではないだろうか。

こうした問いを念頭に置きながら、本書はおもに二〇一五年以降に雑誌・論集等に発表した個別論文・論説を集め、主として戦後中期から現代にかけての「継承という断絶」の諸相を描きたい。

当事者やメディアにおける「戦争の記憶」に関する研究は、二〇〇〇年代以降、多く積み重ねられている。体験者への聞き取りや慰霊実践の観察に基づく社会学・宗教学・文化人類学方面の研究には厚い蓄積がある。メディア（史）研究においても、映画やマンガ、新聞言説などにおける戦争表象を、ナショナリズムやジェンダーの視角から批判的に検証したものは、多く見られる。

しかし、「継承」の営みや欲望のなかで、いかなる「忘却」が生み出されてきたのかについては、意外に見落とされてきたように思われる。いま「記憶」されているものを「継承」することも、もちろん重要だろう。だが、それがさまざまな忘却を経た「上澄み」のようなものであるとすれば、どうなのだろうか。そこでは「継承」自体が「忘却」の再生産を促すことになる。だとすれば、問われるべきは、「いかなる論点が見失われていったのか」「それを生み出した社会的なメカニズムは何なのか」ということであろう。

「継承」という断絶

そのことを考えるうえで、「靖国問題」をめぐる橋川文三の記述は興味深い。橋川は当時、論争の渦中にあった靖国神社国家護持問題を念頭に、「靖国思想の成立と変容」(『中央公論』一九七四年一〇月号)のなかで、以下のように論じている。

たとえば特攻隊員として戦死した個人がいかにあの戦争を呪い、「自分は死が恐ろしいのではないのです。ただ、現在のような日本を見ながら死ぬことは犬死だとしか思えません。むしろ大臣とか大将だとかいってデタラメなことばかりしている奴どもに爆弾を叩きつけてやった方が、さっぱりして死ねるように思います」(児玉誉士夫「われ敗れたり」)というような批判をいだいたまま戦死したとしても、国家は涼しい顔をしてその若い魂をも靖国の神に祀りこんでしまうわけです。たんに彼が神道の神を信ぜず、たとえばキリスト教の信者であったというような場合だけではなく、あの戦争の不正にめざめていた魂までを含めるなら、靖国に祀られることを快く思わないはずの「英霊」の数はもっと多くなるはずです。[1]

靖国を国家で護持するのは国民総体の心理だという論法は、しばしば死に直面したときの個々の戦死者の心情、心理に対する思いやりを欠き、生者の御都合によって死者の魂の姿を勝手に描きあげ、規制してしまうという政治の傲慢さが見られるということです。歴史の中で死者のあらわしたあらゆる苦悶、懐疑は切りすてられ、封じこめられてしまいます。[2]

死者を顕彰することが、死者の苦悶や懐疑を削ぎ落としてしまう。こうした危惧が、そこでは語られていた。橋川にとって、死者の遺念に寄り添うことは、「靖国国家護持」によって死者を「持ち上げる」ことではなく、彼らの苦悶を直視し、それを生み出した国家の暴力を問うことであった。

さらに言えば、戦没者を批判することと彼らに共感することは、ときに重なり合うものでもあった。京都帝国大学在学中に学徒出陣で南方戦線に送られた神学者・舟喜順一は、反戦色の濃い東京帝大出身戦没学徒遺稿集『はるかなる山河に』（一九四七年）を評するなかで、「弾圧に反抗し続けた人間性を再確認して喜ぶことは、彼等に悲劇を見ることに止まる。そして私達は悲劇によつては救われない」「悲しく咲く美しさにも不拘(かかわらず)、又救を常に求めるのにも不拘、それ自身で暗黒を払う力はなかつたのである」と述べ、教養ある戦没学徒の無力さを指摘していた。[3] だが、舟喜は続けて、自らの戦争体験を想起しつつ、以下のように論じていた。

かく言うのは不遜であろうか。然し戦没者自身生前此等の反省を自らの来し方に加えるに至つた者もあるではないか。学徒の持つ純粋性抽象性は軍隊生活、戦場、戦闘のうちに遅かれ早かれ汚れ傷つき破れたのであつた。呆けることを以て現実を逃避しない者は現実に圧潰されたが、又真実の我等の側にないことを感知した者は自己の内にこそ恐るべき罪性の強烈な働きを認め、救いを求めねばならなかつたのではないか。

　或いは尚絶望的精進を続けたのであつたろうか。彼等が若し帰還することありとしても決して以上の反省を咎めぬことと思ふ。[4]

　舟喜にとって、戦没学徒の限界を指摘し、それを批判することは、戦後の価値観でもって彼らを断罪することではなかった。むしろ、戦場に駆り出され、死に直面するなかで、自らの限界を感じたかもしれない彼らの無言の声を代弁するものであった。

　ちなみに舟喜は、第四高等学校学生当時の一九四〇年の文章のなかで、楠木正成や和気清麻呂、吉田松陰らの思想の吸収を通じた日本主義的教養の重要性を説きながら、「吾人は身を挺して興亜の大業を翼賛すべき」ことを記している。[5]戦争賛美に疑念を抱かなかった往時の自己を問いただす延長で、死者に対する「批判という共感」が導かれていたのである。

　いまとなっては、こうした立論はあまり思い起こされることはない。昨今であれば靖国神社をめぐる議論としては、「死者の顕彰」に重きを置く立場と「戦争責任」「加害責任」に重きを置く立場の二項対立の状況にある。しかし、かつては、死者に寄り添う先に「顕彰」を否認し、「責任」を問う論理が導かれていた。こうした「継承」のロジックを忘却したまま、また別の「継承」が日々生み出されているのが、現代の状況である。

本書の構成

本書は、こうした「継承という断絶」が生み出される社会背景やメカニズムについて検討していくものである。

まず、第Ⅰ部「空間の力学――「記憶の場」の構築と齟齬」では、死者や体験・記憶をめぐる空間の構築プロセスについて検討する。そのうち、第一章「靖国神社、千鳥ヶ淵――「社」と「遺骨」の闘争」では、戦後の早い時期の靖国神社・千鳥ヶ淵戦没者墓苑の言説を取り上げ、「英霊」をめぐる政治主義や論争がいかに生み出されていったのか、そこで個々の戦没者の何が想起され、何が削ぎ落とされたのかを検討する。そのことは、戦後日本において「全戦没者のシンボル」となる場が成立しがたいものであったことを浮き彫りにする。

それに対して、原爆ドームや平和記念公園、浦上天主堂、平和祈念像、摩文仁戦跡など、広島・長崎・沖縄をめぐる「記憶の場」はどのように創られたのか。そこに戦後社会の変容やメディアの力学がどう関わっていたのか。第二章「広島、長崎――「被爆の痕跡」のポリティクス」および第三章「沖縄・摩文仁――「戦跡というメディア」の成立と変容」では、これらの点について論じていく。

第Ⅱ部「文化の力学――ポピュラー文化と死者の情念」では、おもにポピュラー文化において「死者の情念」がどう扱われたのかを検討する。第四章「映画『野火』――「難死」と「嘲笑」の後景化」は、映画『野火』（市川崑監督、一九五九年）を取り上げながら、加害や難死（小田実）、軍の組織病理がメディア文化のなかで扱われ得た社会背景について考察する。第五章「映画『軍旗はためく下に』――覆され続ける「予期」」では、映画『軍旗はためく下に』（深作欣二監督、一九七二年）を読み解きながら、死者の憤りと「遺族への配慮」の相容れなさを検討し、心地よい「死者」の語りに覆い隠される「記憶をめぐる仁義なき戦い」を描写する。そのうえで、第六章「鶴見俊輔とカウンター・クライムの思想――「順法」への懐疑」では、二〇一五年に死去した鶴見俊輔の戦争体験論を取り上げ、戦中派世代の悔恨と「優等生」的な思考様式への批判について検討する。それは、『野火』や『軍旗はためく下に』に浮かび上がる「感銘の拒絶」にも通じるものである。

第Ⅲ部「社会の力学――「無難さ」の前景化と現代」では、これまでの議論をふまえながら、声高に「継承」が叫ばれる現代社会を問い直す。具体的には、第七章「鹿児島・知覧――「平和の尊さ」と脱歴史化の現代」において、戦後の初期から現代に至る知覧特攻戦跡の構築プロセスを俯瞰し、「慰霊」「平和」といった「当たり障りのなさ」によって何が覆い隠されているのか、また、そうした「無難」な語りはいかなる社会背景によって生み出されるのかを考察する。第八章「「慰霊祭」の言説空間と「広島」――「無難さ」の政治学」では、二〇一六年のオバマ米大統領の広島訪問を念頭に置きながら、現代の「平和」の語りが何を不問に付し、何を忘却させているのかを論じていく。終章「「断絶」の風化とメディア文化――「継承」の欲望を問う視角」では、これまでの議論を見渡しながら、近年の映画や戦跡観光における「無難さ」について考察し、「継承」の欲望の過剰のゆえに、現代の「断絶」から目が背けられている社会状況を批判的に検討する。

そして、エピローグ「「ポスト戦後七〇年」と「戦争」をめぐる問い」では、以上の論点をふまえつつ、戦後七〇年以降の「戦争（の）社会学」の課題や展望について論じていきたい。

I

空間の力学——「記憶の場」の構築と齟齬

第一章　靖国神社、千鳥ヶ淵――「社」と「遺骨」の闘争

戦後の日本では、さまざまな戦跡が創られてきた。広島であれば平和記念公園や原爆ドーム、沖縄戦の関連であれば、摩文仁戦跡やひめゆりの塔、特攻に関するものであれば、知覧特攻平和会館などがすぐに思い浮かぶだろう。だが、これらが、特定の地域や戦闘に限定された戦跡であるのに比し、「日本の戦没者」全体を象徴するものとして、社会的に広く受容されているものは見当たらない。

しいて言えば、靖国神社と千鳥ヶ淵戦没者墓苑が挙げられるかもしれない。靖国神社は明治以降の「国事に殉じた戦没者」を祀る追悼施設であり、千鳥ヶ淵戦没者墓苑は、先の戦争における「遺族に引き渡すことのできない戦没者の遺骨[1]」を納めるべく設立された墓所である。だが、これらが「日本の戦没者」を象徴するものとして、広く受け入れられているとは言いがたい。

摩文仁や広島・平和記念公園であれば、毎年、慰霊の日なり原爆被災日に公的な慰霊式典が行われており、地域メディアもこれに合わせてさまざまな特集企画を組んでいる。知覧特攻平和会館にしても、観光ガイドブックで大きく扱われており、一般の観光客のみならず、修学旅行での来訪も少なくない。また、

1-1　靖国神社（1965年ごろ）

隣接する特攻平和観音堂での慰霊祭は、町報において毎年大きく扱われてきた。公的な慰霊式典やメディア表象が重なりながら、これらは「地域の戦争の記憶のシンボル」として成立してきた。[2]

それに対し、靖国神社は、A級戦犯合祀問題や首相・閣僚の公式参拝の是非をめぐり、論争は尽きない。千鳥ヶ淵戦没者墓苑は、あたかも論争が過熱する靖国神社の影に霞むかのように、その存在が社会的に着目されることは少ない。公的な慰霊式典も行われてはいるが、主催は政府ではなく厚生労働省（二〇〇〇年までは厚生省）であり、また、その式典の報道は目立つものではなく、メディア・イベントとして成立しているとは言いがたい。

だが、「日本の戦没者」を象徴する場の不成立は、はたして戦後初期からのものなのか。もし、そこに変容が見られるとすれば、いかなる社会背景が関わっていたのか。

本章はこうした問いを念頭に置きつつ、靖国神社や千鳥ヶ淵戦没者墓苑の戦後史を跡付け、「日本の戦没者全体を象徴する場」が社会的に成立しがたい状況が、いかにして生み出されたのかを検討する。[3]

一　固有の死者に向き合う場

戦没者の社

一八六九年、明治維新期の官軍側戦没者を祀る場として、東京招魂社が創建された。これが靖国神社と改称されたのは一八七九年であり、同時に別格官幣社に列せられた。以後、日清・日露戦争、満州事変、日中戦争、太平洋戦争など、対外戦争の戦没者が祀られていった。

官幣社が歴代の天皇・皇族などを祀るのに対し、別格官幣社は、楠正成を祀る湊川神社など、天皇の「忠臣」を祭神とする神社の社格であった。別格官幣社における靖国神社の序列は、祭神の没年や創建時期により、終戦時点で二八社中の第一六位（別格官幣社への列格時は一〇社中の最下位）と、決して高いものではなかった。[4]だが、祭祀の際には、地方長官が勅使として出向く他の官幣社・別格官幣社とは異なり、天皇もしくは宮内省の勅使が参向した。[5]別格官幣社のなかでは、異例の殊遇であった。

管轄官庁もまた、他の神社とは異なっていた。一般の神社は内務省神社局（のちに神祇院）の管轄下にあったが、戦没者を祀る靖国神社は陸海軍が管理した。[6]必然的に、軍との結びつきは密接であった。ことに戦時期の靖国神社は、活況を呈していた。

南京陥落（一九三七年一二月）の際の奉告祭は多くの参拝客が訪れ、例大祭のような賑わいであった。太平洋戦争開戦直後の一九四二年一月一日には、一般参拝者数が八九万名にのぼった。その後も戦没者の招魂祭とともに、シンガポール陥落や蘭印降伏等の奉告祭が行われ、そのたびに多くの参拝者が訪れた。[7]

靖国神社の寂寥感

しかし終戦に伴い、靖国神社をめぐる環境は大きく変化した。一九四五年一二月にＧＨＱが発した神道指令により、靖国神社のみならず、国家神道全体の存立基盤が否認された。

文部省宗教局ではなく、内務省（靖国神社の場合は陸海軍）の管轄下にあった神社は、「宗教ではない」という解釈がなされ、旧憲法下では他の宗教に優越する位置にあり、信教の自由の埒外に置かれていた[8]。上智大学学生の靖国神社参拝拒否事件はそれを如実に示すものであった。

一九三二年春の臨時大祭では、東京市内の各学校の学生・生徒が配属将校や教員に引率されて参拝したが、上智大学の一部の学生は、信仰上の理由で参拝を拒否した。軍と文部省は事態を重大視し、軍は配属将校を大学から引き揚げる態度を見せた。配属将校が不在となると、軍事教練を実施できず、したがって、大学生に認められていた徴兵猶予措置が適用されなくなる。それはすなわち、大学の存亡に関わるものであった。文部省は、神社参拝が宗教行為ではなく教育上の行為であり、愛国心と忠誠の表現であるとの公式見解を示し、靖国神社をはじめ、国家神道の他宗教に対する優越的な地位が示された[9]。

神道指令は政教分離の原則の徹底をめざし、神社神道に対する国家や官公吏による支援・保全・監督等の禁止、公的な財政援助の禁止、神祇院（内務省の外局）の廃止、公立の教育機関における神道教育の禁止などを打ち出した[10]。

加えて、靖国神社を管轄していた陸海軍が一九四五年一二月に廃止され、第一・第二復員省を経て厚生省復員局へと改組・縮小された。こうした状況のもと、靖国神社は、ＧＨＱに「ミリタリー・シュラィン」として警戒されながらも、一九四六年九月、単立の宗教法人として認められた。

だが、それでも存続を楽観視できる状況にはなかった。国家神道時代に公法人として国有地であった神社の境内は、多くの場合、無償で譲渡されたが、靖国神社および地域の戦没者を祀る護国神社については、サンフランシスコ講和条約調印後の一九五一年九月まで、譲渡が保留された[11]。靖国神社の側は「国有地は境内として絶対に譲渡しない」というＧＨＱの「強い意思表示」を感じ取り、「職員始め関係者は宗教法人でいれば一応安心と思ったのもつかの間、やはり最悪の場合は解散させられるのではないのかと心配が深くなり、薄氷を踏む思いであった」という。[12]

必然的に靖国神社の運営は困難を来した。終戦前は、陸海軍各一〇〇名近い専任者を置いて、合祀事務が行われてきたが、戦後はそのような事務体制をとることができず、一九五三年の時点でも合祀事務の専任者は一〇名足らずであった。[13] 靖国神社の機関紙『社報靖国』(一九五三年四月一〇日)では、終戦直後のことを回想しながら、「終戦によつて、外地の連絡が絶え、陸海軍の解体、占領下等諸事情で、合祀の第一段階である諸調査を、続けることがまづ困難となつた」と記述されている。[14]

戦前期のような靖国神社の賑わいも、見られなくなった。東京新聞文化部の記者であった安藤鶴夫は、一九四五年秋の昼下がりに靖国神社を訪れたときの感想を、以下のように綴っている。

1-2　終戦直後の靖国神社第一鳥居前(1945年秋)

広い靖国神社の境内に、どこをみても、人っ子ひとりいなかった。わたしには、つい、このあいだまでのことを考えると、一瞬にして、その、おなじ靖国神社が、こんなふうに変ってしまったように思われ、急に、気持ちがわるくなって、立ちどまり、うしろをみた。うしろにも、まったく、人影がない。あわてて、ひろい、境内の中を、ぐるぐる、みまわしても、やっぱり、人といったら、自分しかいないのである。[中略]

三時、四時、五時――、だからざっと、三時間ちかくも、私は社務所の、あけはなった窓から、境内が、はっきり視線の中に入る場所にいて、取材をしていたのだけれど、そのあいだ中、まったく、誰ひとり、通らなかった。

帰りがけ、三宅さん［社務所の係員］に、毎日、こんなふうに、誰ももう靖国神社に詣でるひとはいないのですか、と、きいたら、はい、まア、そうですな、といった。

ひとりで、また、玉砂利を踏んで、神殿にぬかずいた。誰もいないので、誰に、遠慮も、気がねもなく、泣いた。しまいに、声が出、それが慟哭になった。[15]

安藤は同じ文章のなかで、「そういえば、戦争が終って、一年ぐらいのあいだ、よく、わたしは、そんなふうな、なんともいえない孤独感におそわれたものである。しかし、この時の、靖国神社のときほどの、きびしい孤独感はない[16]」とも述べている。終戦直後の靖国神社の状況を如実に示す一文である。

遺族と死者の対話

だが、その一方で、靖国神社の社頭は、遺族と戦没した肉親とが対話を行う場所でもあった。戦後七年余を経た時期ではあるが、『社報靖国』（一九五三年一月一五日）には、若くして戦没した息子の母親が、その思いを死者本人に向けて切々と語る以下の手紙が収められている。

［昭和］十八年九月六日お別れしてより、七年ぶりに［戦没した］お父様とお会ひ出来て、きつと山ほどあるお話、どれからお話してよいやら分らないでせう。［中略　弟は］お兄ちゃんの話をすると、涙ぐんでなつかしがり、お父様は、お兄様はと、ほんとうに会へるのかしらと夢を見て居るやうなお顔で考へこんでおります。

静夫ちゃん、ほんとうにお父様とお会ひ出来るのねえ。たんとお話して、お母様にもお言伝下さい。たのしみに待つてをります。そしてお元気でねえ。もう涙が出て書けません。お別れいたします。さようなら

十月十七日夜　母より[17]

これは掲載を念頭に書かれた文章ではない。あくまで死者のみに宛てて書かれた手紙で、母親が靖国に詣でた際に賽銭箱に、それも夜間にひっそりと投じられたものである。遺骨さえ還らなかった戦没者は少なくなかった。そのゆえか、母親にしてみれば、靖国の社頭が死んだ息子と対話できる唯一の場だったのかもしれない。

また、広島在住の老齢の父親は、「靖国神社で対面したい思ひで一ぱいだつたが、最早や年を重ねる事九十二歳、汽車の旅も不可能で、会ふことは到底出来ないお前に、一言伝へたい」と記し、死者に宛てて「忘れ形見の子供」の成長を綴った手紙を、靖国神社に送付していた[18]。これも『社報靖国』に掲載されたものではあるが、家族の近況を死者に伝える手紙が靖国神社に送られているところに、遺族にとっての靖国の位置づけを見ることができよう。そこでは、靖国神社はあくまで死者とのごく私的な対話を可能ならしめる場所でもあったのである。

当時は終戦直後の時期とは異なり、すでにＧＨＱの占領も終結し、「地方から遠路上京される遺族さんの参拝は［中略］激増してをり、特に今年は遺児参拝の増加が著しく、八月一ヶ月だけで二二件五四六〇名に及んでゐる」状況も見られた（『社報靖国』一九五二年一〇月一日）。だが、靖国神社が賑やかさを取り戻しつつある一方で、死者との私的な対話にひっそりと浸る遺族も、見られないではなかった。

そのゆえか、当時の『社報靖国』を繙(ひもと)いてみると、死者を公的に顕彰しようとする記述は意外にも少ない。「護国の御楯」といった賛辞は総じて少なく、ごく私的な関係性に閉じた対話が際立っている。先の広島在住の父親の手紙には、「み国の花と散つて征つた尊き幾百万の霊」「祖国日本の再建の一日も早からんことを」といった記述も見られるが、それは例外的な記述であり、かつ、あくまで文面の中心は、私的な近況に関する記述である。[19] 靖国神社は、公的な「英霊顕彰」を声高に叫ぶ場というよりは、むしろ、遺族と死者とのひっそりとした私的な会話を可能にする場であったのである。[20]

「戦争批判」「責任追及」との親和性

さらに言えば、『社報靖国』に取り上げられた遺族の手記のなかには、戦争批判や責任追及につながるものも、少なくなかった。ある遺児は、靖国神社に参拝したときの思いを以下のように綴っている。

> 父が死んでから、今まで豊［か］だつた生活も、だん〳〵苦しくなつて来ました。あまり、からだのじやうぶでない母がかわいさうでした。［中略］私はこんな母を見るといつも、父がいてくれゝばよいと思ふ事が、たび〳〵あります。父もきつと、私達の事を心配して死んでいつたにちがひありません。又、父がゐてくれゝば、私たちもどんなに幸福であつたらう、と思つた事はたびたびあります。これもあの、おそろしい戦争のためです。
> もう二度と戦争などがないやうに、といのつてゐます。[21]

また、別の遺児も「せんそうのため、大事なお父さまをなくして今は悲しく思つてをります」「お父さんさへゐたら、一家はたのしくくらしてゆかれると思ひます」と記していた。[22]

ここに浮かび上がるのは、私的な生活が破壊された状況と、そのゆえに見出される戦争批判である。「もう二度と戦争などがないやうに、といのつてゐます」「お父さんさへゐたら、一家はたのしくくらしてゆかれると思ひます」という記述には、「大東亜戦争」を「聖戦」として評価する論理は見当たらない。

ある中学生は、遺児参拝団の代表として、一九五四年一〇月三一日に以下の文章を「靖国神社御本殿の奥深くに進み物音一つしない静かな殿内に声をふるわせながら切々と」[23]読みあげていた。

> こんな姿で帰つて来るなんてお父様のバカ、なぜ神様になどなつておしまひになつたの。［中略］私は戦争ほどいやなものはないと思います。私のやさしいお父様や大勢のお友達のお父さんやお兄さんまでもうばひ日本の平和を乱してしまつたではありませんか。この地球の上に戦争などがなかつたらどんなにいいでせう、時々こんな事を考へる私です。お葬式のすんだあくる日から又私共の苦しい生活が始りました。[24]

繰り返しになるが、これらは靖国神社の機関紙である『社報靖国』に掲載されていた文章である。それはすなわち、「大東亜戦争」批判と当時の靖国神社とのあいだに、一定の親和性があったことを示すものである。

別の遺児は、「あの、［出征した父親の］死の知らせのあつたあの時こそは、私達一生忘れさる事の出来ない、かなしい〳〵思ひでした」「やがて姉は学校を退学し家業にいそしみ、其の内私もやがて卒業し、やつと毎日の生活は「アリ」の歩く様に過しました。父の死と共に、継母は家から金を取つて出ていつてしまひました。今思ひ返れば、何とも云へない心地です」と記している。[25] 戦争がもたらした生活の困窮の過酷さや、家族の崩壊が描かれている。

同様の記述は他にも見られる。ある中学二年生の遺児は、以下の作文を書き連ねている。

> 家の中では、兄さんとお母さんがけんかをして私が間にはさまれて、どうしてよいか、死のうかと思つた事は何度もありました。
>
> お母さんはお父さんが戦争に出られてすぐ働かなくてはならないので、妹をおんぶして、炭を、二俵も三俵もかつがれたので、せきずいをおこされて仕事に行かれず、栄養にも気をつけて、注射もしなくつてはならないので、お金はたく山かかりますのでお母さんは気を悪くしておられました。その時はたゞのお医者があつたら良いと思ひます。[26]

そこでも、戦争に伴う家族の崩壊に加えて、社会保障が行き届かず、貧困に陥るしかない社会階層の存在が浮き彫りにされている。この遺族はさらに、「戦争を初（ママ）めた人をからして［＝自分と同じ境遇に］やりたいと思つた事は何度もありました。又隣の人々に馬鹿にしられたり、行く所がありません」とも記していた。戦争が始められたことに対する憎悪やその責任を問おうとする姿勢が、そこには浮かび上がる。

こうした議論は、『社報靖国』の論説にも見られた。『社報靖国』（一九五三年八月一日）のコラム欄「靖濤」には、「通知状はせめてもの慰めではあつても、なくなつた人は再びかへらないものならば、もう再び之を必要としないやうな世の中になつてもらひたいと祈るばかりである」[27] と記されている。戦争遂行を必ずしも肯定していない姿勢が、そこには透けて見える。英霊顕彰や遺族への合祀通知は所詮、慰めでし

郵便はがき

料金受取人払郵便

麹町支店承認

9089

差出有効期間
2020年10月
14日まで

切手を貼らずに
お出しください

1 0 2 - 8 7 9 0

1 0 2

［受取人］
東京都千代田区
飯田橋2－7－4

株式会社 作品社
営業部読者係　行

【書籍ご購入お申し込み欄】

お問い合わせ　作品社営業部
TEL 03 (3262) 9753／FAX 03 (3262) 97

小社へ直接ご注文の場合は、このはがきでお申し込み下さい。宅急便でご自宅までお届けいたしま
送料は冊数に関係なく300円（ただしご購入の金額が1500円以上の場合は無料）、手数料は一律230
です。お申し込みから一週間前後で宅配いたします。書籍代金（税込）、送料、手数料は、お届け時
お支払い下さい。

書名	定価　　円	
書名	定価　　円	
書名	定価　　円	
お名前	TEL　（　　）	
ご住所 〒		

フリガナ
お名前

男・女　　　　歳

ご住所
〒

Eメール
アドレス

ご職業

ご購入図書名

●本書をお求めになった書店名

●ご購読の新聞・雑誌名

●本書を何でお知りになりましたか。

イ　店頭で

ロ　友人・知人の推薦

ハ　広告をみて（　　　　　　　　）

ニ　書評・紹介記事をみて（　　　　　　）

ホ　その他（　　　　　　　　）

●本書についてのご感想をお聞かせください。

購入ありがとうございました。このカードによる皆様のご意見は、今後の出版の貴重な資料として生かしていきたいと存じます。また、ご記入いただいたご住所、Eメールアドレス、小社の出版物のご案内をさしあげることがあります。上記以外の目的で、お客様の個人情報を使用することはありません。

かないという記述が、そのことを如実に物語っている。

再軍備と靖国神社

これらの背後には、再軍備をめぐる政治状況があった。すでに朝鮮戦争勃発（一九五〇年六月）に伴い、マッカーサー指令のもと警察予備隊が創設されていたが、GHQの占領が終結して間もない一九五二年一〇月には保安隊に、さらに二年後には自衛隊へと拡充された。それとともに、憲法改正の動きも目立ち始めた。一九五二年五月には、アメリカ海軍長官が「陸海軍を持てるようこの憲法を改正すべきだ」と日本政府への要望を述べており、一九五三年四月の総選挙では、鳩山一郎派自由党が、憲法改正と再軍備を公約に掲げた。

こうした状況は、国民のあいだに再び戦禍に巻き込まれることへの不安を醸成した。とくに徴兵制が施行されることへの懸念は大きかった。日本戦没学生記念会は、一九五二年から五四年にかけて徴兵制反対署名運動を展開し、約三〇万の署名を集めた。また、『世界』（一九五二年五月号）では「平和憲法と再武装問題」が特集され、『改造』は「脅える日本――再軍備か日米条約反対か」をテーマに掲げた増刊号を、一九五二年一〇月に発行した。

『社報靖国』の紙面においても、再軍備への違和感のようなものがしばしば見られた。『社報靖国』（一九五二年七月一日）の「六年目のみたままつり」と題された記事のなかには、以下のような記述がある。

行事だけがいくら盛に行はれても、そのあとからすぐ、再度の戦争が顔をのぞかせてゐたのでは、なくなつた方々のみたまも安心されまい。こんな盛な行事を行ひながら、神前には、あんな惨禍がもら来ませんやうにと祈り続けなければならない矛盾は、悲しいものだ。おまつりの楽しさがそのまま、平和の謳歌であるやうな、そんな時代に早くしたいものだと思ふ。[28]

同じ文章のなかには、「〔靖国神社に祀られているのは〕戦争の惨禍を一番深く体験された方々であり、それだからこそ、平和を最も熱願される方々であつたのに」とも記されている。[29]「あんな惨禍」で戦没した死者たちの死の虚無感とともに、「再度の戦争が顔をのぞかせて」いる状況への懸念がうかがえる。先のコラム欄「靖濤」(『社報靖国』一九五三年八月一日)の「もう再び之〔=合祀通知〕を必要としないやうな世の中になつてもらひたい」という記述も、再軍備や改憲の問題が論壇を賑わせている状況を考えれば、少なからぬ読者には再軍備への違和感を想起させる記述でもあっただろう。

その意味で、当時の靖国神社は、往時の戦争遂行を全面的に肯定し、死者を「護国の御楯」として顕彰するところからは、やや遠いところにあった。むしろ、靖国は戦争批判や再軍備批判とも接続し、ときに責任追及にも議論が及ぶ傾向すら見られた。むろん、露骨な「反戦」の政治主義を掲げることはなかったが、それだけに、遺族は靖国を前にして、固有の肉親を喪った悲しみに浸ることができたのだろう。靖国は、多くの顔の見えない死者を公的に顕彰するというより、顔の見える固有の死者を失った私的な悲痛を想起させる場であり、そのゆえに、戦争批判や責任追及がわずかながらも議論される場であったのである。再軍備への距離感も、こうした情念から導かれるものであった。

「私」の後景化と「公」の前景化

だが、一九五〇年代後半にもなると、憤りを帯びた遺族の情念は『社報靖国』にはあまり見られなくなり、代わって「護国」や「殉国の至情」といった公的な語り口が前景化するようになった。同紙（一九五五年六月一五日）の「母の声　子の声」欄には、「私達遺児もお父様の戦死を一つの誉と感ずる程心も落着いて参つてをります[30]」という遺児の記述が見られる。『社報靖国』（一九五七年一二月一五日）には、沼津市の遺児代表による「誓ひの辞」が掲載されているが、そのなかには「公の為命を捧げて働いて下さつたお父様のお心を受けつぎ、平和な暮らしよい社会をつくる一員として、私はいよいよ覚悟を新たにして努力することをお誓ひいたします[31]」という記述がある。

同紙（一九五九年四月一五日）には「のびゆく遺児たち」と題した遺児作文特集が組まれているが、そこには「お父さん方が築かれた名誉ある御功績をきづつける事のない日本国民として、お国のために尽す考えであります[32]」という、戦前期にも見られたであろう表現を目にすることができる。

そこには、固有性を帯びた死者の遺念にこだわるというより、死者のなかに「名誉ある御功績」「一つの誉」を読み取り、それを公的に位置づけようとする姿勢が浮かび上がっていた。死者の顕彰が前景化するなかで、私的な固有性は後景に退き、そこから遊離した象徴的で公的な語り口が前面に出されている。それに伴い、戦争批判の怨念のようなものは目立たなくなった。

こうした変化は、遺児作文にとどまらない。『社報靖国』（一九五九年三月一五日）のコラム「靖濤」欄には、以下の文章が綴られている。

日本の神社は、本来歴史的に社会公共性を多くもつているが、特に靖国神社にはその公共的な性格はいちじるしく濃い。その人の宗教、宗派を超えてすべて日本人として、日本国の危急存亡のために一命を賭して国運に殉ぜられた方々を、国みずからいわば国家の意志として、お祭りし今日に至つているからである。

　したがつて、靖国神社の参拝者は特定の信仰をもとめ、また特定の現世利益をめざすものではなく、ひとしく国民として、殉国の英霊に感謝の祈りを捧げるひとびとである。この感謝の心は、全国民の靖国神社に対する関心につながつている。

　これにこたえ、全国民ひとしく仰ぐ、この九段坂上の慰霊の斎場をめぐるあらゆる動きを、全国的に紹介するのが本誌の使命であろう。▼33

　かつてであれば、「通知状はせめてもの慰めではあつても、なくなつた人は再びかへらない」虚しさや、「こんな盛な行事を行ひながら、神前には、あんな惨禍がもう来ませんやうにと祈り続けなければならない矛盾」が、『社報靖国』のなかに浮かび上がっていた。だが、一九五〇年代末にもなると、その矛盾や虚しさは「殉国の英霊への感謝の祈り」「日本国の危急存亡のために一命を賭して国運に殉ぜられた方々」といった英霊像によって覆われるようになる。「特定の信仰をもとめ、また特定の現世利益をめざすものではな」いことの強調は、明らかに、戦前期の社会的地位への回帰をめざそうとする意図がうかがえる。

　では、こうした変化の背景には何があったのか。『社報靖国』ひいては靖国神社は、なぜ私的な固有性を帯びた死者の想起から、公的・象徴的な顕彰の言辞へと、力点を変えたのか。その要因のひとつとして挙げられるのは、合祀作業の困難さであった。

二　合祀の困難

臨時大招魂祭

一九四五年一一月、靖国神社は昭和天皇出席のもと臨時大招魂祭を行い、降伏文書に調印した日までの全戦没者を招魂し、氏名不詳のまま一括合祀した。これは極めて異例なことであった[34]。

本来は、戦没者個々人の戦没に至る状況を調べ、合祀基準に合致するかを判定したのち、祭神名簿である霊璽簿の天皇への上奏・裁可を経て、その霊を本殿に鎮祭し(招魂祭)、翌日に合祀祭を行うという流れになっていた。

しかし、日中戦争・太平洋戦争の戦没者数は膨大であり、調査に気が遠くなるほどの時間と経費を要することは明らかであった。しかも、靖国神社を主管し、戦没者記録を管理する陸海軍の解体は避けられない状況にあった。危機感を抱いた陸軍が「軍ノ解散前ニ支那事変・大東亜戦争等ノ為ニ死歿シタル英霊ニ対シ、軍トシテ最后ノ奉仕ヲ[35]」しようという意図のもとで行ったのが、この臨時大招魂祭であった。ただし、氏名や戦没時期等が不詳なため、霊璽簿への記載は行われず、したがって霊璽簿へ招魂した霊を神体(「鏡」「剣」)に移す合祀祭は挙行されなかった[36]。

その後の調査で氏名などが判明した約二万七〇〇〇名については、一九四六年四月に合祀祭が行われ、同年八月末に遺族に合祀通知状が送られた[37]。だが、それ以降新たに判明した分の合祀祭を一九四六年秋に予定していたところ、GHQに中止を命じられ、「通知状発送も、その間の事情を公表することも禁」じられた[38]。占領中は、以後、合祀通知手続きが中止され、非公開で「霊爾奉安祭」が執り行われるに留まっていた[39]。

英霊に酷使される靖国

ＧＨＱの占領が終結すると、靖国神社は公然と合祀祭を挙行し、遺族にも通知状を発送することが可能になった。だが、それでも合祀関連業務の困難は続いた。

言うまでもなく、日中戦争・太平洋戦争の戦没者数は、それ以前の数に比べて膨大であった。したがって、彼らの氏名・戦没日等を明らかにし、さらに合祀通知状を遺族に送付するには、多額の経費を要した。『社報靖国』（一九五三年一月一五日）には、この問題について、以下のように綴っている。

> 前述の如く戦前充分の経費と人手で行はれた合祀も、年間約四万柱が限度であつた。実に二〇〇万柱に及ぶ今次戦没者中未合祀一七〇万柱を、仮に年一〇万柱宛（ずつ）合祀するとしても二〇年近い年月を要することになる。之に対し専任の職員は十人足らずで、之以上の増員は神社現在の経済では困難である。既に合祀になつた方々への通知状発送のみでも一億近い経費を要し、之を日々の祭典、戦災や朽損の多い社殿、境内の復旧と併行してゆくことは年間予算五千万円の神社の独力では到底困難なことである。▼40

一七〇万余りの未合祀分の合祀通知送料はむろんのこと、調査や合祀作業（名簿作成など）を迅速に進めようとすれば、膨大な経費が必要であった。「英霊」の数が急増したことによる経済的な対応の困難さが、如実に記されている。

職員の作業量の多さも、じつに過酷なものであった。当時の靖国神社の労働の過酷さについては、『社報靖国』（一九五二年七月一日）の論説「靖国神社　現状と将来」のなかで、次のように詳述されている。

〔例大祭挙行に加えて〕日常たゆみなく続けてゆかねばならぬ大きな問題として一五〇万柱におよぶ御祭神遺族への通知状発送といふ仕事がある。之等山積する諸問題に対して、職員数は現在五十名程、年間三千万程度の予算では之以上の増員は困難である。さりとて山積する諸問題をさばいてゆく為には全職員の努力がフルに動かねばならない。その為、夏季二ヶ月を除いては土曜半休も無く、残業、日曜出勤等不規則、過労な勤務が続くので、健康を損ふものも多く、現在五名の長期療養或は要注意者が出てゐる。之を遊就館を借用してゐる富国生命〔戦前の富国徴兵生命保険〕と比較すると、同社従業員約二〇〇名中二名の要注意者を持つのみであるのに対し、如何に過労であるかが察せられよう。〔中略〕問題は個々の職員の身上にのみあるのではなく、このやうな服務が何時迄続けられるかといふことである。仕事の量に対して最少限度しかも予算上は最大限度の人員では一人倒れても社務は渋滞するのだし、又遺族崇敬者各位の処遇についても充分を期すことが出来ないとしたら、現職員が最大の努力をしてゐるといふことだけでは解決しないと思はれるし、そこに国の力で充分な管理をすべきではないかとの問題も出て来るようである。[41]

既述のように、終戦前は、陸海軍各一〇〇名近い専任者によって、合祀事務が行われてきたが[42]、当時は、靖国神社の職員すべて合わせても五〇名足らずであり、合祀作業に専従する職員は、一〇名にも満たなかった（『社報靖国』一九五三年一月一五日）。彼らによって、戦没者の調査や「一五〇万柱におよぶ御祭神遺族への通知状発送」を手分けしたとしても、「土曜半休も無く、残業、日曜出勤等、不規則過労な勤務が続」き、多くの「健康を損ふもの」を出していた。長期療養を要する者が、遊就館を借り受けて営業を行っていた富国生命では全従業員の一パーセントだったのに対し、靖国神社は一〇パーセントに及んでいた。労働環境の過酷さがうかがえる。

一九五三年秋には臨時調査部が発足し、計一五〇名の職員が配置されることとなったが[43]、合祀すべき戦没者数を考えれば、作業量が膨大であることに変わりはなかった。「仕事の量に対して最少限度しかも予算上は最大限度の人員では一人倒れても社務は渋滞するのだし、又遺族崇敬者各位の処遇についても充分を期すことが出来ない」という記述には、合祀すべき英霊に酷使される靖国神社の姿が透けて見える。あるいは、総力戦への不適応を見ることも可能だろう。

また、遺族に合祀通知を発送しようにも、戦後の遺族の居住先を特定することはかなり難しいものであった。一九四六年八月に発送した合祀通知は、その三分の一が転居先不明により返送されていた。靖国神社宮司の筑波藤麿は一九五三年の文章のなかで「〔昭和〕二十一年に差上げた合祀通知の三分の一が御遺族方の転居先不明の由を以つて、戻つて来た事実に鑑みて、正確に御手元に届けることの、如何に困難であるかを考へさせられるのであります」と嘆いていた[44]。

憲法の政教分離規定も、戦没者や遺族の調査を進めるうえで、大きな障害になっていた。筑波藤麿は、先の文章のなかで「幸に昨年政府に於いて実施されました遺族実態調査は、最近の御遺族の住所を承知する上に、一つの手掛りになるとは思ひますが、神道国家分離の法律がある以上、果して利用し得るかどうか、疑問無きを得ないのであります[45]」と記していた。『社報靖国』（一九五三年一月一五日）にも、「先づ合祀調査の資料である。之等の資料は各府県世話課、第二復員残務処理部、各地方復員残務処理部等の調査による死亡公報に基づくが、之の借用については政教分離の政策が大きな障碍となつてゐる[46]」と記されていた。政教分離により、戦没者や遺族住所を把握することの困難さが透けて見える。

一九五〇年代の国家護持問題

こうしたなかで前景化するようになったのが、靖国神社の国営化を求める動きであった。『社報靖国』（一九五六年四月一日）には合祀作業の困難さと国営化要求の関わりについて、以下のように記されている。

> 合祀を数年内にしとげる為には数億の費用がかゝります。靖国神社の財力ではどうにもなりません。そこで奉賛会を結成し、国民各位の御英霊を思ふ心に訴へて、浄財を集める努力もしてをります。しかし、いかに努力して見ても、その組織をつくることさへ容易ではありません。結局は国費にまつことが一番よい方法と云う結論になり、国費で一日も早く合祀してほしいといふ要求が出てゐるのも、しごく当然のことです。もともと殉国のみたまをお祭りする為、国が始めた靖国神社なのですから、占領下なら兎に角、独立した以上、先づ英霊の合祀をすませるのは、戦争の跡始末として当然のことでしょう。[47]

合祀作業に伴う作業量や経費の膨大さが、国費による神社運営の要求につながっていることがうかがえよう。

そして、『社報靖国』において、「殉国」「護国の御楯」といった抽象的な言辞が増すことには、このような背景があった。前節で述べたように、かつて靖国神社はともすれば遺族が固有の死者と私的な対話を交わす場でもあったわけだが、一九五〇年代半ば以降になると、「御国に命を捧げて」といった公的で象徴的な死者の語りが目立つ傾向が見られた。それは奇しくも、靖国神社の合祀作業が大きく滞り、国費による運営を求めようとする動きに重なるものであった。国営化を正当化するために、「殉国のみたまをお祭りする」といったことが強調されることは、ある意味、必然的なことであった。

靖国と国家護持の齟齬

しかしながら、そもそも靖国神社と国営化・国家護持は、戦前期にあってさえ、必ずしも親和的なものではなかった。赤澤史朗の研究によれば、軍の管轄下にあった靖国神社では、陸海軍人が軍を代表して例大祭などの祭式を取り仕切っており、神職にはその権限が十分に与えられていなかった。[48]

また、氏子総代（崇敬者総代）は「祭神と最も密接なる関係を有する軍人を以てするを至当とす」というのが、陸軍の言い分であったが、それは「遺族」ではなく「軍人」しか、氏子総代に就けないことを意味していた。大正末期には、他の神社と同じく内務省に移管しようとする動きもあったが、陸軍大臣は先の見解を閣議で述べて、内務省移管に抵抗した。[49]

これに対し、当時の宮司・賀茂百樹は「移管は却て神社将来の為に好結果を得べきか」と、内務省移管に好意的な姿勢を見せていた。赤澤が指摘するように、これは「靖国神社の陸海軍省管理は、軍人教育にとっては役に立つものの、それによってかえって、「一般国民」との結びつきが弱くなっているという理解に基づく」ものであったのだろう。[50]

そもそも、靖国神社は遺族を広く受け入れるものでもなかった。例大祭などの祭典に正式に参列できるのは、軍や国家の代表者だけであり、遺族たちはそこから排除されていた。戦前期においては、遺族の合祀祭への参列すら認められなかった。遺族に許されたのは、霊爾簿（祭神名簿）を載せて招魂斎庭から本殿に向かう御羽車を闇中で拝んで見送ることと、祭典終了後の昇殿参拝のみであった。[51]

さらに言えば、靖国神社に合祀することは、遺族から死者を奪い取ることでもあった。戦時期の靖国神社宮司であった陸軍大将・鈴木孝雄（終戦時首相の鈴木貫太郎の実弟）は「靖国神社に就いて」（『偕行社記事』一九四一年一〇月号所収）と題した講演のなかで、合祀祭の流れに言及しながら、こう述べている。

此の招魂場に於けるところのお祭は、人霊を其処にお招きする。此の時は人の霊であります。一旦此処で合祀の報告祭を行ひます。さうして正殿にお祀りになると、そこで始めて神霊になるのです。之はよく考へてをきませんといふと、殊に遺族の方は、其のことを考へませんと、何時までも自分の息子といふ考へがあつては不可ない。自分の息子ぢやない、神様だといふやうな考へを持つて戴かなければならぬのですが、人霊も神霊も余り区別をしないといふやうな考へ方が、いろ〳〵の精神方面に間違つた現はれ方をしてくるのではないかと思ふのです。▼52

国家や軍によって管理される靖国神社に死者が祀られ、人霊から国家的な神霊になることは、死者が遺族の手から奪われることを意味していたのである。

国営化への躊躇い

こうした往時の状況への違和感もあったためか、占領終結後ではあっても、しばらくは国営化に対して慎重な姿勢が見られた。『社報靖国』（一九五二年七月一日）には、「靖国神社「現状と将来」——国の手をはなれて六年　慎重要するお社のあり方」と題した論説が掲載されている。そこでは、「靖国神社は本来国家管理であるべきであり、それにかへるには現在が一番良い時期であるかのようにも考へられやすい。しかし、問題はそれ程単純でもなささうだ[53]」として、次のように述べられている。

机上で考へられる新様式では納得出来ない深いつながりが、遺族と靖国神社との間には出来あがつてゐると見るべきで、無宗教的形式或は各宗共同管理的なものでは「靖国神社」に懐く真情は満されないであらう。それならば、靖国神社が国家管理に移される場合は、あくまで現在のまま神社の形式でなければならない[54]。

ここで念頭に置かれているのは、新憲法の政教分離規定である。靖国神社が国家管理下に置かれるのであれば、当然要求されるであろう宗教性の排除について、あらかじめ牽制がなされている。「机上で考へられる新様式」への不快感が、そのことを物語っていた。

だが、興味深いのは、憲法を改正し、「現在通りの形で国家管理」に置かれることを、必ずしも好ましく思っていない点である。『社報靖国』には、続けて以下のように書かれている。

しかし、今の憲法を改正し、現在通りの形で国家管理にかへつたとしたらどういふ結果をもたらすであらうか。

今日新聞紙上等で伝へる復古調或は逆コースといふ表現には随分誇張もあるし、的をはずれた見方もあることは確かだが、講和条約によつて日本が或る一つの立場に急速に片よらされつつあるといふこと、それに伴い政府の答弁が如何にあらうとも現状は再軍備に向ひつつあるといふこと、且つその時期を目前にして、遺族年金問題、傷痍者処遇問題、軍人恩給復活、遺骨発掘問題、慰霊祭等一連の

政策がとりあげられて来たといふことが何を意味するかは、今日国民の間では常識になつてゐるともいへよう。［中略］

此のやうな情勢の中で、お社が国家管理にうつされたとしたら、他の諸問題と同様、再軍備或は再度の戦意高揚の具にならないと誰が保証し得るだらうか。[55]

そこにあるのは、前述した再軍備への懸念や違和感である。占領終結後、軍人恩給や遺族年金が復活し、再軍備も加速しつつあった。これらは「逆コース」と呼ばれ、戦前への回帰を示す動きとして懸念された。靖国神社もこうした社会状況を警戒し、「再軍備或は再度の戦意高揚の具」とされることを避けようとしていた。

同じ論説ではさらに、「現状の下で直ちに国家管理に入るといふことは、前述のやうに戦禍をくりかへすやうな方向へ一歩をすすめる契機になりかねないとするならば、現在の遺族の悲しみをもう一度くりかへすことにもなり、肯定出来ないものであらう。兎に角現在のやうな情勢の下で出て来る国家管理には慎重でなければならないと思はれる[56]」と記されている。国営化されることで、靖国神社が再軍備や新たな戦争遂行のために利用され、その結果、「遺族の悲しみをもう一度くりかへす」ことにもなりかねない。こうした状況に抗おうとする姿勢が、占領直後の『社報靖国』には明確にうかがえた。

躊躇いの消失

だが、一九五〇年代後半にもなると、「再軍備或は再度の戦意高揚の具」とされることへの懸念は見られなくなり、靖国神社を改編することなく国営化すべきことが、つよく主張されるようになる。

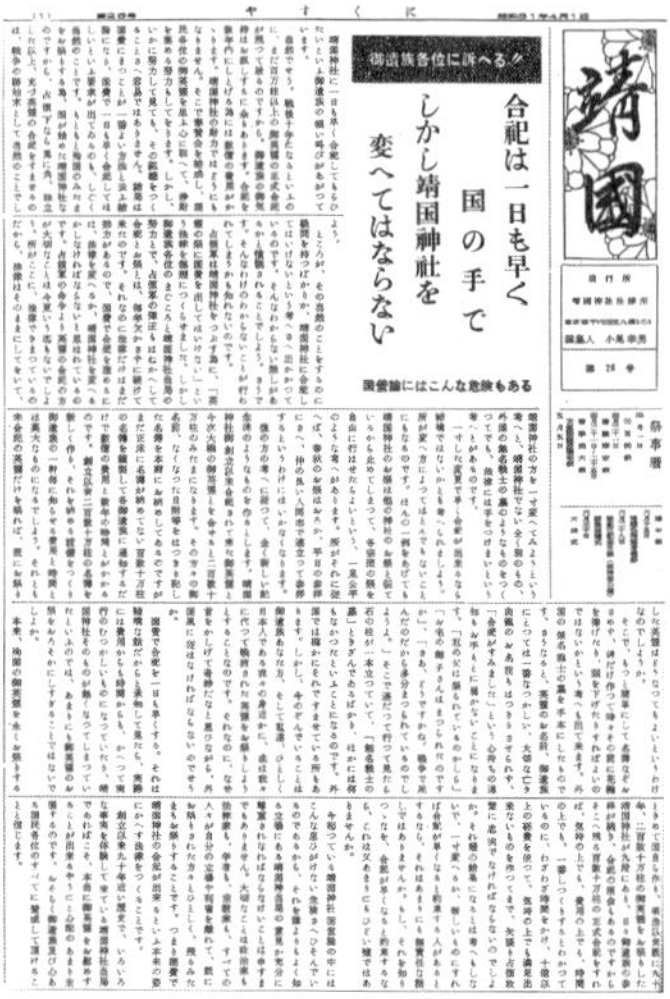
靖国

合祀は一日も早く
国の手で
しかし靖国神社を
変へてはならない

国営論にはこんな危険もある

1-3　国営化を訴える『社報靖国』(1956年4月1日)

先にもふれたように、『社報靖国』（一九五六年四月一日）には、「結局は国費にまつことが一番よい」「殉国のみたまをお祭りする為、国が始めた靖国神社なのですから、占領下なら兎に角、独立した以上、先づ英霊の合祀をすませるのは、戦争の跡始末として当然」と記されていた。もっとも、そこでは「国営論にはこんな危険もある」として、国営化によって靖国神社のあり方に変更を迫られることへの懸念は綴られている。だが、かつてのような再軍備や戦争遂行に利用されることへの懸念には、言及されていない。この文章の末尾近くには、「大切なことは政治家も法律家も、学者も、宗教家も、すべての人々が自分の立場や利害を離れて、既にお祭りされた方々とひとしく、残るみたまもお祭りすることとです。つまり国費で靖国神社の合祀が出来るといふ本来の姿にかへす法律をつくることです」とある。▼57 この論説の見出しは「合祀は一日も早く国の手で　しかし靖国神社を変へてはならない」だが、それは趣旨を端的に表すものであった。

では、なぜ五〇年代後半になって、「靖国神社を変えない形での国営化論」が前景化し、再軍備や再度の戦争への懸念が後景に退いていったのか。

そのことを考えるうえでは、五〇年代半ばごろから構想が具体化するようになった「無名戦没者の墓」の動きを見ておく必要がある。

三　「無名戦没者の墓」と「社」の不調和

「無名戦没者の墓」構想

終戦に伴い、多くの遺骨が日本本国に送還された。戦地からの復員者が持ち帰った遺骨のほか、一九五〇年一月には、アメリカ軍からフィリピン戦線戦没者の遺骨四八二二柱が送還された。また、サンフランシスコ講和条約発効（一九五二年四月二八日）を契機に厚生省の遺骨収集事業も開始され、厚生省の本省や市ヶ谷庁舎には仮安置遺骨が増加しつつあった。

1-4　千鳥ヶ淵戦没者墓苑（1963年ごろ）

遺族に渡すことが可能なものは、そのような手配がとられたが、戦没者遺骨のなかには、氏名が判明しないものや、遺族が不明なために渡すことができないものも少なくなかった。遺骨収集事業が沖縄・硫黄島からニューギニア、フィリピン、ビルマ・インド方面へと広がっていくなか、[58]遺骨はますます累積し、厚生省の仮置場も手狭になりつつあった。

こうした状況のもと、日本遺族会や日本宗教連盟、海外戦没者慰霊委員会などが戦没者の墓の建設について会議を開き、一九五三年一一月に意見書を政府に提出した。[59]第三次吉田内閣は同年一二月一一日に閣議を開き、「遺族に引き渡すことができない戦没者の遺骨を納めるため、国は「無名戦没者の墓」を建立する」[60]ことを決定した。千鳥ヶ淵戦没者墓苑の創建はこれに由来する。

だが、閣議決定から墓苑の竣工（一九五九年三月）までには、五年近くもの歳月を要した。そこには建設場所の選定など、さまざまな問題が絡んでいたが、最も大きな要因は、靖国神社との関係であった。

靖国神社の焦燥感

『社報靖国』（一九五四年三月一日）では、「靖国神社と無名戦士の墓」と題した特集が組まれているが、そこでは先の閣議決定に言及しながら、「無名戦没者の墓」への違和感が以下のように綴られている。

引取遺族のない遺骨の奉安施設は作らねばならないが、それとは異る外国の無名戦士の墓の如きもの、則ち戦没者全体の遺霊と追憶の施設を今作る必要があるのか。必要ありとすれば従来はその施設が無かつたといふことなのか。終戦迄其の施設として靖国神社があつたといふ事実は誰も否定はしまい。問題は現在の靖国神社がそれではないと考へる所にあるやうである。[61]

そこに浮かび上がるのは、戦没者追悼の代表的な施設としての地位を、「無名戦没者の墓」に奪われかねないことへの危機感である。こうした懸念は、国会でもたびたび議論された。日本遺族会副会長で衆議院議員の逢沢寛（自民党）は、一九五六年一二月二八日の特別委員会（衆議院海外同胞引揚及び遺家族援護に関する調査特別委員会）で、日本遺族会の意見を代弁する形で、以下のように述べている。

靖國神社と無名戦士の墓

複雜な戰後の建碑運動

引取遺族のない遺骨 奉安所と"無名戰士の墓"とは別

重複設置の要ありや 靖國神社と"無名戰士の墓"

永續しなければみたまへの冒瀆

靖國神社は沈默すべきか

"無名戰士の墓"とは

1-5 「無名戦士の墓」への警戒感（『社報靖国』1954年3月1日）

日本遺族会の意見は、無名戦没者の墓の建立に反対ではなく、むしろ賛成であるが、墓の性格についてはいくたの疑義がある。それは靖国神社に対する信仰の対象が二分化するのではないかということだ。靖国神社に対して国家が何の措置もとっていないのに、八万数千体の無名戦没者の墓に対しては、国費を投じて護持してゆく。片一方のごくわずかなものには国費を出してあたたかい手が伸ばされるのに、本体である靖国神社には何ら措置が講ぜられないのは非常に不安を感じている。▼62

逢沢はさらに、前月の別の委員会でも、「靖国神社自体の国家管理ができない前に、無名戦士の墓を国が作って管理するとなると、今のうちは戦死者の遺族がいて靖国神社に参拝するが、やがて参拝者も少くなり草が生える」と発言していた。▼63 政教分離に伴い、国家管理を離れた靖国神社が、国立の戦没者墓苑が建設されることで、社会的地位をさらに低下させかねないことへの懸念がうかがえよう。▼64

「無名の遺骨」の限定性

こうしたなかで靖国神社が主張したのは、「「無名の遺骨」は決して、戦没者全体を象徴するものではない」という論理である。

千鳥ヶ淵戦没者墓苑の遺骨の位置づけについては、同墓苑の開設に関わった美山要蔵（引揚援護局次長、終戦時は陸軍大臣官房副官）は「大東亜戦争で亡くなられた二三〇万の戦没者の表徴的なお骨をお納めしている」[65]と語っていた。また、衆議院議員の受田新吉（民社党）は、一九六四年二月二一日の予算委員会第一分科会において、「無縁の遺骨ということだけでなく、各戦域でなくなった英霊全体の象徴的な墓地として理解していいのではないか」と述べ、それに対し、厚生省大臣官房国立公園部長は「おっしゃるようなものに非常に近くなってきつつあることは事実である」ことを認めている。[66]「無名の遺骨」は、収集された戦域、あるいは戦没者個人の固有性を超えて、全戦没者を象徴するものとして捉えられていた。

だが、靖国神社の主張は、これに真っ向から異を唱えるものであった。『社報靖国』（一九五四年三月一日）に掲載された先の特集「靖国神社と無名戦士の墓」では、そのことが以下のように綴られている。

「無名・無縁の遺骨は」全戦没者からすれば一部の遺骨である。従つてかうした一部の遺骨を奉安する墓所に別項のやうな全戦没者を表徴する施設であるべき外国の〃無名戦士の墓〃をいきなりあてはめようとするから混乱するのは当然である。［中略　靖国神社の霊爾簿のように］具体的な名簿を添へるのが自然となつてゐる従来の考へ方からいへば、かういふ墓所を直ぐに全体的な意味の〃無名戦士の墓〃と称することは国民感情と全く別の所での創作といふことになりはしないか。[67]

引き取り手のない遺骨は、あくまで氏名が判明し遺族のもとに届けられたものを除いた「一部の遺骨」でしかない。したがって、「無名の遺骨」が全戦没者を象徴することはあり得ない。靖国神社が「無名の遺骨」に見ていたのは、全戦没者を代表し得ない限定性であった。

一九五六年一二月三日の特別委員会でも、逢沢寛の「無名戦士の墓は遺骨の収納所である。収納所の墓標として建設して、決して靖国神社と対立しないというお考えであると拝察するが、それに違いないか」との質問に対し、厚生大臣・小林英三は「靖国神社のみたまは国民全体の崇敬の的であり、戦没者の墓は俗にいう無縁仏の遺骨である。靖国神社のみたまを二分するということは毛頭考えていない[68]」と答弁している。戦没者墓苑は、所管大臣によってさえ、誰のものとも知れぬ「無縁仏の遺骨」にすぎないものと位置づけられたのである。

ベネディクト・アンダーソンは『想像の共同体』のなかで、アーリントン墓地やトラファルガー広場のような「無名戦士の墓(tomb of Unknown Soldiers)」が、その無名性のゆえに鬼気迫る国民的な想像力を喚起することを次のように指摘している――「無名戦士の墓と碑、これほど近代文化としてのナショナリズムを見事に表象するものはない。これらの記念碑は、故意にからっぽであるか、あるいはそこにだれがねむっているのかだれも知らない。そしてまさにその故に、これらの碑には、公共的、儀礼的敬意が払われる。［中略］これらの墓には、だれと特定しうる死骸や不死の魂こそないとはいえ、やはり鬼気せまる国民的想像力が満ちている[69]」。だが、千鳥ヶ淵戦没者墓苑の場合、それは当てはまらない。

たしかに、戦没者墓苑の関係者のあいだでは、「無名の遺骨」に象徴性を見出し、全戦没者ひいては国民全体の戦争の記憶を想起させるものとして構想された。しかし、靖国神社はそれに強硬に異を唱え、「無名の遺骨」の限定性を主張した。それはすなわち、遺骨のアウラが靖国神社の存立基盤を脅かしかねないことへの防御反応でもあった。「無名の遺骨」というアウラから想起されるナショナリズムは、靖国神社の英霊が醸し出すナショナリズムによって打ち砕かれ、全戦没者を象徴するものとして位置づけられるのではなく、あくまで「無縁仏の墓」に留め置かれることとなった。

そのことは、千鳥ヶ淵戦没者墓苑に対する政府側の位置づけの曖昧さにも見てとることができる。一九五九年の創建後、当初は政府による定期的な拝礼式は行われることなく、墓苑奉仕会主催による慰霊祭が、春季や秋季に行われるのみであった。一九六五年以降は、春季に厚生省主催の拝礼式が毎年行われるようになったが[70]、たとえば八月一五日を期して大々的に行われるメディア・イベントとなることはなかった。赤澤史朗の指摘にもあるように、「五千坪の敷地を有しながらいつも訪れる人が少なく、その遺骨はやっと収集された後も、すっかり見捨てられている[71]」と言えよう。

墓苑の場所の選定

墓苑が建設される場所をめぐっても、靖国神社と墓苑関係者とのあいだにさまざまな駆け引きがあった。「無名戦没者の墓」につよい抵抗感を示していた靖国神社は、窮余の策として、神社敷地内に建立することを主張した。一九五四年初頭に靖国神社が引揚援護庁（厚生省引揚援護局の前身）に非公式に提出した「仮称無名戦士の墓に関する参考意見」には、次のように記されている。

> 靖国神社は全戦歿者を祀る国民的神社であるから国家的の施設として「墓」を建設するとせば最も関係深き場所として靖国神社関係の地域に建てることが適当と考へる。又「みたま」と遺骨と無関係の場所に別々に祀ることは遺族及び国民の信仰が二分され混乱を来すおそれも充分であるのによっても同様なことが云へる。[72]

だが、厚生省復員業務部長（一九五四年四月より引揚援護局次長）であった美山要蔵の回想によれば、社殿裏「無名戦没者の墓」の建立が避けられない以上、自らに包摂しようというのが、靖国神社の意図であった。

の神池の付近の案が提示されたという。そこはあまりに手狭であり、また、「政府が建てる国立の墓を一宗教法人の神社の境内に建てることには同意しかねる意見が、政府の委員会の空気に反映して、遂にこの問題は実現を見るにいた[73]」らなかった。「宗教団体の関係者は、各宗教、宗派が思い通りに儀式を行うためには神社以外の地が良いという意見」はかなり根強かったという[74]。

それにしても、明治以来の歴史を有する靖国神社は、なぜこれほどまでに新設の「無名戦没者の墓」を警戒したのか。そこには海外要人が靖国神社参拝を拒んだことが関わっていた。「無名戦没者の墓」建立の閣議決定（一九五三年一二月一一日）の直前、アメリカからニクソン副大統領が来日した。国賓が招かれた際には、戦没者の墓に赴いて敬意を表するのが一般的であり、その一環として、靖国神社参拝が予定に組まれていた。だが、ニクソンはそれを断った。そのことが靖国神社関係者を刺戟したことは想像に難くない。「無名戦没者の墓」があれば、靖国参拝を断ったニクソン副大統領がそこに花輪をささげたことは、十分考えられる。逆に、ニクソンの靖国神社参拝中止が、「無名戦没者の墓」設置に関する閣議決定を急がせる契機になったのかもしれない[75]。

おそらくは、そのことを念頭に置きながら、逢沢寛は先の特別委員会（一九五六年一二月三日）において、「外国の代表者、外国使臣などが日本を訪問したさい、儀礼的に無名戦士の墓に参拝するという国際的慣例がある。すると二百万の（靖国神社の）霊は泣く。［国立戦没者墓苑に埋葬される］八万数千の霊には国賓として参拝するが、本家である二百万の英霊は参拝していただけない。これが遺族の心配である[76]」と発言している。国外要人が「無名戦没者の墓」を訪れることで、彼らの表敬を受けない靖国神社の社会的地位が低下することが、そこでは懸念されている。

逢沢は続けて「当分の間は――もし外国の使臣などの個人的な参拝は阻止できないが――政府みずから

案内、招待して参拝することのないように願いたい[77]」と述べている。さすがにこれに対しては、厚生大臣・小林英三は「外国の使臣が来られて、あれ（無名戦没者の墓）は何かといわれた場合、あれはいわゆる無縁仏の骨を祭った無名戦没者の墓であると説明しなくてはならぬが、にもかかわらず外国使臣がお参りしたいといえば、これまた差しとめる筋合いのものでもない[78]」と受け流している。

こうしたさまざまな軋轢を抱えながら、皇居にほど近く、元加陽宮邸跡で戦災のために荒地になっていた千鳥ヶ淵に墓苑が建設されることとなった。竣工は一九五九年三月二八日であった[79]。

だが、繰り返しになるが、靖国神社に根ざした英霊のナショナリズムは、「無名の遺骨」のアウラに依拠した戦争の記憶を受け入れることはなかった。そして、ここで見てきた「社」と「遺骨」の闘争は、結果的に靖国神社を政治主義化させることとなった。

かつて靖国神社は、遺族が固有の死者と私的な会話を交わす場であり、それゆえに必ずしも「殉国」「護国」といった公的で象徴的な言辞に接続せず、むしろ反戦や再軍備・改憲批判にさえ、結びつく傾向があった。だが、国立の「無名戦没者の墓」が構想されるようになると、「日本の戦没者」の代表性をめぐって闘争が展開された。そのことは英霊の「殉国」を強調する素地となり、折しも困難に陥っていた合祀作業への国費投入を声高に叫ぶに至った。私的な固有性に閉じる傾向が見られた靖国神社は、かくしてそこから遊離し、英霊全般を等しく「護国の御楯」として顕彰することに重点を置くようになっていった。一九五〇年代半ばを境にした『社報靖国』の遺児作文の変化が、そのことを物語っている。

むろん、その後も私的な固有性に浸ろうとする遺族の心情が存在したであろうことは、想像に難くない。ただ、少なくとも『社報靖国』の編集部は、そうした文章を掲載することはなく、公的な「護国」に重きを置いた作文を多く掲載するようになった。それは靖国神社のスタンスの変化を示唆するものであろう。

では、その後、靖国神社はどのように変化したのか。あるいは変化しなかったのか。次節ではそれについて眺めてみたい。

四　「社の政治主義」の加速

全国戦没者追悼式

1-6　靖国神社で行われた全国戦没者追悼式（1964年8月15日）

講和条約発効直後の一九五二年五月二日、政府主催の全国戦没者追悼式が、天皇・皇后の出席のもと、新宿御苑で行われた。千鳥ヶ淵戦没者墓苑が開設された一九五九年三月二八日には、竣工式とあわせて追悼式も行われたが、これは厚生省の主催であった。第二回政府主催全国戦没者追悼式は、一九六三年八月一五日、日比谷公会堂にて執り行われた。それは一九六三年五月一四日の閣議決定「全国戦没者追悼式の実施に関する件」に基づくものであった。

翌年四月二四日の閣議でも、「今次の大戦における全戦没者に対し、国をあげて追悼の誠を捧げるため、政府主催で、昨年に引き続き今年も八月十五日日比谷公会堂において、天皇、皇后両陛下の御臨席を仰いで、全国戦没者追悼式を実施する」ことが決定された[▼80]。

だが、それから二カ月余りを経た同年七月九日の閣議では「全国戦没者追悼式の実施に関する件（昭和三十九年四月二十四日閣議決定）の一部を次のように改める」として「式場を靖国神社境内とする」という変更がなされた。[81]

翌日の新聞でこのことが大きく報じられると、社会的に大きな論争を引き起こした。キリスト教連合会は、一九六四年七月一六日付で内閣総理大臣あてに照会の書簡を送っているが、そのなかでは「去る七月一〇日朝日新聞で「戦没者追悼式の会場問題」の記事を見てキリスト教信者は大きな疑惑につつまれ、その諸団体は激しく動揺」していることを記していた。[82]

国会でもこのことは問題視された。同年七月三一日の衆議院社会労働委員会において、長谷川保（社会党）は、厚生大臣に対して、「昨年日比谷公会堂でなされたものが、今年はなにゆえ靖国神社境内で行われるのか。この追悼式はいかなる法律によって行なわれるのか」と追及している。これに対し、厚生大臣・神田博は「日比谷から靖国境内になったのは多年遺族等から要望もあり、境内の大村益次郎の銅像のある広場が行事をするに適当な場所という判断である」「遺族の気持も察し、追悼行事にふさわしいところ、こういう自然な、さらっとした気持で変更になった」と説明している。[83]

だが、「自然な、さらっとした気持」での変更は、それが靖国神社の敷地内での挙行であるだけに、信教の自由や政教分離をめぐる懸念を掻き立てた。キリスト教連合会は先の書簡のなかで、「この度圧力団体となった靖国神社国家護持小委員会と神社との関係如何」「拝殿と神殿はその宗教団体の宗教意識と宗教活動の中核でありますが、それに向って、両陛下並びに政府の代表や役人が拝礼なさることは、憲法第二〇条の「国及びその機関は（中略）いかなる宗教活動もしてはならない」の規定を犯すことにはなりませんか」といった疑念と違和感を表明していた。[84]

こうした疑問や批判があっただけに、政府は靖国神社での戦没者追悼式から宗教性を覆い隠すことに腐心しなければならなかった。キリスト教連合会への回答のなかで、厚生省援護局長は「今回の戦没者追悼式は憲法二〇条に違反するものではない」ことの根拠として、式典の進め方を以下のように説明しているが、そこには靖国神社の関わりを見えにくくすべく取り繕わなければならない政府の苦心が透けて見える。

全国戦没者追悼式の式場については、遺族等の要望もあり、去る七月九日の閣議決定により靖国神社の境内とされましたが、このことは靖国神社の神社であるという性格に着目してとられた措置ではなく、広場として靖国神社の境内の一部（大村益次郎銅像と一の鳥居の間）を臨時に国が借り入れ使用することにしたに過ぎません。式場は、周囲に幔幕を張り、上部は天幕でおおい、宗教儀式を一切伴わない方法で式典を行います。したがって、靖国神社が式典に一切関係しないことは勿論であります。

また追悼式の行事の一環として、靖国神社の神殿に向って礼拝しないことは勿論であり、さらに両陛下、政府の代表等が、追悼式の直前又は直後に、靖国神社に参拝することも行なわれない予定であります。[85]

先の衆議院社会労働委員会（一九六四年七月三一日）でも、内閣法制局長官や厚生大臣が「今度の場合は全く境内の、しかも社殿から離れたところで、いわゆる広場的な場所を広場として借りるというたてまえで考えている」「そういう疑いや批判の出る余地のないよう、テントを張って、なおまたまん幕を張って、適当な使用料を払い、拝殿よりぐっと離れた大村銅像の近所なら批判は免れるのではないかという判断である」[86]と述べているが、「鳥居のうちだ」と叫ぶ野次もあり、先の長谷川保も「鳥居があり、玉がきがあり、ちゃんとあうんの獅子がおり、明らかに神社の聖域である。そういうところで、宗教行事でないというのは詭弁というほかかない」と返している。[87]

その後も厚生省援護局長が「日比谷に閣議決定があったのち遺族等の強い要望もあって変更になった」ことを重ねて強調したが、委員のなかからは「遺族といっても全般の遺族を代表しているか、遺族はそういうことに反対している。それは遺族の一部である」「遺族というのは国会における国民を代表するわれわれの発言より強いのか」という意見が出され、「遺族」をあたかも錦の御旗として議論を運ぼうとする姿勢への反感が語られていた。[88]

こうした論争を引き起こしながら、一九六四年の全国戦没者追悼式は靖国神社境内で行われた。しかし、さすがに翌年は靖国神社が会場として選ばれることはなく、また、千鳥ヶ淵戦没者墓苑に変更されることもなく、折しも東京オリンピック開催の一環として建設された日本武道館での挙行が、以後、定例化した。

国家護持運動の高揚

このような状況は、靖国神社の「固有の死者を悼む私的な慰霊の場」から「公的な政治主義の場」への移行をますます加速した。それは、靖国神社国家護持運動とも重なるものであった。

一九五九年一〇月、日本遺族会理事会・評議員会合同会議は、靖国神社の国家護持を求める全国署名運動の実施を決議し、翌年一月から三月までのあいだに、二九五万の請願署名を集めた。[89] 靖国神社も一九六一年八月、神社本庁を加えて靖国神社祭祀制度調査委員会を立ち上げ、一九六三年四月に「靖国神社国家護持要綱」を発表した。[90] そこでは「靖国神社の運営はその自主性を尊重し、政府の監督に当ってはその特性を保持すべき旨規定することが望ましい」（第八項）や「合祀に必要な経費、恒例及び臨時の儀式の経費は国費を以って支弁する旨を定め、維持管理に必要な経費の支弁に関しても適切な方途を講じ得るよう規定することが望ましい」（第九項）と謳われていた。[91] 先述のように、すでに一九五〇年代半ばには「合祀は一日も早く国の手で　しかし靖国神社を変へてはならない」ことが言われていたが、こうした主張は五〇年代末以降、運動としての盛り上がりを見せるようになった。

他方で、一九五〇年代半ばに靖国神社を悩ませていた合祀遅延問題は、解決に向けて進みつつあった。合祀が滞っていた要因のひとつは、陸海軍の管轄から切り離された靖国神社が戦没者の情報の入手が困難だったことにあった。だが、厚生省は一九五六年四月に通達「靖国神社合祀事務に対する協力について」（援発第三〇二五号）を発し、「戦没者の身上事項の調査に関する事務」や「合祀通知状の遺族への交付」の面で協力し、これらの経費は「国費負担とする」というものであった。具体的には、靖国神社が引揚援護局に合祀資格の該当者や身上に関する事項を照会し、引揚援護局は都道府県や地方復員部に問い合わせの

1-7　靖国神社合祀者数の推移
（出典：田中伸尚『靖国の戦後史』岩波新書、2000年）

1-8　国家護持要求の大標柱
（靖国神社境内、1966年8月15日）

うえ、結果を所定のカードに記入し、靖国神社に回付する流れになっていた。[92]このことは、『社報靖国』（一九五八年一〇月一〇日）のなかでも「合祀者の資料及び審査は、［中略］各県世話部（現在は世話課）より復員省（現在は援護局）を経て神社に提出された資料に基き、神社では戦前の審査内規をそのまま踏襲し[93]」ていることが明記されていた。むろん、政教分離規定に抵触するものではあったが、一九八〇年一〇月に『毎日新聞』が大きく取り上げるまで、特段、問題にされることはなかった。[94]

これにより、合祀件数は一九五〇年代後半以降、急速に増加した。前述のように、合祀遅延問題は、国営化要求を後押ししたわけだが、この問題の解決の見通しが立ったことは、かえって靖国神社が国家護持に向けた運動に特化していく状況を生み出した。

日本遺族会の靖国国家護持要求

日本遺族会の変化も、そこには関わっていた。日本遺族会の前身である日本遺族連盟は一九四七年一一月に創設されたが、当初は、一家の経済的な支柱を戦争で失った遺族たちの生活向上や相互扶助を目的にしていた。初代会長の長島銀蔵は、発足の辞のなかで、「一家の支柱を失い、子女の教育はもとより、その日の生活にも困窮している遺族が、このまま放置されることは許されません」「遺族が一般戦災者や引揚者にくらべて、物心両面にわたり甚だしい冷遇を受けている現状にかんがみて、これが是正を要望するものであります[95]」と語っていた。遺族援護法（戦傷病者戦没者遺族等援護法）の成立（一九五二年四月三〇日）や遺族扶助料・恩給の増額、適用範囲の拡大に取り組んできたのも、こうした意図に根ざしていた。

だが、これらの問題が解決に向かうなか、一九五六年三月に「靖国神社国家護持に関する小委員会」を設けるなど、靖国神社国家護持への比重を徐々に高めていった。[96]一九六四年五月には機関紙『日本遺族通信』（第一六一号）の題字下の標語が、それまでの「遺族の相互扶助」「戦争防止」「人類の福祉」から「英霊の顕彰」に重きを置く表現へと切り替えられた。

日本遺族会や靖国神社の提起を受けて、自民党は一九六三年六月、「靖国神社国家護持問題等小委員会」を設けた。[97] 一九六六年一二月には、自民党遺家族議員協議会に設置された「靖国神社国家護持に関する小委員会」が「靖国神社法（仮称）立案要綱」をとりまとめた。[98] 靖国神社も一九六四年二月末、内閣・衆参両議院議長宛てに国家護持の請願・陳情を提出した。[99] 靖国神社を全国戦没者追悼式の会場とした動きも、これらの流れに沿うものであった。

1-9　日本遺族会等による靖国神社法成立推進国民大会（靖国神社境内、1970 年 3 月 10 日）

一九六九年六月三〇日には、自民党議員二三八名が開会中の第六一国会に靖国神社法案を提出した。これは廃案となったが、以後、一九七三年までに五度の国会提出と廃案を繰り返した。一九七四年の第七二国会では、衆議院内閣委員会（四月一二日）および衆議院本会議（五月二五日）で自民党単独強硬採決がなされたが、参議院では審議入りできないまま六月三日に審議未了廃案となった。[100]

その後も法案提出は検討されたが、一九七四年七月の参議院議員選挙で自民党が敗北し、保革伯仲となったことで、七五年二月、自民党はそれまでの靖国法案の提出を断念した。[101]

靖国法案への社会的反感

法案が通らなかったことからもうかがえるように、靖国神社国家護持の動きに対する反対意見は大きかった。一九六九年七月には靖国法案阻止中央集会が日比谷公会堂で開かれ、三〇〇〇名が参加した。反対請願署名数も、七月二八日には三七七万余名に達した。[102]また、同年五月には全日本仏教会や真宗教団連合、日本基督教団、日本バプテスト連盟、新宗教諸団体など六七の宗教団体が、信教の自由や政教分離の観点から法案反対を決議し、佐藤栄作首相に要望書を手渡した。[103]

一九七〇年一二月には、日教組、総評、護憲連合、日本基督教団、憲法会議、日本宗教者平和会議、国民文化会議による懇談会（七団体懇談会）が結成され、社共総評系団体と宗教界を横断した反対運動組織が生み出されていった。[104]

反対の根拠としては、「信教の自由と、宗教団体に対する公費支出を禁じた憲法を侵害する重大な恐れがある」（カトリック）[105]といったもののほか、「天皇の名による帝国主義侵略戦争を無反省なままに美化、肯定し、将来の侵略戦争を想定した死に場所を靖国神社に求め、国民に強制しようとしている」（日本社会党）ことへの懸念もあった。[106]

だが、これら政教分離規定への抵触や戦争賛美につながることへの危惧に加えて、死者や遺族の心情に依拠しながら、靖国法案を批判する動きも見られた。とくに、戦争に最も多く動員され、したがって多くの死者を出した戦中派世代（終戦時に二〇歳前後の世代）のなかに、そうした議論がしばしば見られた。

死者の遺念と顕彰の齟齬

評論家の安田武は、「靖国神社への私の気持」（一九六八年）のなかで、日本戦没学生機関誌『わだつみのこえ』に「殺した上に、その死まで利用している支配者への憤り、またそれを結果として許してしまっている自分自身にたいする憤り」を綴った遺族に言及しながら、「日本遺族会も、自分たちの「悲願」の純粋さだけに固執するのではなくて、全国民どころか、おなじ遺族仲間のうちにさえ、同意と承認をえられないような慰霊方式が、はたして真に戦没者の霊をなぐさめることになるのかどうか、もう一度考え直していただきたい」と述べている。[107]

安田の批判は、戦没者の心情を想起することに根ざすものであった。一九四三年一二月、学徒出陣により陸軍に徴兵された安田は、上官や古年兵たちに「いじめぬかれ、小づきまわされ、「陛下」の銃床で殴られ、馬グソを喰わされ、鉄鋲のついた編上靴ではり倒され、血を流し、歯を折られ、耳を聾され、発狂し、自殺した同胞」を軍隊のなかで目にし、また自らも同様の経験を有していた。[108] おそらくは、こうした体験を念頭に置きながら、同じ文章のなかで、こう記している。

1-10　靖国法案反対を訴える宗教者の座り込み（数寄屋橋、1969年6月1日）

1-11　遺族世代の参加も見られた靖国法案阻止中央集会後のデモ（1969年7月20日）

最後に、もうひとつ遺族の方たちにおたずねしておきたいことがある。戦没者たちは、「戦死すれば靖国の神」となることを、ほんとうに信じ、ほんとうに名誉としていたのだろうか。私には、靖国神社に合祀されることを、つよく拒否している戦没者の声が、聞こえてきてならぬのだが……。[109]

靖国神社に祀られ、国家によって顕彰されることを拒むであろう死者の心情は、橋川文三「靖国思想の成立と変容」（一九七四年）のなかでも言及されている。橋川は「自分は死が恐しいのではないのです。ただ、現在のような日本を見ながら死ぬことは犬死だとしか思えません。むしろ大臣とか大将だとかいってデタラメなことばかりしている奴どもに爆弾を叩きつけてやった方が、さっぱりして死ねるように思います」という戦死した特攻隊員の記述を引きながら、「靖国に祀られることを快く思わないはずの「英霊」の存在について、次のように記している。[110]

靖国を国家で護持するのは国民総体の心理だという論法は、しばしば死に直面したときの個々の戦死者の心情、心理に対する思いやりを欠き、生者の御都合によって死者の魂の姿を勝手に描きあげ、規制してしまうという政治の傲慢さが見られるということです。歴史の中で死者のあらわしたあらゆる苦悶、懐疑は切りすてられ、封じこめられてしまいます。[111]

そこでは、死者の遺念に寄り添うことの延長に、靖国国家護持への違和感が綴られている。死者を顕彰することが、死者の苦悶や懐疑を削ぎ落としてしまう。橋川はこうしたポリティクスを国家護持運動のなかに見ていたのである。

そのことは、死者による国家批判の契機を削ぐことでもあった。橋川は同じ文章のなかで、死者をいたずらに顕彰することが、「二百万にのぼる第二次大戦の死者の思いが、日本の国家批判の怨霊としてよみがえることを封じ込めようとしている」[112]とも述べている。橋川にとって、死者を美しく、心地よく語ることは、怨念に根ざした死者の批判から目をそらすことにほかならなかった。

右派の靖国法案批判

靖国法案は、さらに国粋主義の立場からの反感をも引き起こした。大東塾塾頭の影山正治は、自民党政調会内閣部会「靖国神社国家護持に関する小委員会」の山崎巌小委員長による「靖国神社法案修正案」（山崎私案、一九六八年二月）をつよく批判した。一九六九年一月には、山崎私案を不服として、大東塾塾生が日本遺族会会長の賀屋興宣に暴行を加え、賀屋の自宅にまで押しかけるという事件が起きた[113]。そこにあったのは、「祭祀面をすべて除去」しようとする方向への反感であった[114]。

自民党の靖国法案は、たしかに国家護持を求めるものではあったが、同時に憲法の枠のなかで、どのように整合性や折り合いをつけるのかについても、一定の配慮をせざるを得なかった。自民党で議論がなされている過程においても、参議院法制局は、靖国神社の宗教性が維持される限り、「現在のままでの靖国神社に補助金を出すことは憲法に抵触するのではないかという疑いを持っている」という見解を発表していた[115]。衆議院法制局も、「靖国神社は宗教団体であるので、国家護持を実現するためには、その宗教性を排除しなければ憲法に抵触するおそれがあるから、靖国神社の名称、礼拝その他の施設、儀式行事等について立法上所要の措置を講ずる」必要性を指摘していた[116]。

それだけに、自民党主流派においては、かりに法案を成立させても「違憲であると訴えられて負けたらどうなるか。靖国神社の威厳を傷つけ、英霊をぼうとくすることになる」（靖国神社国家護持小委員会委員長・村上勇）という危惧があった。彼らのあいだにも「憲法スレスレのところで法案をつくらなければならない」という制約があったのである。[117] したがって、先の山崎私案や、それをもとに自民党案として国会に上程された根本竜太郎委員長（自民党政調会）「靖国神社法案」（根本案、一九六九年六月）では、「靖国神社は、特定の教義をもち、信者の教化育成をする等宗教的活動をしてはならない」[118] とされていた。

日本遺族会も、「現在憲法下の制約」のもとでの「困難」を考えて、山崎私案や根本案を支持する側に回っていた。[119] 専務理事の佐藤清一郎は『日本遺族通信』（第二一二号、一九六八年九月一日）のなかで、「私共は法案の内容に決して百パーセント満足するものではありません。しかし、百パーセントの理想を固執して結局、目的自体の放棄となり、現状維持となることは、決してとり得ないところであります」[120] と述べている。

自民党のなかでも異論は少なくなかった。参議院議員の青木一男は、一九六八年三月一四日の委員会（靖国神社国家護持に関する小委員会）において、山崎私案を「靖国神社は、英霊を神として祀るものである。国家護持の名のもとに合祀奉斎まで削除しては、本体を滅却するものである」と批判していた。対して、遺族会会長の賀屋興宣は「青木氏の案は全員が希望しているところであるが、現在これでやれるかといえば、結論はできないという観測が大多数である」「この案で神霊は否定されていない。明確ではないし不満足であるが、国家護持ができないのはもっと不満である。山崎案に賛成したい」と反論していた。[121]

影山は、こうした自民党案を批判して、「「山崎案」の無祭祀形式による国家護持では、何よりも聖なる「御祭神＝御神体」は無くなつてしまひ、ただ物としての「戦死者名簿」のみが保管され、追悼式なども全く形式的空疎なものとなつてしまふ。かやうな国家護持は、国家護持の美名のもとに、実は靖国神社を根本的に破壊するものであつて、御祭神の最もよろこばれざるところであり、且つまた遺族及び一般国民の国民感情をも否定するものにほかならない[122]」と述べていた。大東塾塾生による賀屋興宣の襲撃も、靖国神社の宗教性を除去するかのような山崎案とそれを支持した日本遺族会への反感によるものであった。

ちなみに、靖国法案における「非宗教化」は、国家護持運動そのものに反対する立場にとっても、反感を掻き立てるものであった。何よりそれは、「神社は宗教ではない」という見地から、信教の自由を超越した神社崇拝が強制された戦前期の国家神道のありようを想起させた。日本社会党はそのことを批判しながら、「宗教活動を批判するといいながら、「英霊を慰める」神道儀式を主たる業務にしている」「靖国神社非宗教論は、戦前の国家神道時代における「神社は宗教に非ず」と同一論であり、現実に宗教的要素の除去は全く不可能であった[123]」と主張していた。

だが、靖国神社の「非宗教化」案は、国家護持を熱烈に望む立場にとっても、靖国神社を形骸化させるものとして映った。一九五〇年代半ばの合祀遅延問題に関連して、靖国神社の国営化が議論された際、靖国神社は「合祀は一日も早く国の手で　しかし靖国神社を変へてはならない」として、その祭祀や宗教性が国の手によって削がれることを警戒した。一九六〇年代末の国家護持問題のなかでも、同様のことが生じていたのである。

「全戦没者のシンボル」の不成立

靖国神社は、その後も政治主義の渦中に置かれた。靖国神社国家護持法案の成立を断念した自民党は、天皇や首相が国家を代表する資格で靖国神社を参拝することをめざすようになる。いわゆる「公式参拝」である。当初は法制化が模索され、一九七五年二月に藤尾正行内閣委員長の私案として「国に殉じたものの表敬（式典）に関する法律案」（表敬法案）が作られた。国家護持法案に代わる妥協案ではあったが、野党や新宗教団体連合会、真宗教団連合会、日本キリスト教協議会などは拒絶の意志を鮮明に示した。▼124 政府・自民党は法案化を断念する一方、既成事実の積み上げを模索した。一九七五年、三木武夫首相が戦後の首相として初めて、八月一五日に参拝を行ったのを皮切りに、一九七八年（福田赳夫首相）、一九八〇年（鈴木善幸首相）と、「私人」の資格ながら、「終戦記念日」における首相参拝が行われた。一九八五年八月一五日には中曽根康弘首相が「首相としての資格において」参拝し、アジア各国からの批判を招いた。▼125 一九七八年一〇月一七日には、靖国神社が秋の例大祭において、A級戦犯刑死者・獄死者一四名を合祀した。一九七九年四月一九日に、『朝日新聞』が「靖国神社にA級戦犯合祀　東條元首相ら一四人ひそかに殉難者として」という見出しのもとで報じると、靖国神社は国内外の非難に晒された。

だが、こうした動きは、一九七五年以降の質的な変化を示すものではなく、むしろ、それ以前の状況に連続するものであった。一九六〇年ごろから靖国神社は国家護持問題の渦中に置かれ、左派のみならず右派の批判をも招いていた。それは、さらに遡れば、合祀遅延問題を解消しようと国営化をめざした一九五〇年代の動向に端を発していた。

千鳥ヶ淵戦没者墓苑の建設も、靖国の政治主義化を後押しした。東京招魂社を起源とする明治以降の「伝統」があるとはいえ、遺骨のアウラを帯びた「無名戦没者の墓」の存在は、靖国神社にとって、「戦没者を祀る場」としての正統性を奪いかねない脅威に映った。そのゆえに、靖国神社は千鳥ヶ淵戦没者墓苑を「無縁仏の墓に過ぎない」とみなし、全戦没者を象徴する場として位置づけることに抵抗した。日本における「無名戦士の墓」は、その「無名」性のゆえに全戦没者を象徴し、国民的な「戦争の記憶」を想起させるものとはなり得なかった。靖国神社は、「無名の遺骨」のアウラによって喚起される想像力を封じ込め、自らの優位性・正統性を強調すべく「殉国者」を祀る場であることを声高に叫ぶこととなった。

だが、戦後初期の靖国神社は、必ずしも「殉国」の政治主義の色彩が濃かったわけではなかった。反戦や再軍備批判、ときには戦争責任追及とも結びつきながら、遺族が固有の死者に向き合い、私的な悲しみに浸る場でもあった。しかし、こうした側面はその後、掻き消され、公的な「殉国」「護国」が強調されるようになった。そこから国家護持運動が構想されるなかで、靖国神社はさまざまな政治団体・宗教団体からの非難を招き、靖国神社が置かれた場は、政治主義化の一途をたどった。

政治主義化の渦に投げ込まれたことは、「日本の戦没者のシンボル」として国民的な合意が得られなかったということでもある。政治主義化した靖国神社は、政治的な立場を超えた受容を不可能にする。それは、原爆ドームやひめゆりの塔が社会的に広く受容されるのとは、まったく異なる姿である。

靖国神社と千鳥ヶ淵戦没者墓苑は、ともに日本の戦没者を祀る場ではあるが、いずれも国民的に広く受容されるものとはなり得なかった。アウラを帯びた遺骨とモニュメントの葛藤は、政治主義を喚起しながら、双方を「戦没者のシンボル」として位置づけることを不可能にしたのであった。

第二章　広島、長崎——「被爆の痕跡」のポリティクス

広島と長崎はともに被爆地でありながら、両者の相違は小さくない。広島には巨大な被爆遺構である原爆ドームが保存されており、一九九六年には世界文化遺産に登録された。「被爆の惨禍を伝える歴史の証人」「核兵器廃絶と人類の平和を求める誓いのシンボル」といった形容がなされることも多い。[1]

それに対し、長崎には同種のものは見当たらない。かつてであれば、旧浦上天主堂が原爆の惨禍をとどめていたが、一九五八年三月に撤去され、新たな天主堂が再建された。それも相俟って、長崎文化人はしばしば、広島に対して劣位にあることを語っていた（拙著『焦土の記憶』）。

だが、はたして広島と長崎とでは、「記憶の場」が創られるプロセスはさほどに対照的だったのか。周知のように、広島では戦後しばらく、原爆ドーム撤去論が根強く、長崎と同じく被爆遺構が撤去されても不思議ではなかった。だとすれば、広島と長崎とでは、何が重なり、何が相違していたのか。

被爆の遺構やモニュメントを訪れることは、ダーク・ツーリズムのひとつではあるだろう。だが、その「ダークさ」を物語る場では、いかなる「記憶」が継承され、何が削ぎ落とされているのか。本章では、

この点に着目しながら広島・長崎の戦跡史を比較対照し、被爆をめぐる「記憶の場」が創られるポリティクスを浮き彫りにする。

一　遺構への不快感

浦上天主堂の撤去論

一九二五年に建設され、東洋一の規模を誇っていた浦上天主堂は、原爆投下後、巨大な廃墟と化した。だが、それは地域のカトリック教徒にとっての信仰の場であっただけに、一九四六年一二月には、木造平屋の仮聖堂が建築された。一九四九年のザビエル祭までには瓦礫も取り除かれ、正面右側と右側面の遺壁が残された。

しかし、教会側は、これらの遺壁を保存すべき対象とは考えなかった。復員者や引揚者、転入者によって、信徒は五〇〇〇名近くにのぼったが、仮聖堂は彼らを収容するにはあまりに狭く、本聖堂の早期建設が望まれた。浦上教会は一九五四年七月、「浦上天主堂再建委員会」を発足させ、再建資金獲得のため、アメリカでの募金活動も行った。

これらの活動の結果、浦上教会は再建の具体策を固め、一九五八年二月、信者たちに説明を行った。[2] これらの動きは、地元紙でも報じられた。

当時の長崎市長・田川務も、遺壁保存に消極的だった。田川は、一九五八年二月一七日の市議会臨時会のなかで、以下のように答弁していた。

この資料をもつてしては原爆の悲惨を証明すべき資料には絶対にならない、のみならず、平和を守るために必要不可欠な品物ではないとこういう観点に立って、将来といえども多額の市費を投じてこれを残すという考えはもつておりません。今日原爆が何物であるかという、ただ一点のあの残骸をもって証明すべきものではなく、そんなちつぽけなものではないと私はこう考えておる、戦災を受けました日本国民の大部分があの残骸以上のものを経験し目撃して来ておると私はこう思っております。

［中略］

むしろ、ああいったものは取り払つた方が永遠の平和を守る意味ではないかとそういう考えをもつている方も数多くあるのではないかというふうに思うのであります。[3]

2-1　被爆後間もない時期の浦上天主堂

田川にとって、被爆遺構は「原爆の悲惨を証明すべき資料」や「平和を守るために必要不可欠な品物」ではなく、「多額の市費を投じてこれを残す」べきものではなかった。

長崎市議会には、これに反対する動きも見られた。先の臨時会では、市会議員の岩口夏夫らが天主堂保存の必要性を力説した。会期末には、浦上天主堂保存を求める「旧浦上天主堂の原爆資料論議に関する決議案」が可決された。時を同じくして、長崎市原爆資料保存委員会も、遺壁保存を強く要望した。[4]

しかし、教会側はそれに応じなかった。保存委員会は、別の建築用地の提供も打診したが、教会は「禁教迫害時代からの由緒あるところなので」という理由で、その案を受けず、一九五八年三月一四日に再建工事が開始された。[5]遺壁の一部は爆心地公園に移設されたものの、旧浦上天主堂の遺構は除去され、新たな浦上天主堂は翌年一〇月に完成した。

そもそも、長崎の世論において、遺構撤去への反感は必ずしも根強かったわけではない。撤去作業の開始について、『長崎日日新聞』（一九五八年三月一五日）は、「〝貴重な原爆資料だ。二十世紀の十字架として残してもらいたい〟という市民の願いは遂にかなえられず」と報じているが、それがどれほど長崎世論を反映していたのかは疑わしい。

当時の『長崎日日新聞』を見ても、天主堂保存問題をめぐる臨時市議会での質疑・答弁や、天主堂の撤去作業の開始については、翌日に報じられたが、いずれも一面ではなく、社会面の四分の一程度を割いて扱われただけであった。かつ、その前後の日付で遺壁撤去問題を大きく扱った報道は、特段見られなかった。また、市議会では先述のように撤去反対の動きが見られたわけだが、県議会では一九五八年において特にこの問題が扱われることはなかった。[6]

その意味で、当時の長崎では、この問題は大きな社会的争点とはならず、人々の関心もさほど高くはなかった。撤去作業の際にも、現場に立ち会う市民はほとんどいなかった。撤去作業の三日間、現場でその模様を眺めていた井上光晴によれば、三日目に一人の青年が来た以外は、現場にいたのは「ぼくと工事人夫の方たちだけ」であったという。[7]

遺壁撤去を望む心情のほうが一般的であったという指摘もある。長崎の詩人・山田かんは、論考「被爆象徴としての旧浦上天主堂」（『季刊・長崎の証言』第八号、一九八〇年八月）のなかで、「当時の浦上天主堂が持った意味の常識的な共通意識」の例として、「市内の進歩的な人たちが集っていたある会の機関紙」から以下の文章を引いている。[8]

赤レンガの鋭いひびにとどめられた浦上の悲しみは——旅人達の美しい目で見られるようになった。とり去ったがよい。ほうむったがよい。最初で最後の悲しみにするために。遠い想い出にすぎないものにするためにも。[9]

一九五〇年前後の長崎の観光ガイド（長崎県観光連合会および市内バス会社発行）を見渡してみても、旧浦上天主堂を観光ルートに組み込んでいるもののもないではない。[10] だが、少なからぬ被爆体験者からすれば、巨

2-2　解体される浦上天主堂

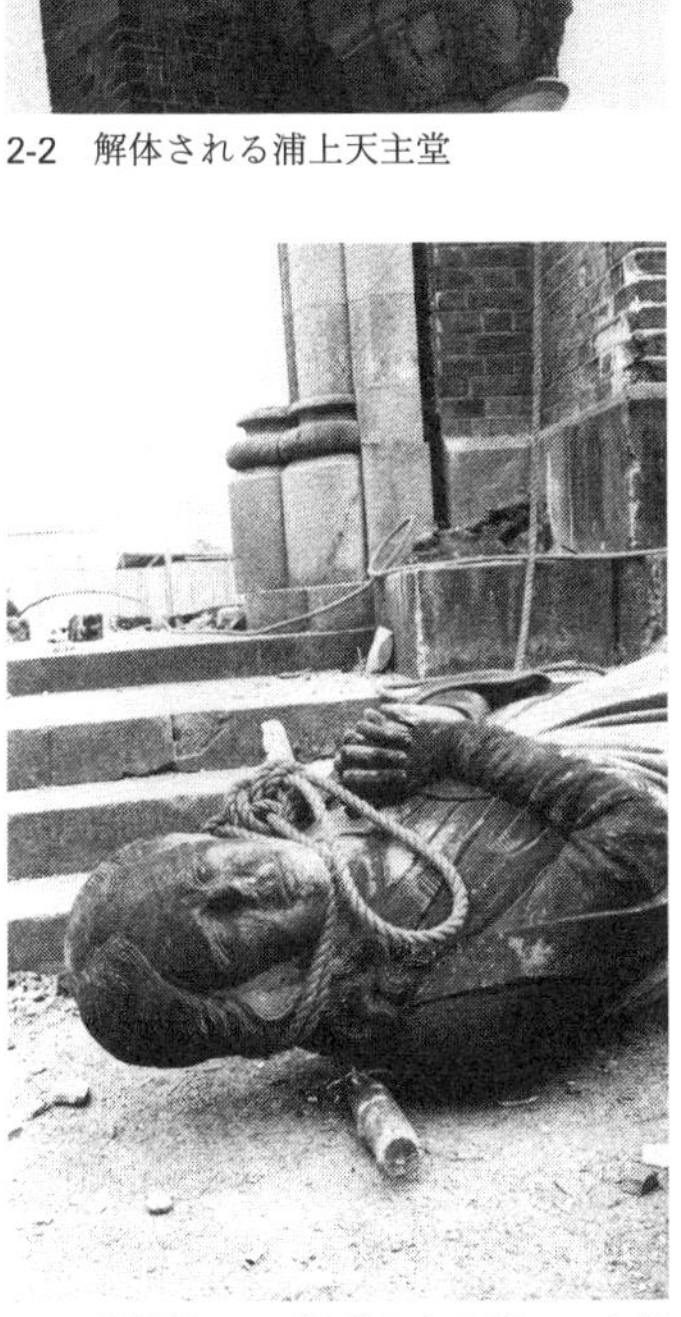

2-3　運搬用ロープを巻かれた聖ヨハネ像

大な遺構は自分たちのおぞましい記憶をフラッシュ・バックさせるものでしかない。それが気安く観光の対象とされていることへの不快感が、そこには滲んでいる。

2-4　被爆直後の原爆ドーム

原爆ドームへの不快感

被爆遺構への拒否感は、広島ではさらに直接的に語られていた。『夕刊中国新聞』（一九五〇年一〇月二四日）には「時言　原爆ドームの処置」が掲載されているが、そこには次のような記述が見られる。

これといってわざわざ観光客を引っ張ってきてみせるに価するものを持たない広島市であってみれば、こんなものでもみせなければ仕方がないかもしれない。それどころかある意味では、世界中どこへ行ってもみることのできない二つとない貴重品かもしれない。そしていまこの建物［原爆ドーム］は「アトムヒロシマ」の名とともに絵葉書、カレンダーの図柄などに広島市の象徴とさえなっている。しかし象徴とするには余りにも惨め過ぎないだろうか。やっぱりどこか自分のアバタ面を売り物に街頭に立って物乞いする破廉恥にして卑屈な人間の心情に通じるものを感じないだろうか。

原爆ドーム（旧物産陳列館・産業奨励館）が言わば名所になることに対して、「どこか自分のアバタ面を売り物に街頭に立って物乞いする破廉恥にして卑屈な人間の心情」が綴られている。

むろん、観光業界のなかには原爆ドーム保存を求める声もないわけではなかった。広島県観光連盟は、『観光の広島県』(同連盟編・発行、一九五一年)のなかで原爆ドームを写真入りで紹介しているほか、一九五四年には広島市観光協会や交通事業者にも呼びかけて、原爆ドーム保存期成同盟を結成した。その理由は、「観光資源に乏しい広島市にとっては重要な観光資源であり、一たん破壊したら後に復元することはむずかしい」(『中国新聞』一九五四年五月二一日)というものであった。

しかし、観光関連事業者のあいだでも、これらの動きへの反感は小さくなかった。広島バス社長・奥村孝は、「広島よいとこアンケート」(『中国新聞』一九五二年八月八日)のなかで、「敗戦直後ならまだしも今になって未だ原爆を売物にして対外的な物質的、精神的援助のみに頼ることは広島人の恥」「原爆中心地のドームを七ヶ年も経過した今日あのままに放置しておくのはどうかと思う。取こわすか再建するか早くやってもらいたい」と回答している。観光振興によって利益を得るであろうバス会社の代表者であっても、原爆ドームは違和感を掻き立てるものであった。

惨事の想起の拒絶

そこにあったのは、往時の惨事の想起を拒もうとする心性であった。広島市は一九四九年に「産業奨励館保存の是非」に関する世論調査を、被爆体験者を対象に実施している。四二八名の回答のうち、保存希望が六二パーセントではあった一方、「取払いたい」は三五パーセントに及び、その理由としては「惨事を思出したくないが圧倒的で(六〇・九%)、その他残ガイは平和都市に不適、実用的施設に用いよという声もあった」という(『中国新聞』一九五〇年二月一一日)。少なからぬ被爆体験者にとって、原爆ドームは過去のおぞましい記憶を否が応でも思い起こさせるものであったのである。

広島在住の作家・畑耕一も一九四六年の論説「全然新しい広島を」(『中国新聞』一九四六年二月二七日)のなかで、「原子爆弾に対する記録は史料として書冊に残す以外は一物も新広島の地上にとどめたくない。焼跡をそのまま保存するなどは安価なる感傷主義であり、第一土地経済の点からも残し得ない話だ」と記していた。原爆ドームに直接的に言及するものではないが、遺構を残すことへのつよい拒絶の意志がうかがえる。

同様の議論は、広島メディアにおいても、広く見られた。中国新聞社が発行する当時の夕刊紙には、原爆ドームについて「悲惨以外のなにものでもないような残ガイ」「広島市のド真ん中に薄気味わるい幽霊屋敷然としてたっている旧産業奨励館のドーム」という記述があり、それを「早急に取りのぞく」ことの必要性が言われていた。[11] 当時の原爆ドームは、薄気味悪いおぞましさを思い起こさせるものであった。

モニュメントとの不調和

広島市も遺構の保存には消極的だった。広島市長・濱井信三は、『中国新聞』(一九五一年八月六日)に掲載された座談会「〝平和祭〟を語る」のなかで、「私は保存しようがないのではないかと思う。[中略]いま問題となっているドームにしても金をかけさせてまで残すべきではないと思っています」と語っていた。

とはいえ、被爆体験を「記念」する場が求められなかったわけではない。同じ座談会のなかで、広島大学学長・森戸辰男は、濱井の発言を受けながら、「とにかく過去を省みないでいい平和の殿堂をつくる方により意義があります。そういうもの[原爆ドーム]をいつまでも残しておいてはいい気分じゃない」と述べている。そこに浮かび上がるのは、遺構ではなくモニュメントを選び取ろうという心性であった。

遺構とは、戦災やそれに伴う人の死があった建造物等の「現物」を通して、戦争の痕跡を具体的に可視化させるものを指す。原爆ドームや旧第三外科壕（沖縄・米須）などが代表的なものであろう。それに対し、モニュメントは、こうした「現物」とは異なり、戦後新たに創られた記念碑等で過去の記憶を抽象的でシンボリックに指し示すものである。広島・平和記念公園や沖縄の各都道府県の慰霊塔のほか、知覧・特攻平和観音堂などが、それにあたる。

遺構とモニュメントの弁別は、さほど意識されるものではないかもしれないが、上記の森戸の発言は、明らかに両者を異質なものとして捉えている。惨禍を直接的に可視化させる遺構は「いつまでも残しておいてはいい気分じゃない」一方で、「平和の殿堂」つまりモニュメントは、あくまで象徴的なものであるだけに「過去を省み」ずにすむ。森戸はこうした理由から、遺構ではなくモニュメントに存在意義を見出していた。

丹下プランの換骨奪胎

遺構への違和感は、平和記念公園構想をめぐる議論にも波及した。広島市は平和記念公園の設計公募を行い、一九四九年八月六日、一四五点の応募作のなかから、東京大学助教授・丹下健三グループの案が第一位に選ばれた。これは、原爆ドームと慰霊碑、原爆資料館を結んだ線を基軸とし、平和大通り（百メートル道路）から、資料館のピロティ、アーチ状の記念碑の先にドームが見渡せるように設計されていた。

しかし、記念公園も含めて、広島復興の都市計画について検討する広島市平和記念都市建設専門委員会では、原爆ドームの位置づけへの異論が噴出した。委員長の飯沼一省は、一九五一年ごろに起草したと思われる「広島平和記念都市建設計画についての意見書」（広島市公文書館所蔵）のなかで、「原爆によって破壊された物品陳列所の残骸は、その現状決して美しいものではない。平和都市の記念物としては極めて不似合のものであつて、私見としてはこれは早晩取除かれ跡地は綺麗に清掃せらるべきものであると思う。［中略］この醜い物を新に建設せられる平和都市の中心に残しておくことは適当とはいひ難い」と述べていた。

同委員会の委員であった石本喜久治（広島市顧問、建築事務所所長）も、第三回の委員会（一九五一年一月二〇日）において、平和記念公園建設にふれながら、「［原爆ドームを］何時までも置いといても、まわりが綺麗になればこわすようになりませんか」と述べていた。[12] 平和記念公園が美しく整備されることで、廃墟にすぎない原爆ドームの醜さが際立ち、それによって、原爆ドーム撤去を求める世論の盛り上がりが期待されている。

丹下のプランでは、遺構（原爆ドーム）とモニュメント（平和記念公園）は調和的に位置づけられていたが、建設専門委員会では、原爆ドームへの不快感が露骨に語られていた。そこでは、遺構とモニュメントの齟齬が際立っていた。

二　美化と排除

モニュメントの前景化

一九五二年八月六日、広島市では原爆慰霊碑の除幕式が執り行われた。これ以降、公的な八月六日の追悼式典は、慰霊碑前で挙行されるようになった。それ以前は、原爆供養塔前や旧護国神社広場など、式典の開催場所は一定しなかった。平和記念公園が整備され、慰霊碑が建立されるなかで、その地が広島の記憶の「シンボリックな場」として位置づけられるようになったのである。

だが、これらのモニュメントで旧爆心地一帯を美しく整備することは、同時に、最末端の被爆者や困窮者を排除することでもあった。原爆慰霊碑の除幕式では、原爆慰霊碑と原爆ドームとのあいだに横断幕が張られた。慰霊碑から原爆ドームを見渡せる設計ではあったが、除幕式当時は、「慰霊碑の後ろからドームまでぎっしりバラックが建ってい」た。[13] 横断幕は、式典を行う慰霊碑前広場からバラックを覆い隠すべく張られたものであった。

翌年の八月六日の式典でも、慰霊碑の背後に横断幕が掲げられた。式典終了後、女学生らによる「ほほえみよかえれ」(佐古美智子作詞)のダンスが披露されたが、貧困に喘ぐバラックの住人の存在は、その華やかさから遮られていた。平和記念公園というモニュメントは、「広島のシンボル」として生み出されたが、そこには、原爆の遺構・遺物に加えて、最末端の被爆者・被災者たちが住まう「醜いバラック」をも排除する力学がつきまとっていた。

平和祈念像への苛立ち

モニュメントへの不快感は、長崎でも少なからず見られた。

一九五五年八月八日、一〇年目の平和記念式典に先立ち、平和祈念像の除幕式が行われた。祈念像を制作したのは、長崎出身の彫刻家で東京美術学校教授も務めた北村西望であった。この像は「平和克復の契機となった尊い犠牲者の霊魂をなぐさめるとともに、世界恒久平和への熱情を象徴する」ものとして建立され、爆心地近くの丘陵地の平和公園内に設置された。[14] 高さ九・七メートルに及ぶこの巨大な青銅製男子裸体像は、「ピース・フロム・ナガサキのシンボル」と位置づけられ、地元紙も「祈念像〝平和への開眼〟

夏雲の下、盛大に除幕式」「長崎市民の平和の祈念こめて、平和祈念像ここに開眼」（『長崎日日新聞』一九五五年八月九日）と、一面トップで大きく報じた。

　平和祈念像の建立に伴い、公的な追悼の場も変更された。それまでは、松山町の爆心地公園で長崎市主催の原爆犠牲者追悼式が行われていたが、五〇〇メートルほど離れた平和公園に祈念像が設置されると、以後、像前の広場で公的な式典が行われるようになった。かつて、そこは刑務所が置かれていた場所であったが、平和祈念像が建立されたことで、そこは「聖なる場」として位置づけられるようになった。

　しかし、被爆の後遺症に喘いでいた詩人・福田須磨子は、平和祈念像への不快感を拭えなかった。福田は、その思いを以下のような詩に綴っている。

何も彼も　いやになりました
原子野に屹立する巨大な平和像
それはいい　それはいいけど
そのお金で　何とかならなかったかしら
〝石の像は食えぬし腹の足しにならぬ〟
さもしいといって下さいますな
原爆後十年をぎりぎりに生きる
被災者の偽らぬ心境です▼15

当時、福田は被爆後遺症のため、食欲が失せ、高熱が続いたばかりではなく、赤い斑点が全身に広がり、顔は「おばけ」のようになっていたという。[16] 大学病院で診察を受けると、即時入院を勧められたが、困窮に喘ぐその日暮らしの生活では、入院どころか通院さえままならなかった。[17]「古ぼけた畳の上をはいずり回り、芋虫のようにごろごろ寝転がってばかり」で、「意地も張りも失く」し、「夜眠る時、このまま永遠に眠っていますようにと、それだけを願う」心境にあっただけに、福田の目には、平和祈念像の除幕式や市主催の慰霊祭は、「朝早くから拡声器でガアガアがなり立」てる「お祭りさわぎ」にしか見えなかった。[18]

巨像の制作には多額の資金を要した。長崎市は一五〇〇万円の予算を見込んでいたが、実際の経費はそれを大幅に上回ったうえに、像の高さも当初の計画から引き上げられ、最終的には三四六一万円が投じられた。[19]

巨大な像が造られた背景には、「外国人にもぐっとこたえる偉容に」すべく、「像の大きさは、奈良、鎌倉の大仏に伍すほど大きいのにする」という北村西望の意図があった。[20] それは、長崎市がめざすものでもあった。『長崎市政展望』(長崎市役所、一九五三年八月号)には、平和祈念像の制作について、以下のように記されている。

2-5 除幕式を控えた平和祈念像
(『長崎日日新聞』1955年8月8日)

> 奈良の大仏が出来ましてから、一一〇〇余年、鎌倉の仏像が現れてから七〇〇余年にして、始め(ママ)て長崎の地に、日本第三位のブロンズの像が出来上るのであります。[中略] 日本の長崎に、世界の

何処にも無い男神の平和像が出来るという誇りを想つて、長崎市民は、建設資金の調達に、大いに奮起して頂きたいのであります。

奈良や鎌倉の仏像に次ぐ巨像が造られることを誇示しようとする心性が透けて見える。しかし、医療費どころか生活費にも事欠く被爆者たちにしてみれば、「そのお金で　何とかならなかったのかしら」「石の像は食えぬし腹の足しにならぬ」という思いを抱くのは当然であった。「死んだ人間の供養もいい事だ。しかしこうして医療費もなく、病気に苦しむ人間はどうだろう。医療保護の申請をして二ヵ月もたっているのに、放ったらかされたままだ。死んでから手厚く供養されるより、生きているうちに何とか対策は出来ないのであろうか」――そうした思いから、「上半身がくずれそう」な病身をおして書き上げたのが、先の「ひとりごと」と題された詩であった。[21] 爆心地一帯にモニュメントが配され、周囲が美しく整備されることは、被爆の後遺症に喘ぐ人々にとって、自分たちが疎外されていることを実感させるものでもあったのである。

場の選定の力学

だが、広島と長崎のあいだには、モニュメントをめぐる相違も見られた。広島平和記念都市建設専門委員会では、戦争を記念・記憶する場として、旧護国神社跡や広島城跡（第五師団司令部および日清戦争期の大本営跡）が挙げられたこともあったが、[22] 爆心地直近の中島地区を平和記念公園とすることについて、特段の異論は見られなかった。しかし、長崎では、平和祈念像を設置する場所をめぐって、さまざまな駆け引きがなされた。

この像の建立の趣旨は「原爆殉難者慰霊のため」であったので、「原爆の中心地」周辺に設置することが考えられていたが、[23]一部の議員が市議会（一九五二年一月二三日）に「平和祈念像を風頭山男岳に建設する」ことを要望する意見書を提出した。[24]風頭山は長崎市街を一望できる立地にあり、爆心地・浦上からは六キロほど市街地寄りの位置にあった。

祈念像建設地選定を付託された長崎市議会建設委員会は、各界代表者七七名に意見を求め、「原爆中心地」四五名、「風頭山男岳」二一名、「その他」一一名という結果ではあったが、翌月の委員会でも決するに至らなかった。[25]市長・田川務も、『長崎市政展望』（一九五二年九月号）のなかで、この問題について、以下のように記している。

平和祈念像は、当初原爆落下の中心地区に建設することで計画されて居りましたが、その設置場所については、文化と平和の都市長崎を象徴するのに尤も適した場所をえらぶべきもので、原爆落下地区に限らるべきものではないという意見もありますから、これは市民並に各方面の御意見を承り、尤も適切な場所を選定して建設しなければならないと思つて居ります。

「原爆落下の中心地区」が、必ずしも「文化と平和の都市長崎を象徴するのに尤も適した場所」とは位置づけられない長崎の状況が浮かび上がる。

最終的には、「理屈に合わぬ」ということから、[26]爆心地近くの旧刑務所跡高台（平和公園）に落ち着いたが、これに関する合意が形成されるうえでは、紆余曲折があった。

建設地をめぐって意見が割れた背景には、爆心地をめぐる地理的な要因も絡んでいた。広島の場合、市内中心部の中島地区が爆心地であったが、それは三方が山に囲まれた平野部のほぼ中央であった。したがって、被害は同心円状に市域全般に及んだ。それに対し、長崎の場合、市街地は標高二〇〇メートル程度(最高三六六メートル)の丘陵によって、中島川流域と浦上川流域とに分かれており、熱線や爆風による被害は、ほとんど浦上川地域に集中していた。行政や商業の中心である中島川地域は丘陵で遮られていたため、その余波は軽減された[27]。それゆえに、「原爆が[長崎市中心部でなく]浦上に落ちたので〝ほっと〟した」という声もしばしば聞かれたという[28]。

だとすれば、市中心部の商業・観光関係者が、「新生長崎のシンボル」となるべきモニュメントを爆心地一帯から奪い取ろうとしても不思議ではない。風頭山には、一九五四年九月にホテル矢太楼が建設され、のちに昭和天皇が二度ほど宿泊している[29]。矢太楼創業者で風頭山開発に力を入れた村木覚一は、この地に祈念像誘致を進めようとした市会議員のひとりであった[30]。彼らは、浦上地区のみが「文化と平和の都市長崎を象徴するのに尤も適した場所」とされる状況に、釈然としない思いを抱いた。戦後の長崎にとって、爆心地付近が「シンボリックな場」となることは決して所与の事柄ではなかったのである。

三 遺構の「発見」

原爆ドーム保存運動

広島であれ長崎であれ、「被爆体験を記念する場」としては、総じてモニュメントに重きが置かれていたが、一九六〇年代半ば以降になると、こうした状況に変化が見られるようになった。それを端的に指し示すのが、原爆ドームの保存運動であった。

一九六〇年代前半になっても、広島市長の濱井信三は、「ドームを保存するには約一〇〇〇万円が必要。この残骸には原爆のものの威力を示す学術的な価値はない」「ドームを補強してまで保存する価値はない」という姿勢を崩さなかった。[31]

しかし、そのころから、原爆ドームの自然倒壊の恐れが、現実味を帯びるようになった。原爆ドームは、外側へ三五センチも傾き、三〇メートル離れた電車道を自動車が通るたびに、五ミリ近くも壁が揺れていたという。[32] こうしたなか、保存を求める世論は盛り上がりを見せていた。

原水禁広島県協議会、広島キリスト教信徒会、平和と学問を守る大学人の会など一一団体は、一九六四年一二月二二日、原爆ドームの永久保存を市長に要請した。翌年三月二九日には、丹下健三、湯川秀樹らが連名で「原爆ドーム保存要望書」を起草し、市長に手渡した。そこでは「原爆ドームは被爆都市広島を表徴する記念聖堂であって世界における類例のない文化財である」「原爆ドームは被爆後すでに二〇年を経過し崩壊寸前の状態にある。速やかに補修工事を行ない環境を整備してこれが保存維持の措置を講ぜられたい」と記されていた。[33]

2-6 保存工事前の原爆ドーム（1967 年）

2-7 原爆ドームの保存工事（1967 年 7 月）

自然崩壊が目前になって、原爆ドームを「被爆都市広島を表徴する記念聖堂」「世界における類例のない文化財」とする見方が広がったことがうかがえる。

こうした世論を受けて、一九六六年七月一一日、広島市議会は原爆ドームの保存を満場一致で可決した。費用は全額募金によることとし、濱井市長も自ら街頭に立って寄付を訴えた。

とはいえ、当初はこの募金運動は盛り上がりを欠いていた。募金活動は一九六七年二月末に終了する予定であったが、同月半ば時点での累計金額は、目標額の五分の一にも満たない七八〇万円にとどまっていた。[34] やむを得ず、広島市は、募金活動を一カ月延長するとともに、濱井は全国メディアで募金を訴えた。なかでも『朝日新聞』（一九六七年二月二五日）の「人」欄で濱井が取り上げられ、同日と翌日に数寄屋橋の街頭で募金に立つことが紹介されたころから、急速に募金が盛り上がりを見せるようになった。

新藤兼人、加藤剛、田村高廣ら映画人や俳優らが街頭に立ったことも全国紙やテレビでも報じられ、それを受けて、『中国新聞』などの広島メディアが東京をはじめとした全国的な盛り上がりを紹介した。言わば、中央の動きを広島が逆輸入する形で、募金運動は加速的に高揚し、最終的には、目標の四〇〇〇万円を上回る六六八〇万円が、全国から集められた。その意味で、ドーム保存運動は、メディア・イベントとしての色彩を帯びていた。[35] 以後、補強工事は急ピッチで進められ、一九六七年八月六日を前に、作業は完了した。

六〇年代後半の反戦運動

こうした動きの背景には、当時の社会状況も関わっていた。一九六五年にアメリカがベトナムでの北爆を開始したことから、日本でもベトナム反戦運動が盛り上がりを見せていた。そのことは、沖縄が米軍の後方基地として用いられていることへの批判を生み出した。しかも、時を同じくして、沖縄返還問題が焦点化されつつあった。一九六五年八月、佐藤栄作首相は沖縄を訪れ、本土復帰をめざすことを宣言したが、以後、広大な米軍基地を残したまま沖縄返還が進むことが明らかになっただけではなく、沖縄への核兵器持ち込みが容認されるかのような動きも見られた。

こうしたなか、広島の記憶が想起され、被爆体験記の刊行が急増した。ことに中国新聞社「広島の記録」シリーズは、その代表的なものであった。『中国新聞』は、一九六二年から断続的に「ヒロシマの証言」「ヒロシマ二〇年」といった特集を組み、被爆体験者の証言や彼らの生活史についての報道を重ねていた。これらは一九六六年から七一年にかけて、『証言は消えない——広島の記録1』『炎の日から20年——広島の記録2』『ヒロシマ・25年——広島の記録3』『ヒロシマの記録——年表・資料編』(いずれも未來社)としてまとめ上げられた。その分量は、合計一一〇〇ページ以上に及んだ。原爆ドームへの社会的な関心も、一面ではこうした流れに沿うものであった。[36]

だが、他方で原水禁運動は混迷を極めていた。ソ連や中国の水爆実験をめぐり、それを支持しようとする共産党系と、「あらゆる核に反対」の姿勢を重視する社会党・総評系は激しい対立に陥り、一九六五年には社会党系のメンバーが日本原水協(原水爆禁止日本協議会)を脱会し、原水禁国民会議(原水爆禁止日本国民会議)を結成した。

ドーム保存運動は、原水禁運動における党派対立や憎悪を棚上げし得るものでもあった。ある保存運動の賛同者は、募金事務局に宛てた手紙のなかで、次のように記している。

現在、「あやまちをくり返さぬ」ための運動がイデオロギーの対立からいくつにも分裂していることとはまったく遺憾です。これらの運動はドームを中心にしてひとつになるべきだと思います。小生はこういう気持ちで募金運動に欣然と参加した者です。[37]

それを裏付けるかのように、ドーム保存運動には党派を超えた賛同が見られた。日本原水協と原水禁国民会議、それぞれの傘下団体が募金運動に加わっただけではなく、自民党をはじめとする保守系団体もこれを後押しした。

党派を超えた参加を容認するドーム保存運動は、原水禁運動が膠着していたにもかかわらず、さらに言えば、むしろそのゆえに、盛り上がりを見せることができた。かくして、原爆ドームは真正さを帯びた遺構として見出されるに至った。

浦上天主堂の「発見」

広島におけるこうした動きは、必然的に長崎にも波及した。先述のように、浦上天主堂の遺壁はすでに、一九五八年に取り払われていた。だが、一九六〇年代末以降になると、往時の遺壁撤去への批判が語られるようになった。

爆心地から一七〇〇メートルの地点で被爆した医師・秋月辰一郎は、『長崎の証言』(第一集、一九六九年)に寄せたエッセイのなかで、次のように記している。[38]

あの公園〔爆心地公園〕の中に浦上天主堂の煉瓦の一本の柱と聖人の石像が残されている。あの残骸は全くとるに足らない微妙なものである。

原爆が長崎の上空で炸裂した直後、あの東洋一を誇っていたロマネスクの赤煉瓦のカテドラルは上半分は吹きとんで噴火した如く火を噴いていた。そのあと幾日も幾日も赤煉瓦の壁と柱の塊が累々としていたのである。それに比べて、現在原爆公園の煉瓦の柱は何千分の一であろうか。見過してしまうのである。[39]

同様の指摘は、これにとどまるものではなかった。長崎総合科学大学教授の片寄俊秀（建築学）は、一九七九年の座談会のなかで、「原爆を受けた浦上天主堂が姿を消したことは、長崎にとっては非常に運命的というか、長崎のいろんな運動を変えてしまった一つの大きいモメントになっているような気がします」「あの形でなんとか保存することができておれば、恐らくアウシュビッツと並ぶ歴史的な存在として世界にアピールしたと思う」と述べていた。[40]

詩人の山田かんも、後年ではあるが「被爆象徴としての旧浦上天主堂」（一九八〇年）のなかで、遺壁撤去が「長崎被爆を現実的具体性をもって突き示す構造物の皆無という空白状況」を生み出したことを指摘した。[41] さらに山田は、国際文化会館の原爆資料を一瞥したあと、バスでグラバー園に向かう長崎修学旅行のあり方にもふれながら、こう述べている。

まさしく鎖国の窓、南蛮唐紅毛文化の遺産以外の長崎、現代史のなかにおける最も凄惨な渦中に叩きこまれた長崎は意図的にきれいさっぱりと拭き消されてしまった観があり、それは実感できないものとなってしまった。

戦後も一三年間にわたって、戦争の惨虐の極点として位置しつづけてきた天主堂廃墟を、「適切にあらず」として抹消するという思想は、国を焦土と化した責任を探索せずに済ましてしまうという、まことに日本的な「責任の行方不明」である。[42]

原爆の惨禍を直接的に示す遺構が消えたことで、「現代史のなかにおける最も凄惨な渦中に叩きこまれた長崎」が覆い隠され、「鎖国の窓、南蛮唐紅毛文化の遺産」や「観光としてのエキゾチシズム」[43]ばかりが前面に出てしまう。そのことへの不快感を、山田かんは綴っていた。

一九六〇年代後半になって、広島の原爆ドームには真正さが見出されるようになった。それがあたかも、長崎に波及したかのように、かつての浦上天主堂の遺壁に真正さが読み込まれるようになった。

遺構とモニュメントをめぐる調和と不調和

長崎における遺構の「発見」は、平和祈念像というモニュメントへの不快感にもつながった。山田かんは、「広島にて」(一九七四年)のなかで、平和祈念像の虚ろさを以下のように述べている。

長崎の平和祈念像の巨大な男神の前で、今日も記念撮影が行なわれているだろう。あの仕方もない像の前ではそれは仕方もなく似合う記念の写真に過ぎないものが、広島のドームの前でそれが同じく行なわれるとするならば、それは全く似合わない行為であるように思えてならなかったのであった。[44]

山田は、「被爆象徴としての旧浦上天主堂」(一九八〇年)のなかで、「厖大な戦争犠牲者の怨念と祈りが、この被爆原点の象徴たる天主堂廃墟にこもっている」と記していたが、[45]それに比べれば、平和祈念像は、記念写真の撮影に恰好なだけの空疎なモニュメントにしか見えなかった。撤去された旧浦上天主堂が帯びるアウラは、逆に、それに代わるかのように制作された平和祈念像の虚ろさを照らし出した。旧浦上天主堂という遺構は、平和祈念像というモニュメントと相容れないものとして、位置づけられていた。

これに対し、広島ではむしろ、遺構とモニュメントの調和性が見出されていた。市長・濱井信三は「原爆ドーム保存の訴え」(『広島市政と市民』一九六六年一一月一五日)において、「原爆ドームは平和記念公園と密接な関係があり、平和記念公園の中心点には原爆慰霊碑が安置されており、原爆資料館、平和の灯、平和悲願の鐘堂とともに、その慰霊碑をつつむ公園の重要なポイントのひとつとなっております」と述べている。これは、原爆資料館と慰霊碑、原爆ドームを一直線上に眺められるように配置した丹下健三の平和記念公園プランを説明したものである。

だが、既述のように、一九五〇年代初頭の広島平和記念都市建設専門委員会では、原爆ドームの撤去論、あるいは自然倒壊を待つという姿勢が根強く、廃墟でしかないドームと平和記念公園の美観は不釣り合いなものとして認識されていた。濱井信三自身、当時は「金をかけさせてまで残すべきではない」という立場であった。しかし、一九六〇年代半ばにもなると、ドーム保存の世論が高揚するなか、それと平和記念公園の親和性が強調されるようになった。

原爆ドームと慰霊碑、資料館を貫く軸線を基調に据えた丹下健三の平和記念公園構想(一九四九年)は、設計から二〇年近くを経て、その意義が「発見」されるようになった。それは、かつてとは異なり、遺構とモニュメントのあいだに調和が読み込まれていたことを意味していた。

遺構と忘却

しかし、モニュメントに溶け込むかのような遺構のありようは、「継承」ではなく「風化」や「忘却」を感知させるむきもあった。原爆ドームは保存工事によって、壁の裂け目は埋められ、壁の傾きは補正された。二二年のあいだに堆積したコケやごみも、すべて除去された。だが、英文学者で広島大学助教授の松元寛は、そこに「風化」の端緒を読み取っていた。松元は、一九七〇年のエッセイ「被爆体験の風化」（『中国新聞』一九七〇年八月三日）のなかで、以下のように述べている。

原爆ドームが補修されたさい、私はその趣旨に賛同してささやかな協力をしたが、補修工事が完成してドームが再び姿を現わしたとき、私は何か間違ったことをしたのではないかという思いに襲われたことを思い出す。工事は、ドームが風化して急速にくずれ落ちようとしているとき、その風化を防ぐために最新の薬剤で補強したのであったが、風化が中絶すると同時に、ドームは突然その生命を失ったように私には見えたのだ。

本質的に言えば、補強工事と同時に、ドームは全く別のドームになってしまったのだ。一九四五年八月六日の体験の遺跡としての意味は失われて、それは戦後数多く建てられた記念碑と同じものに変わってしまった。風化は防がれたのではなく、かえって促進されてしまったのではないか——。

原爆ドームの補修工事は、「永久保存」をめざして行われたものであった。しかし、松元はそこに永久の「生命」どころか、その「生命」の死を感じ取った。補修工事が施されることによって、倒壊の恐れがなくなると同時に、被爆当時の生々しさが失われる。それは、原爆の惨禍を伝える遺構ではなく、「戦後数多く建てられた記念碑と同じもの」でしかない。

それはすなわち、原爆ドームという遺構が、モニュメントへと転じていることを指摘するものでもあった。補修工事によって遺構に人為的に手を加えることは、それを「現物」として保存するのではなく、あくまで「本物らしさ」の装いを糊塗することでしかない[46]。松元が「ドームは突然その生命を失った」「全く別のドーム」と感じたのは、そのゆえであった。

それは、観光者にとっての心地よさを紡ぐものでもあった。ドーム保存工事に際して、一帯の景観整備が進められた。周囲は「クラシックな鉄製柵」で囲われ、内側には芝生が植えられた。柵の外側には遊歩道が設けられ、噴水の周りにも山石を敷いた小広場が造られた。保存工事を記念して制作された広島市編『ドームは呼びかける――原爆ドーム保存記念誌』(一九六八年)には、その目的として、「公園を厳粛ならちにも明るい憩いの場にするため」とある[47]。だが、原爆ドームが市民や観光客の「明るい憩いの場」となることで、「ドームは全く別のドームになってしまった」とも言えよう。少なくとも、戦後の初期には感知されていた被爆遺構のおぞましさのようなものは後景化し、来訪者の期待に沿う「記憶」が心地よく提示される。

遺構がモニュメントのなかに溶け込み、一帯の景観の美化が進められる。そこに至る広島の戦後史は、言うなれば、「保存」という名のもとで忘却が進む状況を示していた。さらに言えば、忘却や風化が進行していることそのものが、ドームの倒壊を押しとどめる「保存」によって不可視化される。松元のエッセイはそのことを端的に叙述するものであった。

「ダークさ」と「継承」の欲望

広島や長崎の遺構・モニュメントを訪れることは、被爆体験をめぐる「ダーク」なものへの興味や関心に結びついている。だが、遺構やモニュメントといった「メディア」が、どれほど「ダークさ」を伝え得るものなのか。こうした疑いを抱いてみるのも、決して無駄なことではないだろう。

往時の惨禍を「現物」としてではなく、シンボリックな形象として提示するモニュメントは、おぞましさを直接的に想起させないがゆえに受容された。それに対し、遺構が言葉にしがたい体験を物語り得るのかというと、必ずしもそうではない。遺構の保存・補修工事は、ともすれば、来訪者に心地よく、期待される形で「現物」を作り変えるものでしかない。敷地に芝生が植えられ、周囲に植木と遊歩道が整備された原爆ドームは、被爆直後のそれとは明らかに異質である。そもそも、原爆ドームは保存工事が施される以前から、煉瓦の崩落や壁の傾斜が進んでいたわけだが、それは被爆直後の姿ではない。現存する、あるいは保存された遺構やモニュメントは、幾多の風化や忘却の上にあるものでもある。

だとすれば、ダーク・ツーリズムはいかなる「ダークさ」を想起させるのか。こうした問いも思い浮かぶのではないだろうか。遺構やモニュメントといった戦跡は、「戦争の記憶」を伝えようとするメディアではある。だが、そこで「継承」されているものは、幾多の忘却を経た残滓であるとも言えまいか。

なかには、そこにおける忘却を問い直そうとする営みも見られないではなかった。福田須磨子や山田かんによるモニュメント批判、松元寛のドーム保存への違和感には、そうした思考を見出すことができよう。しかしながら、彼らの視角が今日において共有されているとは言いがたい。戦跡観光の場でこれらの事柄が想起されることはまれだろうし、そもそも、「戦争の記憶」研究においても、松元寛や山田かんの思考は総じて忘れ去られている。

広島や長崎の戦跡は、「ダーク」な何かを感知させる。だが、そのことがかえって、表面に浮かぶ「ダークさ」によって何が覆い隠されているのかという問いを、見えにくくしているのではないか。広島・長崎の「記憶の場」の戦後史は、そのことを如実に物語っている。

糸満市摩文仁の平和祈念公園では、毎年、六月二三日に、沖縄全戦没者追悼式が執り行われる。六月二三日は、沖縄戦が終結した日とされ、「慰霊の日」と通称されている。一九九五年のその日には、沖縄戦後五〇年を記念して、平和の礎の除幕式が行われた。

だが、沖縄戦没者を追悼する公的な式典は、戦後の早い時期からこの日にこの場所で行われていたわけではない。米軍統治下の沖縄において、琉球政府主催の全琉戦没者追悼式が初めて行われたのは、サンフランシスコ講和条約が発効して間もない一九五二年八月一九日である。当初は八月一五日の予定だったものの、台風が重なったために一九日へと延期されたわけだが、見方を変えれば、六月二三日が沖縄戦体験をめぐるシンボリックな日として見出されているわけではない。会場も、かつて首里城があった琉球大学広場であって、摩文仁丘ではない。

翌一九五三年の追悼式典は、九月二日に那覇高校校庭で行われた。九月二日は、日本政府・軍が降伏文書（一九四五年）に調印した日ではあったが、残存していた沖縄守備軍が降伏文書に調印した日（九月七日）

ではない。

その後も、日付や会場は一定しなかった。第三回琉球政府主催全琉戦没者追悼式が行われたのは、一九五四年一一月七日、翌年は一一月一五日に行われたが、第五回目は一九五八年一月二五日であった。会場も、琉球大学や那覇高校校庭のほか、一九五八年一月には、前年七月に完成したばかりの戦没者中央納骨所（那覇市識名霊園内）の広場で全琉戦没者追悼式が行われた。だが、これがその後、定着したわけではなかった。琉球政府主催の追悼式が摩文仁丘広場で、六月二三日を期して実施されるようになるのは、一九六四年以降である。

では、「六月二三日」と「摩文仁」はなぜ、時を同じくして沖縄戦没者を象徴する時空間となったのか。そこには、いかなる社会背景やメディアの力学が作動していたのか。さらに言えば、記念日や「記憶の場」が創られるなかで、摩文仁戦跡はいかなる情念を物語る「メディア」となっていったのか。

戦跡は、必ずしも戦禍があったがゆえに保存や記念の対象とされるわけではない。その時々の社会状況と、新聞や映画、観光など、さまざまなメディアの力学が密接に関わりながら創られる。と同時に、創られた戦跡が多様な輿論（public opinion）や世論（popular sentiments）を喚起し、新たな「戦争の記憶」が再編されていく。言うなれば、メディアによって戦跡の空間が紡ぎ出される一方、その戦跡が何らかの情念や記憶を思い起こさせるメディアとして、地域社会の、あるいはナショナルな戦争イメージを創り上げる。

本章は、マス・メディアと戦跡（というメディア）のこうした往還的な関係性を念頭に置きながら、全国紙や地域メディア（新聞・団体機関誌）における沖縄戦跡観光の言説を俯瞰し、「摩文仁」が社会的に構築されるプロセスと、そこにおけるメディアの機能について、考察する。そのうえで、「戦争の記憶」をめぐる沖縄輿論の変容プロセスと、それを突き動かすメディアと社会の力学について検討したい。▼1

一　摩文仁の丘の誕生

慰霊の場の分散

沖縄本島南端部の摩文仁は、沖縄戦最末期の激戦地であり、日本軍のみならず沖縄住民も多く戦禍に巻き込まれた。必然的に、戦後の早い時期から、いくつかの慰霊塔が建てられた。健児の塔（沖縄県師範学校男子部、一九四六年三月）、島守の塔（沖縄県知事・職員、一九五一年六月）、黎明の塔（沖縄守備軍司令官・牛島満ほか、一九五二年六月）などが、その代表的なものであった。

3-1　魂魄の塔（撮影日不詳）

しかし、当時において、これらは沖縄戦没者全体を象徴するものではなかった。沖縄南部の米須地区には、周囲に散乱する無名戦没者の遺骨を納めた魂魄の塔が設けられた。建立は一九四六年二月だが、一九五五年には一万柱以上を納めるに至り、沖縄を代表する「無名戦没者の墓」として知られていた。

一九四六年三月には、同じく米須に、ひめゆりの塔が建立された。沖縄戦下、女子看護隊として動員された沖縄県立第一高等女学校・沖縄師範学校女子部の戦没生徒・職員を合祀したものだが、映画『ひめゆりの塔』（一九五三年）が日本本土・沖縄で大ヒットしたこともあり、多くの参拝者が訪れていた。『沖縄タイムス』（一九五三年一月四日）には、ひめゆりの塔一帯への「初詣」が多く見られたことが報じられている。

摩文仁の「発見」

だが、一九六〇年代になると、沖縄本島南部には、本土各府県の慰霊塔が急速に林立するようになる。すでに一九五四年には、魂魄の塔の隣接地に、北海道出身将兵の慰霊塔である北霊碑が建立されていたが、一九六二年一月に千秋の塔（秋田県）が建てられると、その後、各府県が続々と慰霊塔建立を進めた。『朝日新聞』（一九六二年一月二六日、夕刊）も、こうした状況について、「最近は観光ブームで本土からの訪れがひんぱんになり、そのたびに慰霊塔新設の話が持上がって、日本軍玉砕の沖縄本島南部など、畑の中も丘の上もいたるところ塔だらけの慰霊塔ブーム」と報じている。ことに、沖縄守備軍司令官・牛島満が自決した激戦地・摩文仁には、多くの慰霊塔が建立された。

一九六五年ごろには、慰霊塔建設はさらに加速した。一九六五年一一月には岐阜、富山、茨城、滋賀など、一七県の地鎮祭・慰霊祭が重なっていた。慰霊塔建設地の紹介や遺族団の案内を担っていた沖縄遺族連合会は、過密スケジュールのなかで対応に追われることになった。

『沖縄タイムス』（一九六五年一一月八日）は、「慰霊塔ブームの摩文仁が丘」と題した記事のなかで、「一日一県の割りで香をたくことになる」「地鎮、除幕、慰霊の諸式典に参列のため各県知事や遺族が二十人、四十人、六十人、七十人と団体船来島、ざっと五百人の慰霊団を迎えることになる」といった状況を報じていた。

慰霊塔建立ブームは、本土各県相互の競争意識を掻き立てることとなった。「京都府出身沖縄戦歿者慰

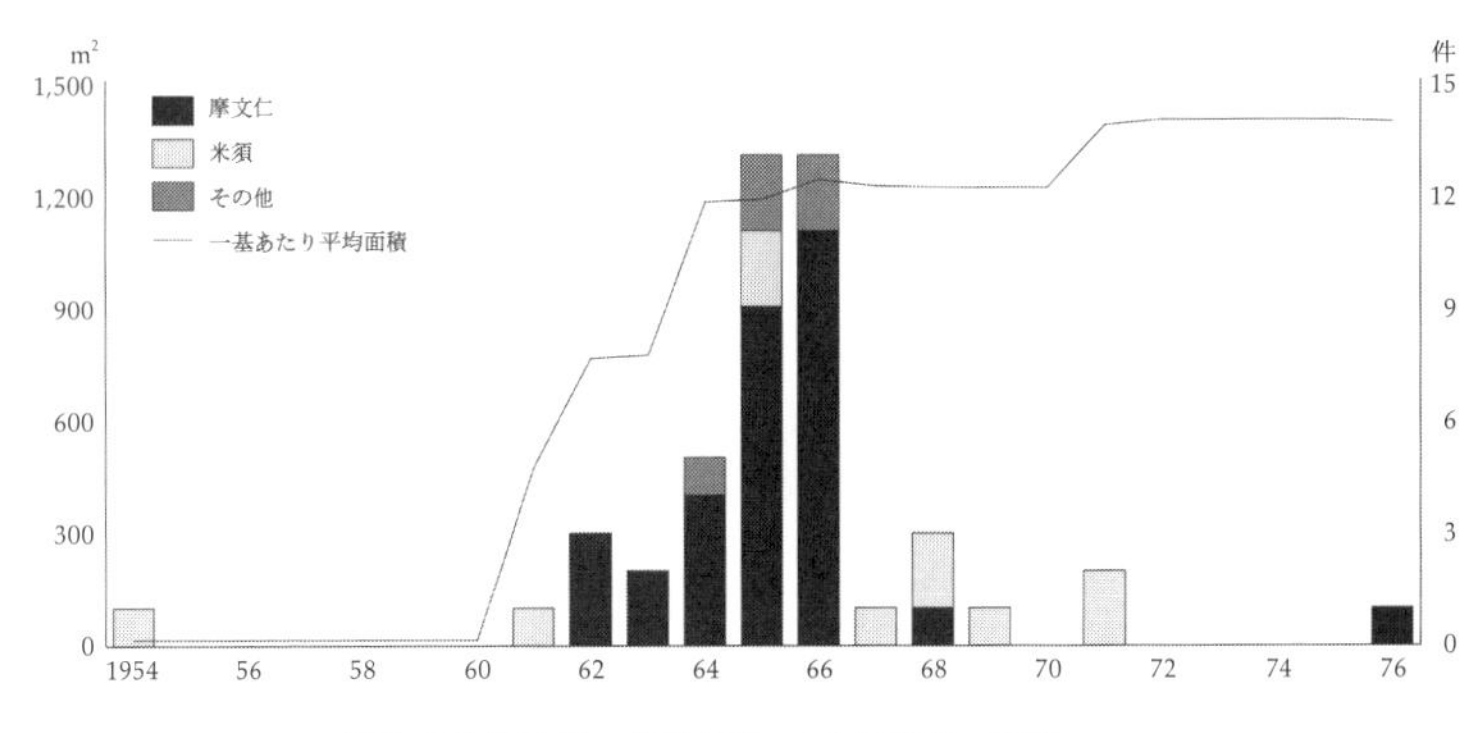

3-2　都道府県慰霊塔の建設件数・平均面積の推移
(沖縄県編・発行『沖縄の霊域』(1983年) をもとに作成)▼4

霊塔建設の趣意書」(京都府沖縄慰霊塔建設奉賛会、一九六四年二月)においても、「他府県に於ては夫々由縁の場所に慰霊塔を建立し、慰霊祭を催して居る所が多く、参拝者は続々渡航されて居る状況であります。〔中略〕京都の面目にかけても早急に是非他に見劣りしない立派な慰霊塔を建立し、英霊を末永く御まつりし御慰め申上げ度い所存であります」と記述されている。「滋賀県戦没者沖縄慰霊塔建立趣意書」(一九六四年)には、「最近になり各府県では、その出身者のために慰霊塔の建立をはじめ、十数県が終っております。この程沖縄を訪問し、現地を視察した谷口知事を初め視察団一行はもう放置出来ないと強く胸を打たれ、意を決して帰国されました」と書かれていた。▼2

このような切迫感は、沖縄戦戦没者数の誇示につながった。「兵庫県戦没者沖縄慰霊塔建立趣意書」(一九六三年一二月七日)には、「この沖縄戦で、兵庫県関係では三千有余の戦没者を出しております。その数は北海道出身者についで全国第二位です」と綴られ、全国屈指の戦没者数であることが、誇らしげに語られている。同様の文面は、鹿児島県の「慰霊塔建立趣意書」(沖縄戦歿者鹿児島県慰霊塔建立期成会、一九六四年ごろ)や先の「滋賀県戦没者沖縄慰霊塔建立趣意書」にも見られた。▼3

慰霊塔のコンクール

各県が互いに競いながら慰霊塔建立を進める状況は、華美で大掛かりなモニュメントを仕立てることにつながった。『毎日新聞』（一九六五年一二月一五日）は、「豪華さ競う沖縄慰霊塔――まるでコンクール」と題した記事のなかで、こう報じている。

> 摩文仁の丘に広々とした敷地を獲得して、デザインをこらしたデラックスな慰霊塔造りが始まったのは最近のこと。〔中略〕昨年秋ごろから急に塔造りがにぎやかにはじまった。それもわずか一年の間に十八府県の塔が建設されるという盛況ぶりだ。敷地も一県八百平方メートルはざらで、気ばったところでは三千三百平方メートルと、ちょっとした公園並みの広さ。総工費も大阪、愛知、兵庫、神奈川各府県の塔はなんと一千万円前後。なかには鉄筋コンクリートの小展望台や休憩所を備えたデラックス版も現われた。

実際に、特異な造形の慰霊塔は少なくなかった。房総の塔（千葉県、一九六五年）や埼玉の塔（一九六六年）、立山の塔（富山県、一九六五年）、ひろしまの塔（一九六八年）など、現代アートを思わせるデザインも多く見

3-3　府県碑が林立する摩文仁丘（1965年6月）

3-4　立山の塔（富山県、1965年11月）

られた。

慰霊塔が大掛かりで華美なものになっていく傾向は、一基あたりの平均面積の推移にも表れている。最初期に作られた北霊碑（米須）は、敷地面積が五坪（一六・五平方メートル）ほどでしかなかったが、一九六二年になると、既設の道府県慰霊塔の平均面積は七六一・五平方メートルに及び、一九六六年には一二三五平方メートルに至っている。一九六〇年代前半には、慰霊塔設立件数が増加しただけではなく、慰霊塔自体も大規模化した。慰霊塔建立は、各府県がきらびやかさを競うコンクールの様相を呈していた。

先の『毎日新聞』（一九六五年一二月一五日）の記事では、「ただ奇をてらう、他県のものよりもとにかく大きいもの……という競争意識は考え直す必要があるのではないだろうか」「各県が郷里意識をまる出しにしてミエと体面を張り合っているとしか考えられない」とも書かれていたが、こうした苦言を呈されるほどに、各府県の慰霊塔の乱立ぶりは際立っていた。

遺族会・戦友会と観光ブーム

それにしても、本土府県の慰霊塔建立は、なぜ一九六〇年代に入って盛り上がりを見せたのか。ひとつには、沖縄への渡航規制の緩和があった。

日本本土から米軍統治下の沖縄への渡航は、容易ではなかった。渡航の際には、パスポートに類する身分証明証を携行しなければならなかった。その発給のためには、身元申告書や入域許可申請書が必要であり、手続きには一ヵ月以上を要した。それもあって、沖縄は「三〇日と三時間かかるところ」と言われていた。飛行機を使えば本土から三時間ほどで到着したが、それ以前に一ヵ月余りの煩瑣な渡航手続きを要したためである。復帰運動や原水禁運動の関係者が沖縄渡航を拒まれることも、珍しくなかった。

また、沖縄ではドル（一九五八年九月以前はB円）が用いられていたが、渡航者への外貨割り当ては制限されており、沖縄現地で使用できる金額は限られていた。だが、こうした状況も、一九六〇年代に入ると徐々に異なる様相を見せるようになる。

一九六〇年ごろから米軍政府（琉球列島米国民政府）は沖縄観光者のために沖縄を開放する方針をとるようになり、それに応じて日本政府も一人あたり四〇〇ドルまでの外貨割り当てを認めるようになった。また、従来は各都道府県から総理府、米国民政府へと申請書類が転送され、許諾に時間を要していたが、一九六三年ごろから、多くの場合、総理府までで処理が済むようになり、渡航申請期間が短縮された。一九六四年四月に観光目的の海外渡航が自由化されると、沖縄への渡航は格段に容易になった[5]。

このことは、沖縄観光の盛り上がりにつながった。一九六〇年には本土からの沖縄渡航者数は一万五〇〇〇名にも満たなかったが、翌年には四六パーセント増の二万一六〇〇名、一九六三年には三年前の倍以上の三万五〇〇〇名が沖縄を訪れた[6]。

こうした状況は、戦友会や遺族団体による慰霊観光を後押しした。折しも遺族会や戦友会の活動が盛り上がりつつある時期だった。日本遺族会は、もともと遺族援護法（戦傷病者遺族等援護法）の成立（一九五二年四月三〇日）や遺族扶助料・恩給の増額、適用範囲の拡大に取り組んできたが、これらが一定の達成を見ると、靖国神社国家護持運動とともに、沖縄などへの遺骨収集・慰霊観光に積極的に取り組むようになった。また、一九六〇年代には、戦中派世代（終戦時に二〇歳前後の世代）が壮年期に差し掛かり、社会的な発言力を増しつつあった一方、体験をめぐる若い世代との軋轢もあり、同世代の体験を語り合うべく戦友会の創設が目立っていた。沖縄・摩文仁への慰霊碑建立の動きも、こうしたなかで加速された。

もっとも、琉球政府は無秩序に慰霊塔の建設ばかりが進み、その後の管理・清掃が滞ることを防ぐべく、一九六〇年代半ば以降、都道府県主体の慰霊塔建設に限る方向性を打ち出していた。それだけに、隆盛しつつあった遺族団体や戦友会は、各都道府県に慰霊碑建立をつよく働きかけていた。かくして、摩文仁は、多くの慰霊塔が集約される場となっていった。

ちなみに、一九七六年までに、本土各都道府県の慰霊塔(四六基)が沖縄に建設されたが、そのうち三五基が摩文仁霊域に置かれている。むろん、摩文仁霊域には他の慰霊塔も建てられているが、全五〇基のうち七割を府県碑が占めている。摩文仁が沖縄を代表する「聖域」として成立するうえでは、これら府県碑の建立が大きく作用していたことがうかがえる。

平和慰霊行進というメディア・イベント

とはいえ、それだけで摩文仁が沖縄戦体験のシンボリックな場となったわけではない。むしろ、そこで大きな役割を果たしたのは、平和慰霊行進というメディア・イベントであった。

沖縄遺族連合会青年部は、一九六二年六月二二日、那覇から摩文仁までの二三キロを踏破する平和祈願慰霊大行進を実施した。行進には沖縄の遺族のみならず、本土の日本遺族会関係者を含め、約三〇〇名が参加した。このイベントは以後、恒例化し、かつ大規模化した。一九六七年六月二三日に行われた平和行進では、参加者は二〇〇〇名に至った。[7]

平和慰霊行進が行われた意図に関して、青年部長を務めた仲宗根義尚は、一九八五年の文章のなかで当時を回顧しながら、「私達青年部は、私達の肉親が空腹、傷つき、血にまみれ、五月雨のなか泥にまみれ、砲弾のなかをひたすら日本軍の勝利を信じ、肩を抱き合って南下したであろう当時を偲びながら追体験し、英霊の冥福を祈り、平和を訴え黙々と炎天下を行進したのであります」と記している。[8]

3-5　平和祈願慰霊大行進
（摩文仁、1968年6月23日）

かつて沖縄守備軍は、首里城地下の司令部壕から摩文仁へと追い詰められ、沖縄住民も多くそれに付き従った。その逃避行を、司令官・牛島満の自決日に合わせて身体的に「追体験」することが、この行進イベントの意図するところであった。

これは沖縄メディアでも、毎年大きく扱われた。『琉球新報』（一九六二年六月二二日、夕刊）は「み霊よ眠れ、安らかに　慰霊の日、多彩な催し」「正午、全住民黙とう　遺児五百人が平和行進」といった見出しのもと、平和行進や関連イベントを大きく報じていた。『沖縄タイムス』（一九六三年六月二三日）も、「激戦の地にたく平和の香」との見出しを掲げて、平和行進や摩文仁岳で催された遺族連合会主催の慰霊祭について、写真を交えて紹介していた。

それもあってか、行進ルート周辺での高揚感は大きかった。沖縄遺族連合会青年部機関誌『若竹』（第三号、一九六三年）には、この年の平和行進について、「豊見城村入口に着くと、その他の支部の総出の出迎え、一陣の涼風がふところに吹き込むような大拍手の出迎えだった」「糸満にコースをとつた一隊が糸満に到着すると、びつくりする程の大歓迎を受けた。拍手を送り声をかけて励ますだけではなかつた。或る年老いた遺族の方が泣きながら握手を求めた。十七年前失つた我が子のありし日の俤（おもかげ）を私たち遺児の姿に見た想いだつたのではないだろうか」と書かれている。[9] 行進する側も迎える側も、往時を偲び、過去を擬似体験していた。

その高揚感は、決して参加者や沿道に立った人々にのみ共有されるものでもなかった。この行進を沖縄メディアが大きく報じることで、その場にいなかった人々も新聞紙面を通して、そのときの興奮を後追いすることが可能になる。言うなれば、擬似的な参加と高揚の追体験を、メディアは可能にする。これらが相俟って、行進の終着地である摩文仁は、沖縄戦体験のシンボリックな場として、見出されるようになった。

復帰運動の隆盛と「六月ジャーナリズム」

同時に、「六・二三」も記念日として位置づけられた。既述のように、毎年の平和慰霊行進が実施されたのは六月二三日であり、その日が社会的に重要な日付として発見されていることがうかがえる。

折しも一九六二年から、沖縄守備軍司令官が自決した日は、沖縄戦が終結した「慰霊の日」として法定休日とされるようになった。実際には、それでもって沖縄戦が終結したわけではなく、戦闘停止を命ずることができる指揮官を欠いたまま、統制のとれないゲリラ戦が続いていたのが実際のところであった。だが、こうした史実は捨象されたうえで、この日が「沖縄戦の終戦の日」として位置づけられた。当初は、牛島の自決日が六月二二日とされていたため、第一回平和慰霊行進も同日に行われたが、その後、牛島の自決日が二三日であることが判明し、一九六五年から六月二三日が「慰霊の日」とされるようになった。

しかしながら、「六・二三」は一九六〇年以前は、沖縄メディアにおいて記念日とみなされてはいなかった。終戦後一五年間の『琉球新報』(戦後初期は『ウルマ新報』『うるま新報』)や『沖縄タイムス』を眺めてみても、六月二二日や二三日を「沖縄戦の終戦の日」と位置づける記事は皆無に近い。[10]

にもかかわらず、一九六〇年代以降、記念日として見出されるようになった背景には、沖縄における復帰運動の盛り上がりがあった。米軍基地建設と土地収奪の加速もあり、サンフランシスコ講和条約が調印された一九五一年ごろには、沖縄でも日本への復帰運動が高揚していた。しかし、条約発効（一九五二年四月二八日）に伴い、沖縄が占領終結を果たした日本本土と切り離されることが確定すると、急速に復帰運動は停滞した。

一九五〇年代半ばには土地収奪がさらに激しさを増し、一九五六年六月には島ぐるみ闘争と称される土地闘争が高揚した。しかし、生活の糧に直結する土地（や基地労働）の問題の解決が焦眉の課題であった一方、日本復帰は現実味に乏しい夢物語でしかなかった。米軍政府も、復帰運動を共産主義とみなして弾圧する姿勢を明確にしていただけに、復帰への漠然とした憧れはあっても、それが社会運動として盛り上がることはなかった。

3-6　辺戸岬から那覇へ向かう復帰要求行進団（1967年）

しかし、一九六〇年四月二八日に沖縄県祖国復帰協議会（復帰協）が結成されると、復帰運動は急速に高揚するようになった。その背景には、土地問題の一定の解決とともに、米軍基地があるがゆえの事件・事故の続発があった。島ぐるみ闘争が住民の二割から五割もが参加するほど大規模化したこともあり、米軍政府（琉球列島米国民政府）は、土地問題に対して一定の譲歩を示すようになったが、それだけでは解決できない問題の大きさもあらわになりつつあった。

一九五九年六月には、授業中だった石川市の宮森小学校に米軍ジェット戦闘機が墜落し、児童・教職員を含めて、一三〇余名の死傷者を出した。米兵の凶悪犯罪も頻発していたうえに、裁判や処罰もうやむやにされる場合が多かった。こうした背景もあり、米軍統治からの脱却をめざすべく、復帰運動が盛り上がるようになった。

復帰協や関係団体は、毎年、四月二八日とともに六月二三日に大規模な県民大会を開いた。四月二八日は、講和条約の発行に伴い沖縄が本土から切り捨てられた「屈辱の日」であり、「沖縄戦の終戦の日」である六月二三日は、米軍の沖縄支配が始まった日であった。戦後沖縄の抑圧や従属の起点となった日を直視し、状況打破への意欲を掻き立てることが、「四・二八」や「六・二三」の集会開催に込められていた。そして、これらの集会は、沖縄メディアで大きく扱われた。六月二三日が法定休日とされ、また、沖縄遺族連合会青年部が平和慰霊行進の実施日としてこの日を選び取った背景には、こうした状況があった。

そして、これらの社会背景が絡みながら、毎年、六月二三日をピークに沖縄戦を回顧する新聞報道が盛り上がりを見せるようになる。八月一五日に向けて「戦争」関連の報道が盛り上がる戦後メディアの動向は「八月ジャーナリズム」（佐藤卓己）と言われるが、それに倣えば、一九六〇年代前半の沖縄には「六月ジャーナリズム」の成立を見ることができる。

3-7　宮森小学校米軍機墜落事故（1959年6月30日）

記念の時空間の成立

必然的に、平和慰霊行進も復帰要求と密接に結びついていた。沖縄遺族連合会青年部長を務めた仲宗根義尚は、一九八五年の先の文章のなかで「愛知県、岐阜県、北海道を始め、多くの［日本遺族会の］青年部が慰霊祭に来沖され、そのつど交歓会を開催し」たことを回想しつつ、「交歓会において「沖縄を返せ」を合唱し、沖縄の祖国復帰を強く訴えてまいりました。それが感銘を与えたようであります」「少なからず祖国復帰運動に私達青年部も一翼を担ったものと確信します」と語っていた。[11]

平和行進は、本土の遺族関係者をも多く取り込みながら隆盛し、そのことが「祖国復帰」の輿論を盛り上げる。そして、沖縄メディアがこれを報じることで、このイベントはますます高揚した。言うなれば、平和行進は沖縄の遺族と本土の遺族を媒介（mediate）し、「一体感」を生み出した。それを沖縄各紙が報道し、情報伝達（mediate）することで、その高揚感はさらに膨らんでいった。

このことは必然的に、平和行進が行われる六月二三日と、その終着地である摩文仁丘をさらに焦点化させることとなった。仲宗根義尚が先の文章のなかで「摩文仁ガ丘での慰霊祭も六月二二日、琉球政府厚生局長を御案内して挙行したのも青年部が最初であり、慰霊の日を祝祭日にすべく陳情するのでもなく、無言の行動による圧力で促進したものと確信しております」「行進団の参加がなければ慰霊祭は出来ない当時の状況でした」[12]と述べているのは、このことを物語る。かくして、琉球政府主催の戦没者追悼式は一九六四年以降、摩文仁丘にて毎年「慰霊の日」に行われるようになった。沖縄メディアが平和行進という「メディア」を報じ、それが本土をも巻き込んだ社会的なイベントと化していくなか、「摩文仁」と「六・二三」は、沖縄戦と復帰運動を思い起こさせるシンボルとなり、沖縄の公的な追悼式を行うにふさわしい時空間として創られていったのである。

二　「戦跡というメディア」の多義性

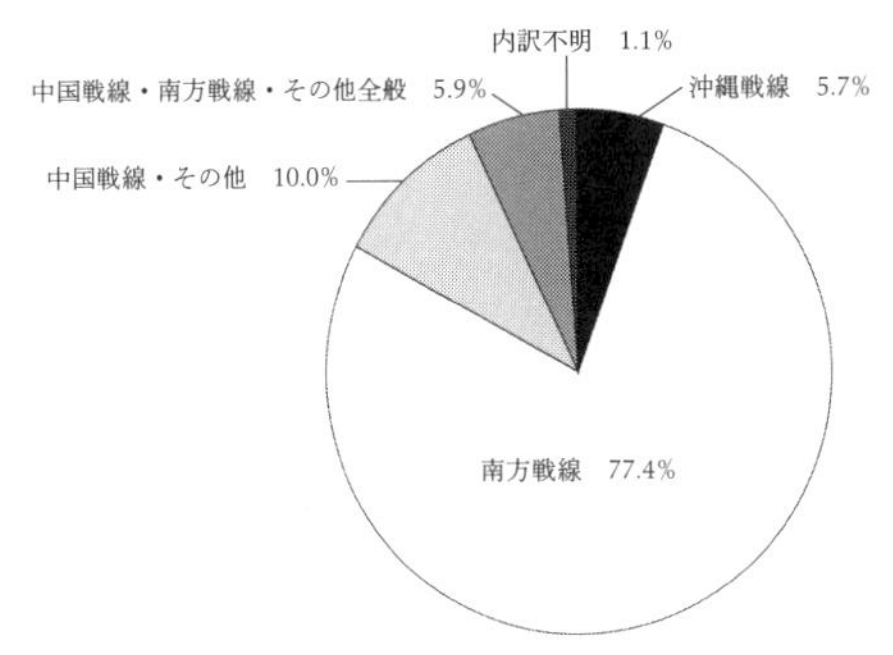

3-8　都道府県別合祀対象の内訳
（沖縄県編・発行『沖縄の霊域』（1983年）をもとに作成）[16]

「摩文仁」の越境

とはいえ、摩文仁等の各府県慰霊塔で追悼の対象とされていたのは、必ずしも沖縄戦戦没者に限らなかった。たとえば、宮城の塔での合祀内訳は、沖縄戦戦没者数が五八二柱に対し、南方諸地域戦没者は四万四九一八柱、茨城の塔の場合は沖縄戦戦没者六一〇柱に対し、南方諸地域戦没者約三万八二〇〇柱であった。[13] いずれも合祀者全体における沖縄戦没者の割合は、二パーセントにも満たない。沖縄に建てられた塔であるにもかかわらず、合祀対象は、フィリピン戦線やニューギニア戦線など、南方戦没者がそのほとんどを占めていた。

さらに広域の戦没者を祀るものもあった。みちのくの塔（青森県）の「建立趣意書」には、「本県の場合は沖縄およびその周辺の海域で戦没された英霊に限らず、中国本土、台湾、香港方面、中部太平洋、日本海南西諸島方面、ニューギニヤ、ニューブリテン、セレベス方面、比島、レイテ方面、マレイ、スマトラ、ジャワ、ボルネオ方面、タイ、仏印、ビルマ方面等において、戦没された一万九千八百四十七柱の英霊を合祀し」ていることが明記されている。[14] 南方戦線の戦没者のみならず、中国戦線の死者まで祀られており、合祀者は日中戦争・太平洋戦争の全域にわたっている。そのうち沖縄戦戦没者は、五四四柱にすぎない。[15]

これは決して例外ではなく、都道府県碑全般に言えることであった。都道府県慰霊塔の合祀者は総数一二七万七〇〇〇柱に及ぶが、そのうち沖縄戦戦没者は約七万二五二五柱であり、全体の五・七パーセントにとどまっている。

その意味で、摩文仁（を中心とした慰霊塔群）は、「沖縄戦での死没者」を弔う場というより、日中戦争・太平洋戦争全般における「本土の死者」を祀る場であった。

巡拝と国家批判

とはいえ、遺族ら巡拝者たちは、必ずしも死者たちを公的に顕彰しようとしたわけではない。彼らは、肉親である固有の死者を私的に悼む一方、しばしば死者の公的な顕彰を拒み、死者の死を生み出した国家への疑念を生み出した。一九七二年に東京の塔が建立された際、ある遺族は以下の手紙を碑前に供えていた。

親として、子に先立たれる事程、悲しい事はない。可能な事であるなら、代わりたいと願わない親はないと思う。そんな願いを無残にも打砕く戦争、若者が、年取った者の代わりに死んで行く戦争を私は、非常に憎む。国と国との争いに、国民と呼ばれる個人だけが、苦しみ悲しまなければならないのは、なぜだろうか。国家とはなんだろうか、疑問を持たざるを得ない。[17]

3-9 「土佐の塔」の合祀者内訳のパネル（沖縄県八重瀬町、2015年3月）

私的な悲嘆を突き詰めた先に、「国民と呼ばれる個人だけが、苦しみ悲しまなければならない」ことへの静かな怒りが導かれている。そこでは、死者を「殉国」という公的な顕彰に祀り上げるのではなく、むしろ、公的な国家の暴力を私的な苦悶に立脚しながら問いただそうとする姿勢が浮かび上がっていた。

ちなみに、東京の塔の除幕式では、東京都遺族連合会会長・賀屋興宣が「追悼のことば」を述べるなかで、「わが国の今日の平和と繁栄のための貴い礎石となって散華された諸霊」の「崇高な殉国のご精神」を称えていた。同塔の碑文でも、「顧みればわれら同胞が戦禍に堪えて刻苦精励すること二十有余年よく平和の恩恵に浴しえたことはひとえに英霊が戦火の悲惨と生命の尊厳を貴い血をもつて示されたたまものにほかならない」と刻まれている。[18] こうした顕彰の言辞とは異質な情念が、除幕式直後の碑前の手紙に込められていた。

「英霊」に共感しながら旧軍指導者や「日本帝国主義」を指弾するむきも見られた。日本遺族会による第五回沖縄戦跡巡拝（一九六〇年）に参加したある遺族は、以下の感想を綴っている。

戦跡巡拝にあたり大東亜戦争のため同胞を英霊たらしめたる其の罪は日本帝国主義即ち軍国主義の指導者の世界という点を見逃がしていたのではないでしょうか。深く研究して見たい。今後前者をうらまず後者をいましめねばならないと思います。[19]

「同胞」「英霊」への感情移入は、彼らが戦った戦争を肯定するのではなく、逆に戦争を生み出した「帝国主義」「軍国主義」を批判し、その指導者の責任を追及することにも接続し得たのである。

加害責任への言及

本土遺族たちは、ひめゆりの塔や健児の塔など、沖縄の戦没者を祀る慰霊塔や遺構をめぐるなかで、しばしば「沖縄への加害」を問いただした。北海道から来沖したある遺族は、一九六〇年の文章のなかで、以下のように綴っている。

> 健児・ひめゆり各塔の三、四十坪の洞窟に百を単位とする青少年が生命の恐怖におびえながら、飢餓と疲労にうちひしがれた姿を想像する時、投降即ち死として徹底抗戦を命じ、宣伝した過去の軍部のやり方を再びくり返させてはならないと痛感し、宣伝にまどわされない自由な発想を養うことが、今日のわれわれの義務である事を感じさせられました。[20]

か弱い沖縄の「少年」「少女」の最期の場所であった壕（および直近に設けられた碑）を目にしながら、「過去の軍部のやり方」への批判が導かれている。

対馬丸遭難者の慰霊塔（小桜の塔）を訪れた別の遺族も、「これは日本軍によって内地に強制疎開された学童が大島沖でアメリカの潜水艦に見つかり、あえなく殺されたのです。日本軍司令部の作戦の誤りとは言え、学童達を疎開させたということが僕には解らないのです。戦争中のまっ最中に、なぜ危険と解りながらどうしてそんな事をしたのだろう。本当にこの学童達は日本兵をうらんでいることでしょう[21]」と記していた。

これらの記述は、日本遺族会が主催した第五回沖縄戦跡巡拝の感想文集に収められていた。第一章でもふれたように、当時の日本遺族会は、靖国神社国家護持にむけて活動を活発化させていた。だが、その日本遺族会による戦跡巡拝においてさえ、軍部や国家へ批判が想起されることは珍しくなかった。遺族にとって沖縄戦跡は、肉親の死をきらびやかに彩るだけではなく、ときに彼らや沖縄住民たちに「無駄死に」を強いた国家や軍部への憤りをも導いていた。

三　戦跡観光への不快感

「慰霊塔のコンクール」への批判

本土府県の慰霊塔ブームが復帰運動の高揚に結びついていた一方、モニュメントが林立する状況への違和感もしばしば語られていた。先にふれたように、『毎日新聞』（一九六五年一二月一五日、夕刊）では、「各県が郷里意識をまる出しにしてミエと体面を張り合っているとしか考えられない」と記されていた。『朝日新聞』（一九六五年一二月二〇日）の「天声人語」においても、「この慰霊塔ブームは、戦争の犠牲となって沖縄で死んだ人の霊を本当に弔うみちかどうか、考え直してみる必要がありはしないか」「戦場に行かされた人の最大の気がかりは、残された家族の生活の上にあったにちがいない。戦死者の妻や遺児の上に、これらの県は手厚い保護を加えてきただろうか」と書かれている。

同様の指摘は、沖縄メディアでも少なからず見られた。『沖縄タイムス』（一九六四年四月一三日）の投書欄には、東風平村住民の以下の投書が掲載されていた。

戦跡地を巡拝するたびごとにつくづく感ずることですが、もう少し〝慰霊塔〟を整理できないものでしょうか。
本土から巡拝にくる人々を案内するたびごとに、せまい地域に〝慰霊塔〟が乱立している姿は、なにかしら異常なものを感じます。たしかに〝英霊〟を祭ることには、賛成しますが、もっと広い視野からみますと、わたしとしては納得できません。わたしも今大戦で兄を失った遺族の一人ですが、各県の慰霊碑が、これ見よがしに建立競争しているように思われます。［中略］
現在のままだと、霊域は、世俗的なアンイな観光ブームに利用されるだけでマイナスになると思います。

慰霊塔が林立し、戦跡等の観光ブームが盛り上がりを見せる一方、死者への追悼がないがしろにされている状況が、そこでは指摘されていた。

モニュメントへの苛立ち

一九六〇年代後半にもなると、慰霊塔への反感がさらに露骨に見られるようになる。一九六八年一二月には、豊見城村の海軍戦没者慰霊之塔で、国旗掲揚台のポールが折られ、階段手すりの花ブロックが破壊された。[22] やや早い時期ではあるが、『琉球新報』（一九六四年五月一日）では、「荒らされる南部戦跡地」という見出しのもと、「糸満町摩文仁の戦跡地に不良少年がたむろ、霊域内で酒を飲んであばれ」たこととともに、「一カ月ほど前にも牛島司令官をまつった「黎明の塔」の蓋口をたたきこわし、その中で酒を飲んだもようで塔内には酒ビンが散らばつていた」ことが報じられていた。いずれも新聞報道では「不良グループのしわざ」とされていたが、あえて日本軍将兵を祀ったこれらの場所を選んでいるところに、その意図を読み込むこともできよう。
　時を同じくして、本土からの戦跡観光に対する不快感が、沖縄のなかで急速に目立つようになった。かつて沖縄戦に従軍したある元下士官は、一九六八年に沖縄戦跡をめぐった際、沖縄住民から「年々本土から観光団が来られる。それも結構。だが、内地の人々は、摩文仁の台上のたくさん並んだ慰霊塔を、意味を十分にかみしめてほしい」「沖縄の人たちは日本に属していると思っていると同時に、日本に見捨てられたと感じているのだ」と言われたという。▼23
　同様の思いは、本土遺族団の受け入れや慰霊碑建立の支援を担ってきた沖縄遺族連合会関係者のあいだにも、少なからず見られた。同会青年部に所属していた与那嶺光雄は、機関誌『若竹』（第一〇号、一九六九年）に寄せた文章のなかで、以下のように記している。

　摩文仁のこの地は多くの言葉をもつてしても語ることの出来ない歴史の証言となるべき地だ！　そこには幾万の同胞が最後まで弾雨の中を、死の谷間をさまよいながら手榴弾を抱いて屍と化した歴史の真実があるのだ。これではまつたく慰霊碑の展覧会場ではないか！〔中略〕
　バスを連ねて観光団の一行がやつて来た。思い〳〵の服装で着かざった多くの若い男女がバスからはい出され、キヤキヤさわぎながらガムをかみ、まるで遊園地さながらの様にいよいよ私の憤りは爆発瞬前であった。その中で一人の女性が何やら自分達の県知事の名前を叫んで皆を呼んでいる。私はその情景の中から何故この聖地が敢えて展覧会場にされたかを知るのである。
　政治家の名誉と票集めの動員とされ、花束をささげるだけで英霊が浮かばれるかのように思つているこの人達に、愛国の情を一身に屍と化した若者が再び犠牲にされているような気がして憤りが悲しみとなってしまった[24]。

沖縄遺族連合会は日本遺族会の傘下にあったが、その関係者でさえ、各県の慰霊塔が乱立し、本土遺族・観光者が「キヤキヤさわぎながらガムをかみ、まるで遊園地さながら」に振る舞うさまに強い不快感を抱いていたのである。

そこには、戦跡（霊域）と観光の不調和が浮かび上がる。与那嶺は同じ論説において、「純粋により真剣に平和への願いを求める県民、否遺族はこの姿に何を求め——何を要求すればよいか、四方海に囲まれ観光資源が豊富と言われる沖縄で敢えてこの歴史の証言となるべき霊地を観光化することは真剣に検討を加えるに価するのではなかろうか[25]」と記している。かつて沖縄では、戦跡観光地化を後押しする動きが色濃く見られたわけだが、ここではむしろ、戦跡（霊域）と観光の相容れなさが感じ取られていた。

「反復帰」の輿論

こうした動きは、復帰のあり方への不快感に根ざしていた。一九六五年一月の佐藤・ジョンソン会談により、沖縄返還問題は日米間でようやく具体的な政治課題として扱われるようになった。だが、そこでは復帰に至る具体的な政治日程が示されなかっただけでなく、日米両国が沖縄に共通の軍事的利益を見出そうとする姿勢がうかがわれた。

その不安は、のちにさらなる現実味を帯びることとなった。一九六七年二月、外務次官・下田武三は、「沖縄基地の自由な使用を保証することが施政権返還の前提条件」であり、「核基地の容認を含む基地の自由使用」を米軍に認めるべきであると発言した。さらに下田は同年六月に駐米大使として赴任する直前にも、「いまの国際情勢からみて、米軍の核基地をなくす方向で問題を検討することにはむりがある」と語っていた。[26]いわゆる「核つき返還論」である。

沖縄の反発は、当然ながら大きかった。復帰協は「即時無条件全面返還要求行動要綱」(一九六七年一〇月)において、「核付き返還、基地の自由使用返還を粉砕し、日本の核武装、憲法改悪に反対しよう」「安保条約の延長による沖縄の現状固定化に反対し、佐藤〔栄作〕自民党政府の対米従属に抗議しよう」というたスローガンを掲げた。[27]

一九六九年一一月、佐藤・ニクソン会談において、一九七二年の沖縄返還の方針が発表された。だが、それは沖縄住民を満足させるどころか、むしろ失望を与えた。米軍基地は、「本土なみ」に残されることとなり、面積にして全国の五八・五パーセントの基地が狭小な沖縄に集約されることとなった。

沖縄基地への核持ち込みについても、制限は曖昧だった。沖縄基地には核弾頭ミサイル・メースBが配備され、一九六八年には原子力潜水艦によるものと思われる海水の放射能汚染が報じられるなど、核の懸念は深刻だった。しかし、日米外交交渉では、核兵器の持ち込みについては、アメリカが日本政府と「事前協議」するとされるにとどまった。本来、「事前協議」は、日米安全保障条約下において、日本がアメリカの戦争に巻き込まれないための歯止めとして位置づけられていた。だが、七二年沖縄返還の方向が明らかになるころから、事前協議の結果、日本が自主的に米軍の行動を支持することもあり得ることが強調されるようになった。沖縄基地への核兵器持ち込みも、そのような「事前協議」の対象とされたにすぎなかった。本土復帰に沖縄住民が幻滅を抱いたのは、当然であった。

戦跡観光批判の噴出も、こうした「復帰」への憤りの延長にあった。沖縄遺族連合会青年部の与那嶺光雄は、『若竹』(第一〇号、一九六九年)に寄せた先の文章のなかで、こう述べている。

祖国を持たない流浪のジプシー民族と化してすでに二十四年、いままさに沖縄問題が対米交渉の外交ルートに上つている。私達県民はいまこそ起ち叫び、この長い屈辱の歴史に終止符を打たねばならない。

しかし私達は忘れてはならない。この霊地に眠る幾万の屍が何を考え何を求めたかを――それが故にいまなされている対米交渉が反戦平和に徹し、民族の独立と生きる権利を求めた即時無条件全面返還の願いに噛みあった交渉でなければならないことを。[28]

沖縄返還交渉が進みつつあるなか、「幾万の屍が何を考え何を求めたか」を想起しつつ、「即時無条件全面返還の願い」が叫ばれている。広大な米軍基地を残したままの沖縄返還への憤りを、そこに見ることができる。

むろん、これは与那嶺に限るものではなかった。『若竹』（第一一号、一九七〇年）の巻頭言「主張　やってきた戦国時代」には、「本土と一体化していく過程の中に大きな落し穴が待ちうけていることを忘れてはならない」「われわれがこれまで戦ってきた安保廃棄、基地撤去運動はいま祖国政府の政策と真向うか

3-10　沖縄返還当日の復帰反対デモ（那覇市、1972年5月15日）

ら対立しているのだ」という記述がある。[29]それまで祖国復帰運動や戦跡整備の一翼を担ってきた沖縄遺族連合会においてさえ、「祖国政府の政策」への不信感と復帰をめぐる憤りが、色濃く見られたのである。

「摩文仁」の復帰後

一九七二年五月一五日、戦後二七年にして沖縄の日本復帰が実現した。那覇市民会館では、屋良朝苗県知事の出席のもと「新沖縄県発足式典」が行われた。しかし、隣接する与儀公園では、復帰協主催の「五・一五抗議県民総決起大会」が開かれ、「沖縄を拠点に侵略体制を固めるための屈辱的、反国民的な沖縄返還の内容を糾弾し、抗議する」という宣言が採択された。[30]

こうした状況において、摩文仁の慰霊塔への反感は、ますます高まることとなった。復帰後三年を経た一九七五年六月には、ほとんどの各県の慰霊塔が赤ペンキで落書きされるという事件が起きた。そこでは「皇太子上陸阻止！　日本軍の残虐行為を許さない」「大和は沖縄から出て行け」などと書きつけられていた。[31]

折しも沖縄海洋博の開会（一九七五年七月二〇日）を控え、皇太子が来島する直前の時期であった。海洋博は沖縄の経済振興を意図したものでもあったが、急激に流入した本土資本は地場産業から地元労働者を奪っただけでなく、インフレや環境破壊を深刻化させた。期待を裏切られ続けた沖縄の憤怒が、摩文仁を中心とした府県碑に叩きつけられていた。

3-11　本土批判が書きつけられた府県碑（兵庫県・のじぎくの塔）（『琉球新報』1975 年 6 月 19 日）

戦後五〇年にあたる一九九五年六月二三日、摩文仁・平和祈念公園では、平和の礎の除幕式が行われた。そして、この地は今日に至るまで、沖縄の公的な追悼式が毎年執り行われるほどに、シンボリックな場となった。

だが、既述のように、戦後の初期からこのような地位が与えられていたわけではない。復帰運動の高揚や平和慰霊行進の盛り上がり、これらを報じるメディアの力学が相俟って成立したのが、「摩文仁」であった。平和行進というメディア・イベントは、言わば、実際の行進に加わることのできなかった読者たちに、擬似的な参加の高揚感を生み出した。それを通じて、「六・二三」は記念日として発見され、「摩文仁」は「記憶の場」として位置づけられるに至った。

もっとも、見方を変えれば、それは戦後沖縄をめぐるひずみを映し出すものでもあった。本土府県の慰霊塔が摩文仁に積極的に受け入れられた背景には、復帰運動があった。だが、その根底にあった戦後日本への憧憬は、あくまで、日本の独立と引き換えに沖縄が米軍に供されたことへの憤りと表裏一体のものであった。

それゆえに、沖縄返還のあり方への疑義が高まるようになると、摩文仁のモニュメント群は、しばしば憎悪の対象となった。サンフランシスコ講和条約の発効時のみならず、「祖国復帰」においても、本土に裏切られることが明確になったとき、摩文仁を媒介にした沖縄と本土の予定調和は崩れることとなった。

むろん、今日では、それほどの憎悪が摩文仁の慰霊塔群に叩きつけられることは少ない。だが、見方を変えれば、復帰前後の本土への憤りがいかに根深いものであったかを、摩文仁の戦跡史は映し出している。

さらに言えば、摩文仁はその時々の日本と沖縄の関係性を照らし出していた。

ただし、戦跡に人々が読み込むものは、同時代において、決して一枚岩ではない。本土府県碑にしても、死者を公的に顕彰しようとする言辞が多く見られた一方、死者を私的に悼む延長で国家への批判が導かれたり、さらには沖縄への加害責任が想起されることとすらあった。

戦跡は往時の記憶を伝えるメディアではあるが、それは遺構や慰霊碑といったモノであるだけに、人々の多様な読みを許容する。たしかに碑文には何らかのメッセージが記されているが、訪れる人のすべてがそれを熟読するわけでもなく、個々の来訪者がさまざまに解釈を施す。時代とともに、そこに多様な意味が読み込まれるのも、そのゆえである。

その意味で、戦跡は決して所与のものではない。メディアとその時々の社会状況が複雑に絡み合いながら、おぞましい戦禍の場が記念すべきものとして発見される。摩文仁という場が発見され、そのモニュメントに多様な意図や欲望が投影されてきた戦後史には、本土と沖縄のひずみとともに、戦跡というメディアの力学が浮かび上がっている。

II

文化の力学——ポピュラー文化と死者の情念

第四章　映画『野火』──「難死」と「嘲笑」の後景化

戦後七〇年の二〇一五年の夏には、『日本のいちばん長い日』（原田眞人監督）が封切られた。岡本喜八監督が一九六七年に手掛け、同年度興行収入第一位を獲得した同名映画のリメイク版である。それと時を同じくして、『野火』（塚本晋也監督）が公開された。言うまでもなく、これも市川崑監督による同名映画（一九五九年）のリメイクである。

いずれのリメイク作品も話題になったが、いくつか興味深い対照性も見られる。原田監督版『日本のいちばん長い日』は、役所広司、本木雅弘、山﨑努、松坂桃李ら著名俳優が多く出演するオールスターキャストとも言うべき大作映画である。それに対し、塚本版『野火』は製作費も極限まで抑えられており、監督の塚本自身が主演を兼ねるなど、自主製作映画に近いスタイルで作られている。上映館も総じて各地のミニシアター館が中心だった。

もっとも、政府・軍上層部や青年将校らのポツダム宣言受諾をめぐる駆け引きを描いた『日本のいちばん長い日』に対し、『野火』があくまで、フィリピン戦線における飢餓と人肉食を主題にしていることを

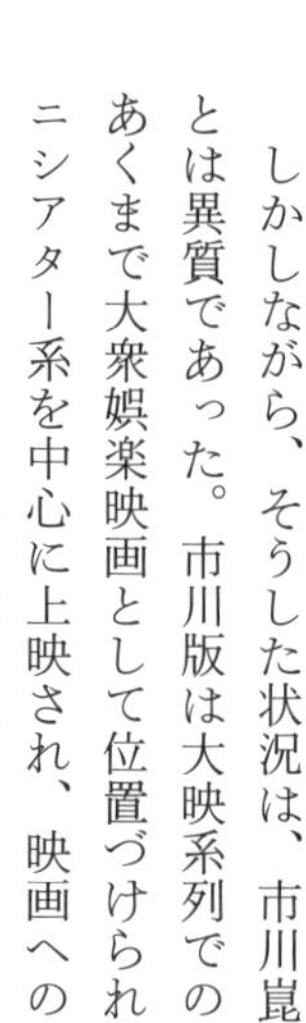

4-1　映画『野火』(1959年) ポスター

考えれば、このような配給形態になることは予想できないことではない。

しかしながら、そうした状況は、市川崑版『野火』とは異質であった。市川版は大映系列での配給であり、あくまで大衆娯楽映画として位置づけられていた。ミニシアター系を中心に上映され、映画への知的関心が高い層に多く観られた塚本版との違いである。

だとすれば、市川版『野火』が製作されたのは、どのような時代だったのか。そこには現代とのいかなる相違が見られるのか。本章では、市川版『野火』に焦点を当てながら、同映画を取り巻く社会背景から、どのような時代相を読み取ることができるのか、そこから現代における「戦争の記憶」の問題をいかに捉え返すことができるのかについて、考察したい。

「加害」と「憎悪」

市川版『野火』のひとつの特徴は、何より現地住民への「加害」や彼らの日本軍に対する「憎悪」を描いている点にあると言えよう。

インテリでありながら兵士としては高年齢で徴兵され、最末期のフィリピン戦線に送られた主人公・田村一等兵は、現地をさまよううちに、少なからぬ日本兵がゲリラに襲撃されて腐蝕した屍になっている様相を目の当たりにする。そこは日本軍の襲撃を恐れて退避したのか、住民不在のゴーストタウンと化していた。田村は食糧を求めて彷徨していると、小舟に乗ってやってきた若い男女が、空き家に隠した食糧らしきものを手にしているのに気づく。田村は現地語で分けてくれるように懇願したが、銃を手にしていた田村を見て、女性は恐怖のあまり大きな悲鳴をあげる。田村は米軍やゲリラ等に見つからないよう、落ち着かせようとするが、ふとした拍子に発砲し、銃弾は彼女の胸を貫通してしまう。田村が狼狽する隙をついて、男は海岸へ逃れ、小舟に乗って逃亡するが、田村は彼に向けて数発発砲した。

やや落ち着きを取り戻した田村は、男女が手にしようとしていたものが塩であることに気づき、それを鞄がいっぱいになるまで詰め込み、その場を立ち去る。塩分の摂取が困難なほど食糧事情が悪化していた当時、現地日本軍にとって、塩はきわめて貴重だった。現地住民を殺害し、糧食を奪う日本軍のありようが、部分的ながらも、そこでは描かれていた。

4-2　田村一等兵が現地住民に銃を向ける場面

こうした「加害」への着目は、それまでの戦争映画では例外的だった。軍隊内部の暴力や上官の悪逆（『きけ、わだつみの声』一九五〇年、『真空地帯』一九五二年など）、そうしたなかでの将兵のヒロイズムや健気さ（『さらばラバウル』一九五四年、『雲ながるる果てに』一九五三年など）に焦点が当てられることは珍しくなかったが、現地住民に対する日本軍の「加害」が、しかも主人公の行動として描かれるものは皆無に等しい。

同時に、そこで映し出されているのは、日本軍の「弱さ」でもあった。主人公は、先の廃屋から逃げた現地男性のほかにも、現地住民に銃口を向けることがあった。所属部隊から野戦病院に向かう途中、調理をしている現地男性に食

4-3　憎悪のまなざしで投降日本兵を射殺する女性ゲリラ

べ物を求め、現地男性も気安くそれを受け入れるそぶりを見せるが、田村の目を盗んでその場を逃れ、他の住民に日本兵の出没を知らせようとする。田村は襲撃されることを恐れて、はるか離れた先を逃走しているその男性に銃口を向ける。

さらに、田村はフィリピンの荒野をさまようなかで、たびたび野火の煙が立ち上がるのを目撃する。田村は、それが自らの行跡を伝える現地住民同士の合図ではないかと怯え、たびたびルートを変更しようとする。それはすなわち、日本軍の「加害」が現地住民に対する「怯え」「弱さ」と表裏一体であることを浮き彫りにする。日本軍の暴虐の背後にある心性に分け入った場面であると言えよう。

そのことは裏を返せば、現地住民の「憎悪」を描くことでもあった。住民に発見されることに過剰に怯えることは、取りも直さず、彼らの日本兵に対する憎悪を感知していることにほかならない。そのことを如実に示すのが、フィリピン人女性ゲリラが、投降する日本兵に向けて執拗に機関銃を連射する場面である。

田村は肺の病で十分に動けないこともあり、所属する中隊からは野戦病院行きを命じられ、病院では他の入院患者に比べれば動くことが可能な田村の入院を拒絶される。いずれも、田村に与えなければならない食糧（芋）を惜しんでのことであったが、そうした軍隊のありように冷めた感情を抱いた田村は、米軍への投降を思いつく。田村は停車しているジープに乗った米兵に向けて、白旗を掲げて歩いていこうと、タイミングを見計らっていた。そのとき、別の方角から、日本兵が両手をあげて「降参ー、降参ー」と叫びながら、そのジープに歩み寄ろうとした。

同乗していたフィリピン人女性ゲリラは、その日本兵に気づくと、それまで米兵と談笑していた柔和な表情から一変して、激しい憎悪に満ちた表情になり、機関銃をその日本兵に執拗に撃ち続ける。米兵は彼女を止めようとしたが、彼女はその制止を拒み、機関銃を発射し続けた。それを目撃した田村は、投降を断念したわけだが、日本兵に対する憎悪が、その描写には色濃く浮かび上がっていた。

敵の顔

その意味で、『野火』には「敵の顔」が多く描かれていた。戦後日本の戦争映画では、じつは交戦する相手の表情が具体的に描かれることはきわめて少ない。連合艦隊司令長官・山本五十六を主人公とするような海戦を描いた作品（『太平洋の鷲』一九五三年、『連合艦隊司令長官　山本五十六』一九六八年など）や空戦・特攻を主題とする映画（『空ゆかば』一九五七年、『あゝ同期の桜』一九六七年、『あゝ海軍』一九六九年など）においては、「敵」がせいぜい敵艦や敵機といった「モノ」に限られ、その人物像が垣間見えることはまずない。中国戦線など陸戦を扱った作品であっても、『拝啓天皇陛下様』（一九六三年）や『兵隊やくざ』（一九六五年）など中国兵が出てこないものも少なくない。『どぶ鼠作戦』（一九六二年）、『血と砂』（一九六五年）などでは、部分的に中国の兵士や住民も登場するが、「敵」の思考や憤怒が明示されることは少なく、ときに、友好関係を取り結ぶストーリーが展開されることさえ、見られる。

それはすなわち、戦後の戦争映画がおもには、「敵」への憎悪ではなく、「仲間同士の絆」や「軍隊批判」に重点を置いてきたことを指し示す。海戦・空戦に主眼を置く作品では、多くの場合、さまざまな困難がありながらも、ともに運命を受け入れ、美しく散ろうとする「男同士の絆」が描かれてきた。『兵隊やくざ』などでは、軍の暴力や組織病理が批判的に扱われる一方、それに戦いを挑むヒロイズムや「絆」が扱われていた。そこでは、「敵」の具体的な思考や情念は、とくに重きが置かれるものではなかった。

むろん、『野火』においても、「敵」の描写は限られたものでしかない。場面のほとんどは、「友軍」との関わりに重点が置かれていた。ただ、そうだとしても、「敵」の日本軍への剝き出しの憎悪が、人物描写のなかに明示的に織り込まれている点は、『野火』の特徴をなすものであった。

『ビルマの竪琴』との相違

このことは、同じ市川崑監督による『ビルマの竪琴』と対比すれば、興味深い。竹山道雄の原作(一九四八年)に基づくこの映画は、一九五六年に公開された。ビルマ戦線で終戦を迎えた日本軍が現地住民と親しく交歓する場面が描かれる一方、水島上等兵は復員しようとする部隊を離れて、戦地で命を落とした日本兵を鎮魂すべく、ただひとり現地にとどまることを決意する。そこでは、戦没日本兵は「無垢な弔いの対象」として位置づけられているのと同時に、彼らを含む日本軍は現地住民と調和的なものとして描かれていた。「加害」や「敵の顔」の描写は見られない。興行成績は同年度日本映画のなかで二〇位内にも入らないなど、必ずしも良好ではなかったが、映画としての評価は総じて高く、同年度キネマ旬報ベストテンでは、第五位を獲得していた。[1]

この映画が受容された背景として、批評家の江藤文夫は、「この映画をみた時、原作とはちがったものを感じ、原作を読んだ時の抵抗感なしに、すなおな感動にひたることができた」と述べている。[2]

この映画が、原作よりも、とくにすぐれているというわけではない。しいて云うならば、原作と映画との時間的なへだたりのためとも云えよう。〔中略〕「ビルマの竪琴」の原作が発表されたのは、昭和二十三年、戦争の傷あとが、まだ生々しい記憶を、人々の胸の中にのこしているころであつた。それが、戦後十年を経たいまになつて、映画化が実現したということ自体、一つの意味をもつているように考えられるのである。[3]

「戦争の傷あとが、まだ生々しい」終戦直後においては、「異国情緒を加えたあたたかい雰囲気」の『ビルマの竪琴』に対して、「さかんに行われていた戦争の原因の追及」から「人々の眼をそらしはしないだろうか」という懸念を、江藤は抱いた。GHQの占領下にあって、国家主義的な言説や戦争賛美、米軍批判は総じて抑え込まれていた時期だった。しかし、占領終結から数年が経ち、「平和への動向が、人々の心と生活の中で問題となつて来ている」戦後一〇年の時期においては、「平和の建設への努力とその中での明るい生活を描く方」が重要となる。江藤にとって、「戦後十年」とはこうした「一つの転回点」の意味を有していた。

4-4　映画『ビルマの竪琴』(1956年) ポスター

そうした状況を考えると、部分的ながらも「敵の顔」や「加害」を描いた『野火』は、戦後一〇年余の時期において、特異な位置にあったと言えよう。ことに、最も印象深い「敵の顔」はフィリピン人女性ゲリラに代表される現地住民であった。彼らの日本軍に対する憎悪や面従腹背が描かれている点は、現地住民との調和性に重きが置かれていた『ビルマの竪琴』とは明らかに異質であった。

組織病理

それとともに『野火』に特徴的なのは、軍の組織病理への着目であろう。あえて冒頭からその描写で始まっていることも、見落とすべきではない。主人公・田村一等兵は肺の病を患っているにもかかわらず、野戦病院を追い出され、部隊に戻って申告をした場面から、映画は始まる。田村は分隊長に殴られ、以下のように罵られて、部隊を追い返される。

馬鹿やろ。帰れといわれて、黙って帰って来る奴があるか。中隊にはお前みたいな肺病やみは飼っとく余裕はねえ。病院へ帰れ。帰るところがありませんと、がんばるんだ。そうすれや（ママ）病院でもなんとかしてくれるんだ。どうしてお前にゃ我が中隊の現状が飲み込めんのか。[4]

部隊では食糧が欠乏しきっており、近隣の畑から略奪してくるわずかな芋がそのすべてであった。田村のように食糧確保に出歩くことが困難な病兵は、なけなしの食糧を一方的に消費するだけの存在でしかなかった。分隊長が「俺はお前に食糧をやりたくないというようなケチな根性で言ってるんじゃないよ。お前が一人前の兵隊として働ける丈夫な奴だったら、問題はなかったわけだ」[5]と言っていること自体、「お前に食糧をやりたくないというようなケチな根性」に根ざした言動であることを浮き彫りにしている。田村は曹長に何本かの芋を渡され、再び病院へと追い立てられる。

もっとも、病院に戻ったら戻ったで、また同じ状況が繰り返された。田村は軍医にこう言い放たれる――「馬鹿やろ。野球のボールみたいに直ぐ投げ返されてくる奴があるか。帰れ帰れ。［中略］私のように［他の動けない重症患者に比べれば］ピンピン動けるものはたとえ喀血しても病気ではないといわれました、

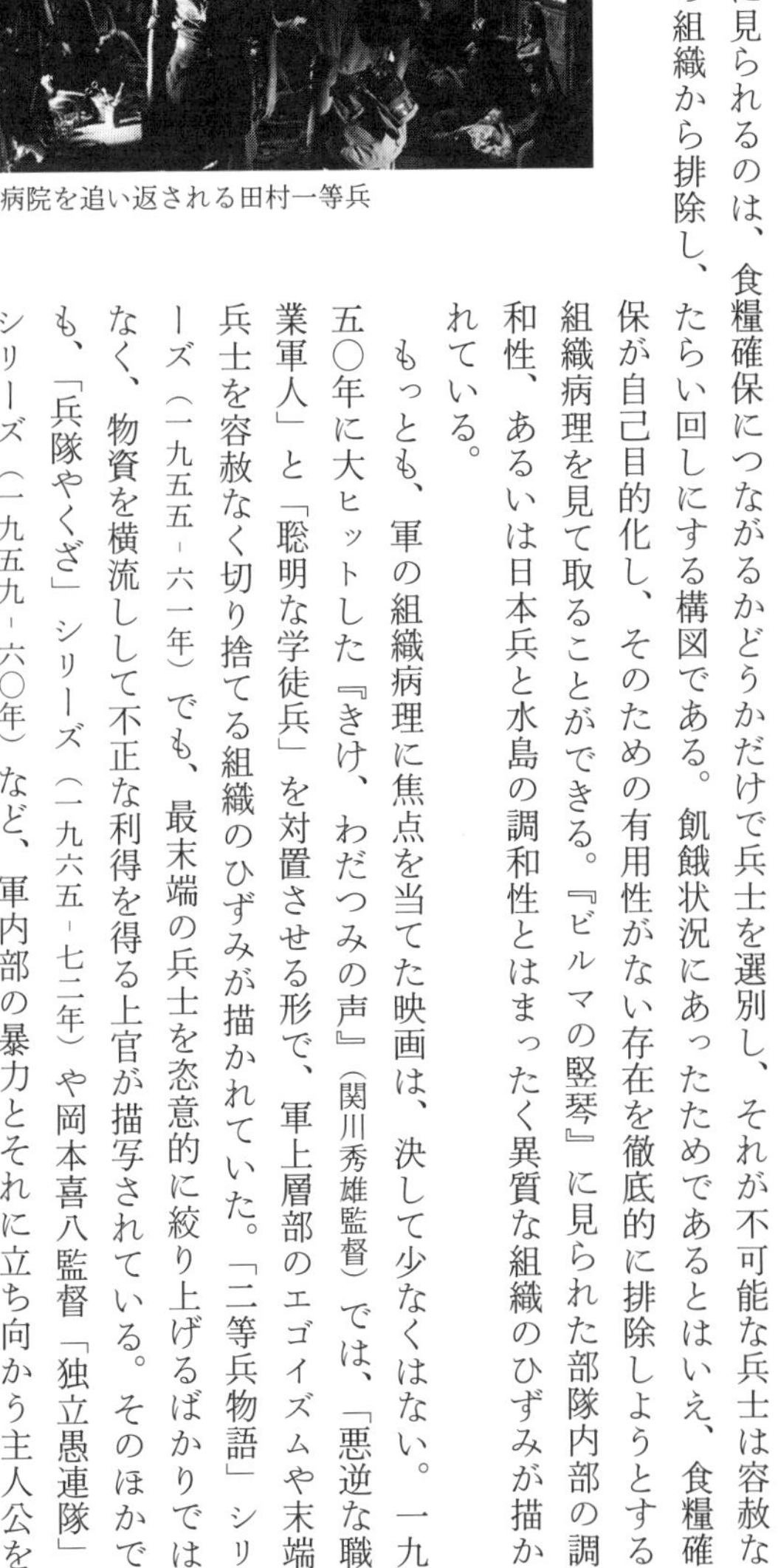
4-5　病院を追い返される田村一等兵

とそう言うんだ」[6]。

それでも、軍医は「しかし、食糧を持っているのなら、せっかく遠い所から来たんだから、二三日休んで行ってもいいぞ」と述べたが、田村は躊躇しながらも「食糧は持っておりません。すまなくありました」と語り、病院を離れる決心をする。

そこに見られるのは、食糧確保につながるかどうかだけで兵士を選別し、それが不可能な兵士は容赦なく自らの組織から排除し、たらい回しにする構図である。飢餓状況にあったためであるとはいえ、食糧確保が自己目的化し、そのための有用性がない存在を徹底的に排除しようとする組織病理を見て取ることができる。『ビルマの竪琴』に見られた部隊内部の調和性、あるいは日本兵と水島の調和性とはまったく異質な組織のひずみが描かれている。

もっとも、軍の組織病理に焦点を当てた映画は、決して少なくはない。一九五〇年に大ヒットした『きけ、わだつみの声』（関川秀雄監督）では、「悪逆な職業軍人」と「聡明な学徒兵」を対置させる形で、軍上層部のエゴイズムや末端兵士を容赦なく切り捨てる組織のひずみが描かれていた。「二等兵物語」シリーズ（一九五五‐六一年）でも、最末端の兵士を恣意的に絞り上げるばかりではなく、物資を横流しして不正な利得を得る上官が描写されている。そのほかでも、「兵隊やくざ」シリーズ（一九六五‐七二年）や岡本喜八監督「独立愚連隊」シリーズ（一九五九‐六〇年）など、軍内部の暴力とそれに立ち向かう主人公を描いた作品は、枚挙に暇がない。上層から末端まであまねく浸透する病理は、

『野火』に限らず、戦後の多くの戦争映画で主題とされていた。

監視と人肉食

言い換えれば、戦後日本の多くの戦争映画における「敵」は、上官など軍の内部にあった。『野火』のそれも例外ではない。たしかに、前半部分においては、現地住民の憎悪や監視に怯える主人公が描かれるが、同時に、病兵をたらい回しにする上官や自分の食糧を決して分け与えようとしない末端兵士も描写されている。こうした組織病理の描写の先に浮かび上がるのは、「敵としての友軍」であった。言うなれば、『野火』は「敵」が現地住民から「友軍」「戦友」「上官」にすり替わっていくプロセスを描くものでもあった。

その行き着く先が、「人肉食」であった。各部隊の集合地とされるパロンポンに向けて、田村ら日本兵は飢餓に苛まれながら行軍していた。落伍者や行き倒れも多く出るなか、田村は安田と永松に出会う。安田も永松も、怪我や病気を抱えながら野戦病院に入院することができず、タバコの葉を食糧と取り換えながら戦地をさまよい、あわよくば米軍に投降することを目論んでいた。

偶然出会った田村に、永松は「猿」の干し肉をあぶって渡す。歯が弱っていた田村には、固すぎて食べることができなかったが、それ以前に、田村は付近で猿を捕獲することができるのか、疑問を抱いた。そうしたなか、田村は永松がさまよい歩く日本兵に向けて銃を発砲するのを目にする。田村はそこで、「猿」が日本兵の隠語であることを理解する。

それはすなわち、「食う」ために「友軍」が監視の対象になっている状況を示していた。前述のように、田村が野火に怯えるなど、現地住民による監視の恐怖が描かれていた。しかし、「敵」が現地住民や米兵から「友軍」へとすり替わっていくなかで、監視する主体も現地住民から「猿」を求める日本兵へと変化する。そのなかで、映画の主題は、友軍内部の相互監視へと推移し、「加害」の暴虐も現地住民から「友軍」へと向けられるようになる。

戦争描写の多様性

「人肉食」も絡めながらこれらの問題を描いた点で、『野火』は明らかに特異な戦争映画であろう。だが、『野火』が公開された一九六〇年前後の時期は、一定の限りがあるとはいえ、後年に比べれば、比較的多様な戦争描写が映画のなかでなされていた。『野火』と同時期の公開作品としては、「人間の条件」シリーズ（一九五九 - 六一年）が挙げられるが、そこでは、末端兵士や現地住民に対する凄惨な暴力が描かれていた。「二等兵物語」シリーズでは、横暴な上官批判を主題に据えつつ、二等兵らによるドタバタ喜劇が繰り広げられた。「独立愚連隊」シリーズは、上官・上層部批判をやってのけつつ、軍の腐敗を暴くアクション映画であり、やや時代は下るが「兵隊やくざ」シリーズや高倉健主演の『いれずみ突撃隊』（一九六四年）では、ヤクザ出身の末端兵士が横暴な上官に憤りを覚え、徹底的にやっつける物語であった。その他、猟奇とセクシュアリティのテーマが結びついた『憲兵とバラバラ死美人』（一九五七年）や貧困・格差と天皇信仰の結びつきを描いた『拝啓天皇陛下様』（一九六三年）など、戦争映画の主題は多様であった。

今日も戦争大作映画はしばしば製作されるが、大型劇映画で「加害」「ヤクザ」「活劇」「喜劇」「貧困」「猟奇」といったテーマが結びつくものは見られない。むしろ、『ホタル』（二〇〇一年）、『男たちの大和 YAMATO』（二〇〇五年）、『永遠の0』（二〇一三年）などのラストの場面に見られるように、「崇高な戦争の記憶をいかに継承するのか」という、ある種、「行儀のよい」主題が前景化している。しかし、一九六〇年前後の時代は、必ずしも、こうした「行儀のよさ」にとどまるのではなく、戦争描写の幅には、いくぶん広がりが見られた。

その背景には、おそらくさまざまな要因があったと思われるが、そのひとつには、戦中派世代の台頭もあっただろう。終戦時点で二〇歳前後の彼らは、戦争末期に最も多く戦場に投入された世代であった。それだけに自らの語りがたい体験にこだわり、戦争をめぐる複雑な記憶や情念をわかりやすく語ることには、しばしば抵抗感を抱いた。そうした彼らが、三〇歳代後半に差し掛かり、社会的な発言力を獲得するようになったのが、この時代であった。

上智大学在学中に学徒出陣で徴兵された批評家・安田武は、『戦争体験』(一九六三年)のなかで、以下のように語っている。

アイツが死んで、オレが生きた、ということが、どうにも納得できないし、その上、死んでしまった奴と、生き残った奴との、この〝決定的な運命の相違〟に到っては、ますます納得がゆかない。——納得のゆかない気持は、神秘主義や宿命論では、とうてい納得ができないほど、それほど納得がゆかない。まして、すっきりと論理的な筋道などついていたら、むしょうに肚が立って来るだけのことである。▼7

戦争体験の意味が問われ、再評価され、その思想化などということがいわれるごとに、そうした行為の目的のすべてが、直ちに反戦・平和のための直接的な「行動」に組織されなければならぬ、あるいは、組織化のための理論にならねばならぬようにいわれてきた、そういう発想の性急さに、私はたじろがざるを得ない。[8]

当時は、反戦運動とも結びつきながら盛り上がりを見せた六〇年安保闘争から数年を経ただけの時期であった。そうしたなか、安田は戦争体験が直接的な反戦・平和運動の政治主義に結びつけて解釈されるような動きに不快感を抱いた。安田は体験をめぐって「納得がゆかない」思いにこだわり、「すっきりと論理的な筋道がついて」いるような体験の語りを嫌悪した。

同様の議論は、同世代の映画人にもしばしば見られた。明治大学専門部を繰り上げ卒業後に徴兵され、陸軍に入隊した岡本喜八は、自らの戦争体験を振り返りながら、『独立愚連隊』（一九五九年）について、以下のように述べている。

> 戦争は悲劇だった。しかも喜劇でもあった。戦争映画もどっちかだ。だから喜劇に仕立て、バカバカシサを笑いとばす事に意義を感じた。戦時中の我々はいかにも弱者であった。戦後一三年目の反抗は弱者ノツヨガリだったかもしれない。しかし弱くてちいちゃなニンゲンであった兵士たちにとって、バカバカシサへの反抗は切迫した願望でもあった。
> あまりにも切迫した願望のせいか、独立グレン隊は小高い視野にも立たず、慟哭もせずフマジメに誕生した。[9]

戦争末期、豊橋予備士官学校に在籍していた岡本は、「士官学校の庭に二五〇キロバクダンが落っこって同室の戦友の九九％がハラワタをさらけ出し、足や手を吹っとばし、頸動脈をぶった切られて死ンだ」

さまを目の当たりにしていた。[10] それをめぐる複雑な情念もあって、戦争をアクション喜劇に仕立てて、「バカバカシサを笑いとばす」作品を作ろうとした。岡本にとって、「バカバカシサ」に向き合うことでの「反抗」や戦争批判は、「あまりに切迫した願望」であった。それは「マジメ」な「慟哭」や政治的正しさを帯びた「小高い視野」では、おそらく表現し得ないものであった。

戦争体験をめぐるこうした複雑で多様な情念を抱く映画作家が発言力を有するようになったことは、多様な戦争描写が生み出されたことと、無縁ではないだろう。むろん、一九六〇年代前後の当時は、戦中派世代より年長の映画人も多く活躍していたし、『野火』の市川崑にしても、一九一五年生まれで、二度の召集を受けるも、健康上の理由で入隊を免れていた。だが、彼らに加えて、戦中派世代の映画人が、自らの複雑な情念を映画や脚本に投影するようになっていた。そうしたなかで、一見、「フマジメ」に見えるものも含めて、戦争は多様に描写されていた。

『野火』と「笑い」

『野火』がこうした多様な戦場描写のひとつであったとすれば、その受け止め方にも、今日の目からすれば意外なものがあった。この作品は、じつは、しばしば観衆の「笑い」を引き出していた。評論家の利根川裕は、「十五年目の戦争」(『映画芸術』一九六〇年二月号)のなかで、「『人間の条件』の目を蔽いたいリンチのシーン」とともに、「『野火』で人肉を食うか食うまいかと迷うシーン」で、観客が「どうッと笑う」ことを記していた。[11] こうした指摘は、何も利根川に限るものでもなかった。『映画芸術』(一九六〇年三月号)に読者が寄せた批評文でも、以下のように指摘されていた。

行進中の兵士が一足の破れ靴を拾いあげて自分のもっと破けたのとはきかえるシーン。しまいに完全に穴だらけの靴のクローズアップ。これらは、流石に劇場内のテンションを笑いの渦にチェンジする位の魅力があった。[12]

4-6　破れた靴を拾い上げる田村一等兵

ここで例に挙げられているのは、主人公・田村はじめ、飢餓で瀕死の日本兵たちが雨季のなか、パロンポンに向けて移動する場面である。兵士たちは、脱ぎ捨てられた日本兵の軍靴が、自分の破れたそれよりもましと見るや、それに履き替える。脱いだ自分の軍靴はその場に捨てられるが、遅れて来た兵士は、それが自身のものよりまだしも程度がよかったため、同じようにそれと履き替える。雨と汚泥のなか、兵士たちが茫然と歩いている場面だけに、遅れてやってきた兵士たちほど、破損のひどい軍靴を選ぶ場面は、戦場が悲惨で不様で、華々しさや美しさとはまったく無縁であることを、観る者に痛感させてもおかしくはない。しかし、こうしたシーンがしばしば「笑いの渦」を引き起こしていたのも、事実である。

では、その笑いにどんな意味が込められていたのか。この読者批評では、続けて以下のように述べられている。

たしかに喜劇的場面の生み出す笑いではあったが、多くの観客の胸底を探れば、それは嘲笑であったかもしれない。「俺もあんな事情の下では、あの兵士達のように、あのボロ靴を必死に求める事だろうな……」という共鳴感から、自分の投影とでも言うべきあの兵士を嘲笑するのだろう。[13]「笑い」はすなわち、ぼろぼろの不様な兵士たちへの「嘲笑」であり、それは同時に、同じ場面では自らも同様のことをなすに違いないという、観衆自身に向けた「嘲笑」でもあった。「笑い」を通して、映画での戦場描写を自らの問題へと置き換える。こうした読みが、「喜劇的場面」には浮かび上がっていた。

「難死」への共感

そのことは、「難死」の描写への共感ということでもある。『野火』のなかで一貫して描かれているのは、飢えのあまり、なけなしの芋に血眼になり、雨季の汚泥のなかで行き倒れ、死んでいく兵士たちの姿であった。その死は、悲劇的なものでも何でもなく、あまりに日常的で無感動な出来事として描かれる。もうひとつの主題として人肉食があるが、それは言うなれば、日本兵が「敵」と戦うのではなく、「友軍」同士が互いの「肉」を求めて、狡賢く、食欲を剝き出しに相争うさまを描写したものである。

敵軍との交戦による華々しい死ではなく、蟻や蛆がたかり、飢餓のなかで死んでいく兵士に焦点を当てている点は、小田実の「難死の思想」を思い起こさせる。小田は「難死の思想」（『展望』一九六五年一月号）のなかで、戦死を英雄的なものとして捉えて美化する「散華」に対し、死の無意味さや醜さを強調する「難死」への着目を説いている。戦争末期に少年期を過ごした小田は、度重なる大阪空襲のなかで「ただもう死にたくない死にたくないと逃げまわっているうちに黒焦げになっ」てしまった無数の「虫ケラどもの死」を目の当たりにした。小田は、「ここで空襲で黒焦げになって死ぬことが、なぜ、「大東亜共栄圏の理想」達成に役立ち、「天皇陛下のため」になるのか」について、疑問を感じていた。小田にとって、戦争での死は「散華」にはほど遠く、「立派でもなんでもなく、ただ、みにくく」いものでしかなかった。[14]『野火』における兵士たちの描写は、明らかに小田のこうした問題関心とも重なり合っていた。

とはいえ、小田にとって彼らは、「戦争賛美」や「加害」とも無縁な存在ではなかった。「難死」を強いられる「被害」と兵士たちがなす「加害」は分かちがたく絡まり合ったものであった。

4-7　雨季の泥道で倒れる日本兵の描写

一九四五年の「敗戦」に終る日本の近代の歴史は、つまるところ、殺し、焼き、奪ったはての、殺され、焼かれ、奪われた歴史だった。その歴史の展開のなかで、日本人はただ被害者であったのではなかった。あきらかに加害者としてもあった。被害者でありながら加害者であった、と言うのでは、それはむしろなかった。被害者であることによって、加害者になっていた。そのありようは、召集されて前線に連れて行かれる兵士のことを考えてみれば容易にあきらかになることだろう。彼は、彼の立場から見れば、被害者だが、彼は前線で何をするのか。銃を射って、「中国人」を殺した。そこで、彼はまぎれもなく加害者だった。加害者になっていた。[15]

「難死」をめぐる「被害」と「加害」の絡み合いは、『野火』にも透けて見える。飢餓のゆえに「難死」に至る兵士たちは、その同じ理由で現地住民から食糧を強奪し、その過程でしばしば殺戮していた。さらに言えば、「加害」の対象は「友軍」にも向けられた。食糧を消費するだけの病兵は、部隊からも野戦病院からも排除された。極限に達した飢餓状況は、「友軍」の「猿の肉」を求めて、殺し合った。『野火』は「被害」と「加害」が分かちがたく結びつく「難死」を描いた映画であった。

その点で、『野火』はやはり、戦後日本の戦争映画のなかでは特異な作品であった。戦争を描いた劇映画のなかでは、司令官なり兵士なりの主人公をヒロイックに描き、言わば「散華」に重きを置くものは少なくない。『連合艦隊司令長官　山本五十六』（一九六八年）などは、その一例だろう。他方で、『きけ、わだつみの声』（一九五〇年）など、主人公の悲哀や、その先に透けて見える「反戦の正しさ」が強調される作品も多く見られる。しかし、兵士たちの「難死」を延々と描き、主人公のヒロイズムも「正しさ」も強調されない劇映画は、例外的なものであろう。

もっとも、主人公・田村はラスト近くの場面で、安田を襲ってその肉をむさぼる永松を射殺するが、それとて爽快さや「正しさ」とはほど遠く、自らを含む兵士たちの醜悪さに対する不快感が極まった描写と見るべきだろう。田村は「あの野火の下には農夫がいる。あそこへ行くのが危険なのは分っている。でも俺は、普通の暮しをしている人間に会いたい」[16]と呟き、よろよろと歩き出すも、銃弾が飛び交うなか、田村は地面に倒れ、動かなくなってしまう。映画は、こうした「難死」の場面で締めくくられていた。

「人肉食」「難死」のその後

『野火』（一九五九年）以降に「人肉食」や「難死」を描いた映画は、そう多くはない。しいて思い起こされるとすれば、次章でもふれる深作欣二監督『軍旗はためく下に』（一九七二年）であろう。[17]

戦争最末期のニューギニアで敵前党与逃亡のかどにより処刑された軍曹・富樫勝男の妻・サキエは、全国戦没者追悼式で天皇に花をあげてほしいという思いから、かつての戦友たちに当時の状況を聞いて回る。

サキエは、敵軍に華々しく突っ込んで戦死したという「散華」の物語を信じようとするが、戦友たちからは、飢餓状況のゆえに芋や野鼠をめぐって激しく争う日本兵の姿を聞かされることになる。さらには、部下に軽蔑されまいと、あまりに過剰な暴力を振るう学徒将校、終戦を迎え連合軍捕虜の惨殺を隠蔽すべく、富樫軍曹を処刑した部隊上層部のありようも、明らかにされる。ラストの場面で、サキエが「父ちゃん、あんたやっぱり天皇陛下に花ぁあげてもらうわけにいかねえだねえ。もっとも何をどうされたところであんたは浮かばれもしめえがよう」と憤りまじりに呟く場面は、「散華」の語りが、いかに醜悪な「難死」とその背後にある組織病理を覆い隠してしまうのかを、如実に物語る。

映画のなかでは、富樫らが人肉食に関わっていたかもしれないことが示唆されているほか、人肉を食したことで生き延びて復員できたものの、そのゆえに復興した戦後になじめない元上等兵の姿も描かれている。「散華」の物語を拒絶し、「難死」や人肉食に焦点を当てている点で、『野火』に通じる劇映画である。

その意味で、この作品は戦争映画における「仁義なき戦い」とでも言うべきものであった。高倉健や鶴田浩二らが主演した任俠映画が、定型的で予定調和的な「義理」「仁義」の物語を展開していたのに対し、深作欣二監督が同時期に手掛けた『仁義なき戦い』（一九七三年）は、その予定調和を覆し、仁義などかなぐり捨てて欲望のままにぶつかり合う「ヤクザ」の抗争を描いていた。『軍旗はためく下に』も、戦争映画にしばしば見られた予定調和（「ヒロイズム」「正しさ」など）を否認し、将兵たちの剝き出しの欲望と暴力が渦巻く軍内部の醜悪さを描いていた。

とはいえ、その受け止め方が、一三年前に公開された『野火』とどれほど重なっていたのかは判然としない。ことに、その戦場描写から「嘲笑」を誘われる観衆がどれほどいただろうか。深作欣二がすでに『血染の代紋』（一九七〇年）や『現代やくざ　人斬り与太』（一九七二年）などのヤクザ映画を手掛けていたことも考慮すれば、若い観衆が多かったことが想像されるが、当然ながら彼らには戦中派世代のような戦場体験はなかった。当時は、体験を振りかざす（ように見える）戦中派世代の語り口に反発する若者のありようが社会問題化しており、「戦争体験の断絶」が多く言われていた時期であった。だからと言って、若い世代が戦争映画にふれなかったわけではない。『あゝ同期の桜』（一九六七年）や『あゝ回天特別攻撃隊』（一九六八年）など、鶴田浩二や高倉健といった任俠スター俳優が出演する戦争映画は、任俠映画ブームとも重なりながら、若い観衆を惹きつけていた。しかし、「俺もあんな事情の下では、あの兵士達のように、あのボロ靴を必死に求める事だろうな……」という共鳴感から、自分の投影とでも言うべきあの兵士を嘲笑する」観衆は、おそらくは多くはなかっただろう。[18]「難死」が「笑い」に結びつくような状況は、すでに考えにくい時代であった。

「嘲笑」の後景化

一九八〇年代以降になると、こうした状況はさらに加速するようになった。『連合艦隊』（一九八一年）、『きけ、わだつみの声』（リメイク版、一九九五年）、『ホタル』（二〇〇一年）、『男たちの大和　YAMATO』（二〇〇五年）などの戦争大作映画もいくつか製作されたが、かつてのような「活劇もの」「やくざもの」「喜劇」はあまり見られなくなった。「人肉食」はむろんのこと、「難死」が大作劇映画のなかで扱われることも、皆無に近くなった。当然ながら、それらが「嘲笑」の対象になることもなくなったと言えるだろう。総じて「まじめ」にはなったのかもしれないが、戦争映画の幅は狭まったようにも見える。

見方を変えれば、「戦争」が跪拝の対象になったとも言えるだろう。『ホタル』や『男たちの大和　YAMATO』に限らず、ことに二〇〇〇年代以降の戦争映画では、しばしば現代の若者が祖父世代の戦争体験に真摯に耳を傾け、共感する場面が強調されている。そこでは「戦争の記憶」は、敬虔にうやまい、受け継ぐべきものとされる。だが、その跪拝が、ときに思考停止を生み出すのではないか。不様さや「難死」を直視し、同様の場で自らが行為するかもしれない醜悪さが、どの程度想起されるだろうか。「平和」や「継承」の美辞麗句が、「嘲笑されるべき自己」を見失わせている側面もあるのではないか。

こうした状況を考えるうえで、『野火』が二〇一四年にリメイクされたことは示唆的である（日本公開は翌年）。「難死」や「人肉食」を扱う映画は、『軍旗はためく下に』を除けば一九五九年以降、戦後七〇年までほとんど製作されることはなかった。かつ、第一作は大映で製作されたが、第二作は塚本晋也監督による自主製作でしか実現しなかった。もっとも、ミニシアター館などで公開されると話題になり、キネマ旬報ベストテン第二位の評価も得ている。しかし、大手のシネマコンプレックスではなく、総じてミニシアター館での公開が多く、広範な観衆を獲得したわけではない。

市川崑は『ビルマの竪琴』を戦後四〇年の一九八五年に再映画化し、大ヒットを記録した。しかしながら、『野火』が再び手掛けられることはなかった。現地住民との「あたたかな交流」や日本兵の「鎮魂」の予定調和的な物語は広範に受容されても、「難死」の映画は自主製作かせいぜいミニシアター公開作品としてしか成立しなかった。「戦争の記憶の継承」が謳われつつも、現地住民への「加害」や友軍相互の「加害」が錯綜する様相は、総じて見えにくいものとなっている。

さらに言えば、かつての『野火』に見られたような「嘲笑」を第二作が生み出すことも、およそ考えにくいだろう。体験者やそれに近い世代がすでに映画の観衆ではなくなっているといえばそれまでだが、「戦争の記憶」を跪拝し、「継承」を謳う風土は見られても、「嘲笑」「自嘲」が喚起される時代ではない。

その意味で、戦後七〇年に『野火』がリメイクされた社会状況は、第一作が公開された時代との相違を浮き彫りにする。マス・メディアにおいて、何が語られ、その一方で何が見えにくくされているのか。「難死」と「嘲笑」が絡み合った市川版『野火』は、現代のこうした問題を照らし出している。

　戦争体験をめぐる議論を規定してきたもののひとつに、「遺族への配慮」が挙げられる。戦後、戦場体験者は、慰霊祭の挙行や手記集・戦友会機関誌の刊行等を通して、過去の体験に言及してきたが、しばしば指摘されるように、遺族に対しては「凄惨で醜悪な戦場の現実」を伝えるべきではないという意識が、元兵士たちのあいだで共有されていた。それもあって、戦場での餓死や部隊内での制裁（私刑）による死、あるいは暴虐行為や人肉食といった体験は、遺族を前にして語られることはまれであり、遺族もまた、肉親の死を意義づける論理を模索した。日本遺族会が一九六〇年代から七〇年代にかけて、靖国神社国家護持運動に取り組んだことは、その好例であろう。その意味で、吉田裕『兵士たちの戦後史』（二〇一一年）でも指摘されているように、「遺族への配慮」は「客観的には、証言を封じるための「殺し文句」となっていた」▼1。

　だが、戦後の戦争映画を繙いてみると、遺族を主人公にした映画ながら、美しい戦没者像や心地よい戦争の語り口を覆そうとするものが、ごくわずかではあるが見られなかったわけではない。そのひとつとし

5-1　映画『軍旗はためく下に』(1972年)広告

て挙げられるのが、深作欣二監督『軍旗はためく下に』（東宝・新星映画社、一九七二年）である。

主人公は、遺族年金が支給されない未亡人・富樫サキエ（左幸子）であり、夫の陸軍軍曹・富樫勝男（丹波哲郎）は、終戦時に「敵前党与逃亡」のかどで軍法会議にかけられ、処刑されたことになっている。だが、当時の状況を裏付ける記録はないため、サキエは夫への処分を受け入れることができない。サキエは、夫が靖国神社に合祀され、また全国戦没者追悼式での戦没者として認定されるよう、毎年八月一五日を期して厚生省に陳情に赴き、担当官に「あたしだって、できれば天皇陛下と一緒に父ちゃんのために菊の花あげてやりたいですよ」[2]と胸中を吐露する。だが、夫の無実を明らかにすべく、かつての戦友たちに聞き取りを重ねるなかで、思いもよらない軍隊内部のひずみや暴力を知ることとなる。映画のラストでサキエは「父ちゃん、あんたやっぱり天皇陛下に花あげてもらうわけにいかねえだねえ。もっとも何をどうされたところで、あんたは浮かばれもしめえがよう」と嘆息する。それは、死者に内在的に迫ろうとする延長で見出された虚飾への嫌悪でもあった。

そこでは、「遺族への配慮」に通じる死者像がさまざまに覆されつつ、戦後の「死者の語り」の欲望が照射される。考えてみれば、「遺族への配慮」は必ずしも遺族のみの問題ではなく、戦後の大衆的な戦争イメージとも結びつくものである。「正しさ」や「美しさ」を帯びた死者像は、戦争大作映画をはじめとしたポピュラー文化のなかで多く語られてきたが、そのことは末端の兵士の暴虐や狂気、軍隊の組織病理に起因する「無意味な死」といった問題を、半ばタブーとして後景化する状況を生んだ。その点で、『軍旗はためく下に』は例外的な戦争映画であった。遺族の情念を突き詰める先に「遺族への配慮」が破綻し、また、死者への内在的思惟が死者の美化への拒絶につながる。こうした逆説が、かつては少ないながらも、ポピュラー文化のなかで扱われていた。

本章では、「遺族」に焦点を当てたこの映画を、戦後の戦争体験論史とも重ね合わせながら読解し、戦後における「死者」をめぐる予期について検討を試みたい。[3]

一 「遺族への配慮」をめぐる欲望

戦争の傷痕の戦後

この映画の原作は、直木賞を受賞した結城昌治の同名小説(一九七〇年)である。結城はこのなかで、「敵前逃亡・奔敵」「従軍免脱」「司令官逃避」「敵前党与逃亡」「上官殺害」という五つの事件を、独立した形で扱っている。

一九二七年生まれの結城は、戦争末期に志願して海軍に入隊したものの、病気のためすぐに帰郷し、戦場での体験は持たなかった。だが、戦後初期に東京地検保護課に勤務し、サンフランシスコ講和条約に伴う恩赦の事務にあたり、二万件以上の軍法会議判決書に目を通した。そこで結城がつよく印象づけられたのは、「外地における軍法会議は軍規維持を名目にほとんど下士官と兵隊のみを処罰」している事実であった。

結城は、「召集令状一枚で駆出され、虫けらのように死んだ兵隊たちの運命に自分をなぞらえ」つつ、「あの多勢の兵隊たちは、いったい誰のため何のために死なねばならなかったのか」について、考えざるを得なかった。小説『軍旗はためく下に』の着想の根底には、このときの経験があった。結城は、関係者・生存者への聞き取りを重ね、戦友会や憲兵の新年宴会にも同席して取材を行ったが、そのたびに痛感したのは、「戦争の傷跡がまだまだ多くの人の胸になまなましく生きている」ことだった。こうした思いから、「腐敗した高級将校と悲惨な兵士の有様」を描き出そうとしたのが、この小説だった。[4]

これにつよい印象を受けた深作欣二は、読後すぐに自ら結城との交渉にあたり、自費一〇〇万円を費やして映画化権を買い取った。[5] 一九三〇年生まれの深作は、軍隊や戦場での体験はなかったため、戦争の問題に深い関心を有しつつも、戦場の実相を描く映画を手掛けることには躊躇いがあった。しかし、結城の原作を読んで、「これなら戦後史ができる」「これなら戦争を実体験してなくても描く資格があるだろう」という思いを抱いたという。[6]

原作は戦後の視点から書いてあるんです。戦後もずっと戦争の傷痕を引きずってる連中の体験記です。だから、これなら自分がやりたいと思っていてできなかったことが、戦後史を引きずってるというテーマでやれるという喜びがあったのかな。戦場を描くのは二の次で、戦争を知らないで通り過ぎてきた女が、亭主も帰ってこない、ひどい、とか、ずっと傷痕を引きずりながら豚と一緒に埋立地に生きてる人間とか、あの原作を読んでるうちにアイデアがぼんぼん出てきましたからね。[7]

戦場体験がない深作が原作に読み込んだのは、戦場体験そのものというより、体験者や遺族の戦後であり、彼らが軍隊との軋轢や戦争の傷跡を戦後一貫して引きずっているさまであった。映画『軍旗はためく下に』は、こうした関心に根ざして制作された。

当初は、新藤兼人に脚本を依頼したが、性欲に重点を置いたストーリーが意に沿わず、深作自ら「上官殺害」に焦点を当てる形でシナリオを書き改めた。原作にはないサキエを主人公にしたのも、深作の意図であった。深作の思い入れのほどがうかがえよう。[8]

遺族をめぐる不平等

映画は、昭和天皇が一九七一年八月一五日の全国戦没者追悼式で「心から追悼の意を表す」ことを語る場面で始まる。第一章でもふれたように、政府主催の全国戦没者追悼式は、占領終結直後の一九五二年五月二日に開催されたが、その後はしばらく途絶え、一九六三年以降、毎年八月一五日に開催されることが定例化した。戦没者叙勲も、それに合わせるかのように、一九六四年一月から再開された。この映画が公開され、また映画の舞台でもある一九七〇年代初頭は、靖国神社国家護持運動など、死者を公的に顕彰する動きが際立ちつつある時期であった。

しかし、これに続く場面は、戦没者追悼をめぐる不平等を浮かび上がらせる。上述のように、サキエの夫・富樫勝男はニューギニア戦線において敵前逃亡のかどにより死刑に処せられたとして、サキエは全国戦没者追悼式にも招待されず、遺族年金も支給されない。

かといって、実際の罪状を示す文書は、軍法会議の記録すら残されておらず、戦没者連名簿に「敵前逃亡により死刑」と記載されているにすぎなかった。不服を申し立てるサキエに対し、厚生省の担当官は、軍法会議の文書も含めて、終戦時に機密文書が焼却されたことに言及するが、「ほんなら、うちの人が死刑になったちいう証拠もないわけでしょ」「ですから我々はこの連名簿を信用するしかないんですよ。何かほかに有力な証拠でもない限りはねえ」と、堂々巡りの議論が交わされる。

そこに浮かび上がるのは、国家が顕彰すべき死者を一義的に決定する暴力である。当事者の異議申し立てが顧みられることは少なく、「何かほかに有力な証拠」を自ら集めるという、気が遠くなるような労苦を強いられる。かつ、行政組織の官僚制がこれを後押しし、請願を重ねても一向に事態が進展しない状況を生む。サキヱが厚生省を訪れた際の「父ちゃん、また課長さんが変わったんだと。おんなじ話ばっかり、何べん繰り返したら済むだかねえ」という独白が、それを暗示する。

サキヱが暮らす漁村でも、「恩給きちげえとはよく言ったもんさ。昔なら脱走兵の家族なんちもんは村八分にされて当たり前としたもんだってんがよ」という罵りをしばしば受けてきた。だが、彼女は涙を押し殺しながら、厚生省の担当官に「私はあきらめません。私があきらめたら、うちの人は永久にうかばれねえじゃねえですか」「死んでから二六年経つちゅうにほかの遺族の人たちは天皇陛下と一緒に追悼式に出て菊の花あげてるっちゅうに、なんでうちの人だけ、ろくすっぽ証拠もなく……。あたしだって、できれば天皇陛下と一緒に父ちゃんのために菊の花あげてやりたいですよ」と語る。それは、一般の遺族との不平等をめぐる深い怨念を物語るものであった。

死者像の選別

その後、サキヱは富樫の最期を知っているかもしれない関係者に会って、真相を探ることになる。厚生省のほうでも、度重なるサキヱの請願もあって、部隊の生存者に照会を行っていたが、うち四名からは返事が届かなかった。そこにはおそらく何らかの事情があるのだろうし、遺族であるサキエが直接会えば、何か手がかりが得られるのではないか。こうした厚生省担当官の勧めもあって、サキエはその四名のもとを訪れることになる。

まず最初に会ったのが、富樫の部下だった元陸軍上等兵・寺島継夫（三谷昇）である。寺島は、東京湾の一角を埋め立てた集落で、養豚業を営んでいた。澱んだ水溜まりにゴミや廃棄物が散乱し、鼠の死骸も見られる不衛生な一帯は、飢餓やマラリアが蔓延した戦争最末期のニューギニア戦線を思わせる。

そこで語られる富樫像は、戦場馴れした勇敢な下士官の姿であった。戦場での経験が厚い富樫は、「先遺隊が危ない。救援に行く」として成算を欠いた総攻撃を命じる小隊長（少尉）に対し、敢然と異を唱え、部下たちの無駄な死を阻もうとする。小隊長は半ば逆上して、「おれに続け」と単独で出撃するが、案の定、敵軍の機関銃の餌食になって命を落とす。富樫はそれを見て「死にゃあいいってもんじゃねえんだ」と呟く。寺島は、それによって救われた部下の一人であった。

しかしながら、最終的に師団本部より総攻撃が命じられる。寺島はそのとき、マラリアにかかって行軍に耐えられない状態であったため、自決を迫られることが予見された。しかも、青酸カリや手榴弾を使っての自決ではなく、武器弾薬や物資の逼迫のゆえに、空の注射器を心臓に刺し、空気を注入しての死が強要されようとしていた。それを見かねて、富樫は寺島に芋二本を渡して逃亡させ、別の部隊に合流するように促す。富樫は、その後、総攻撃に加わり、華々しい戦死を遂げる。

寺島がこう語ったことを受けて、サキエは「それじゃぁ父ちゃんが脱走したわけじゃないんですね」と満面の笑みを浮かべ、寺島も「富樫さんは立派な戦死です。きっとあの戦場馴れした身ごなしで敵陣へ突っ込んでいったにちがいありません」と答える。

5-2　廃棄物が散乱する背景

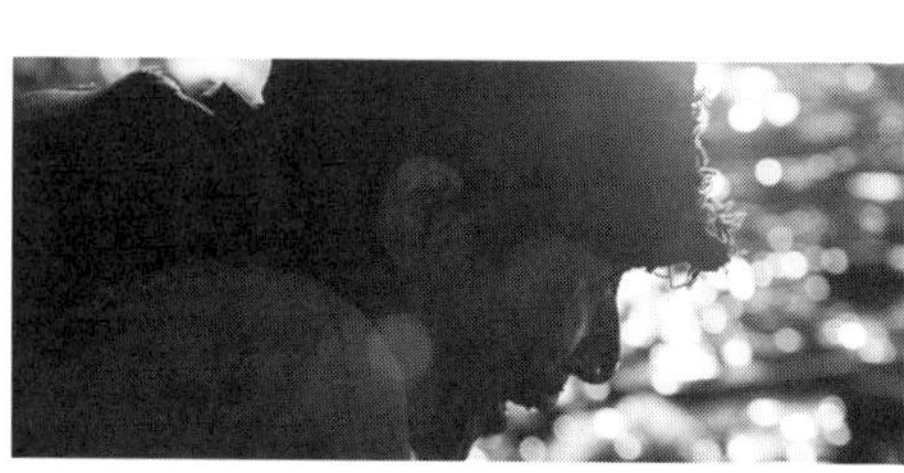

5-3　「名誉の戦死」を語る寺島と光が乱反射する背景

それを受けて、サキエは喜々として、そのことを厚生省の役人に証言するよう、寺島に依頼する。それは、サキエが夫の無実を晴らしたいという思いがあったからではあるが、見方を変えれば、寺島が語る富樫像がサキエが求めるものと完全に合致していたことを意味する。それは、ともすれば遺族が、自らに心地よい死者像を求めがちなことを浮き彫りにする。「遺族への配慮」は、凄惨な戦場の実相や幾重にも暴力が入り組んだ軍隊の構造を見えにくくするが、それは往々にして、遺族が求めようとするものでもあった。言わば、「遺族への配慮」は生き残った体験者と遺族双方の共犯関係によって成り立っていることを、この場面は暗示する。

しかし、寺島はサキエのこの依頼を拒む。寺島は、どことなく疚しいものがあるかのような表情を浮かべつつ、「私はね、こんなごみ溜めみたいなところに住み着いて一〇年以上になります」「綺麗になった町で人と会ったり話をしたりすることがいやなんです」と語る。凄惨な戦争体験のゆえに、高度成長を果たした戦後の豊かさに溶け込めず、衛生さえ欠いたかのような汚濁と混沌を、寺島は選ぼうとする。

それでも、寺島は改めてサキエに念押しするかのように、「これからほかの人にもお会いになるんでしょうが、誰が何と言っても、富樫さんは立派な戦死ですよ。私はそう信じています」と語る。そのとき、カメラは寺島にフォーカスしつつ、それまで汚物や湿気にまみれていた一帯を後景化させ、そのピントをずらすことで、小ぎれいに光が乱反射する背景を浮かび上がらせる。死者を美しく語ることが、汚濁にまみれた戦争体験を覆い隠すことを暗示するかのような場面である。

喜劇の重さ

サキエはその後、元陸軍伍長の秋葉友孝（関武志：ラッキー・7）のもとを訪れる。秋葉は漫才師として舞台に立ち、そこで未だ敗戦の事実を知らない日本兵を演じていた。相方のポール・槙（ポール・牧：ラッキー・7）に「［日本は］ころっと負けちゃったんですよ」「だからね、あなたはね、鉄砲の先に丸たんこくっつけたやつで、南海の孤島で飛んでくる飛行機にむかってヤーヤーなんてやってたんですよ、バカみたいに」と言われて、「そんじゃ、俺はこんな赤紙で何やってたんだ」と投げつけるところで、観客は抱腹絶倒する。

当時の観衆がこの場面から想起したのは、一九七二年二月にグアムから帰還した元陸軍伍長・横井庄一であろう。歩兵第三十八連隊に所属していた横井は、一九四四年にグアムに送られ、アメリカ軍との戦闘に狩り出された。グアム守備隊壊滅後、横井は山中に撤退してゲリラ戦を展開したこともあり、ポツダム宣言受諾を知ることはなく、二六年余をジャングルのなかで過ごした。帰国時の「恥ずかしながら生きながらえて帰ってまいりました」という発言も、戦後の日本国民につよい印象を与えた。同年二月二日のNHK報道特別番組『横井庄一さん帰る』は、四一・二パーセントという高視聴率をあげた。[9] 秋葉の漫才シーンは、明らかに横井庄一をはじめとする残留日本兵問題を思い起こさせるものであった。この映画のパンフレットに横井の発見を報じた新聞記事（『朝日新聞』一九七二年一月二六日）が掲載されていることも、それを示唆するものである。

秋葉が舞台から下がると、サキエは楽屋を訪れ、富樫の最期のことを尋ねる。秋葉は富樫をほとんど思い出せずにいるが、サキエが寺島に聞いた富樫の華々しい死に言及すると、やや忌々し気に、「私の知ってる限りじゃ、あのころはそんな格好のいいまねは、したくてもできなかったんでさぁ」と答える。サキエは、「それじゃぁ、総攻撃も斬り込みもなかったって言うんですか」と食い下がるが、「ああ、とてもとても。そんな状況じゃぁ、なかったんですよ」「あたしたちの部隊にはね、大砲は一二門あったんだがね、使えるものは一門もなかったなぁ。機関銃は四八丁のうち、たった一丁だし、三八式歩兵銃にしてからが、あんた、持ってるやつは三分の二ぐらいなものでっせ。残りは竹槍よ。竹槍で戦えっていわれたんだからねぇ」と、ぶざまでしかない戦場の様相を語る。

それを楽屋で聞いていたポール・槙は、「ハッハッハッ、それじゃ先輩は、いまの舞台とおんなじことをやってきたんですねえ」と笑い転げる。だが、裏を返せば、秋葉は自らの体験をあえて喜劇として語っていたことになる。秋葉は続けて、「なかったのは武器や弾薬だけじゃねえんだ」「作戦を立てたお偉方は何にもわかっちゃいねえんだ」と呟くが、そこには容易には抑えがたい憤りが垣間見える。では、なぜ、自らの惨めで重い体験を、あえて「笑い」に結びつけようとしたのか。戦争最末期の南方戦線を扱う漫才であるだけに、台本は体験者である秋葉が手掛けていることは容易に想像されるが、だとしたら、なぜ、自身のおぞましい体験を喜劇として扱おうとしたのか。

映画のなかでは、その点に詳しく言及されることはないが、映画監督・岡本喜八のエッセイには、それを考えるうえで、示唆的なものがある。一九二四年生まれの岡本は、明治大学専門部商科に進んだものの、繰り上げ卒業となり、陸軍工兵学校に入隊、豊橋予備士官学校で終戦を迎えた。戦後、岡本は、『独立愚連隊』（一九五九年）、『独立愚連隊西へ』（一九六〇年）、『江分利満氏の優雅な生活』（一九六三年）、『血と砂』（一九六五年）、『肉弾』（一九六八年）など、多くの戦争映画を手掛けた。活劇の要素が多い作品も少なくはないが、そこでもコミカルな描写が少なからず散りばめられていた。ことに『江分利満氏の優雅な生活』や『肉弾』は、自らの戦争体験を重ねつつ、ぶざまな学徒兵の悲哀や怒りをコミカルに描いている。

第四章でもふれたように、そこにあったのは、戦争映画を「喜劇に仕立て」ることで、「バカバカシサを笑いとば」そうとする意図であった。そして、それは「弱者ノツヨガリ」「バカバカシサへの反抗」に根ざしていた。岡本は決して悲劇としての戦争描写を否認するわけではなく、「ひめゆりの塔やきけわだつみの声にはただもうヤミクモに泣いた。ナミダが眼鏡のタマにたまっちゃって、殆ンどアウトフォーカスの画面になっちゃうほど泣いた」とも語っている。だが、「オレニハコンナマジメナ戦争映画ハ作レナイ」という思いと同時に、戦争を喜劇として語ることの可能性に賭けようとした。[10] 言うなれば、岡本にとって、戦争体験は喜劇に仕立てるしかないほどの重さを持つものであった。「戦争は悲劇だった。しかも喜劇でもあった。戦争映画もどっちかだ。だから喜劇に仕立て、バカバカシサを笑いとばす事に意義を感じた。戦時中の我々はいかにも弱者であった。戦後一三年目の反抗は弱者ノツヨガリだったかもしれない。しかし弱くてちいちゃなニンゲンであった兵士たちにとって、バカバカシサへの反抗は切迫した願望でもあった」という記述が、そのことを如実に物語っていた。[11]

『軍旗はためく下に』の秋葉の漫才も、岡本喜八のこうした情念につながるものである。戦争体験を「笑い」に結びつけて語ることは、それまでのサキエの言動を見てきたオーディエンスにはやや場違いなものに感じられるかもしれない。だが、その違和感を通して浮き彫りにされるのは、「笑い」を挟まなければ向き合えないほどの体験の重さであろう。

「名誉の戦死」と「芋泥棒」

秋葉は、富樫のことは思い出せずにいたが、戦争末期の同じ部隊における軍曹をめぐる事件として、食糧争いに端を発する出来事について口を開く。

敵軍の攻撃を恐れ、日本軍兵士はジャングルに身を潜めたが、補給ルートが断たれていただけに食糧難は悲惨を極めていた。ヘビ、トカゲ、ミミズ、クモでさえ食い尽くし、「こと食い物に関しちゃ、てめえ以外はみんな敵だったなぁ」という様相を呈していた。映画のなかでも、一匹の鼠をめぐって激しい争いが生じ、生きた鼠を口にくわえた兵士に血相を変えて襲い掛かる他の兵士たちが描かれている。

秋葉はさらに、他部隊の芋を盗んで同じ日本軍に射殺された日本兵がいたこと、そして、それが「軍曹なのは確かだった」ことを付け加える。その話を聞きながらサキエは「そんなぁ、うちの人が芋泥棒だって言うだかね」「証拠があるのかね、証拠が」と目を潤ませながら憤りをあらわにする。それは、「名誉の戦死」という予期を大きく覆すものであったが、逆に言えば、自らに心地よい証拠のみを求めようとする遺族の欲望も浮き彫りにされる。

これに対し、秋葉は「奥さん、気を悪くしねぇでおくんなさいね。はっきりした証拠があるわけじゃあございません。無理に思い出そうとして、やっとこさ手繰り寄せた、悪い夢なんですよ。ひょっとしたら、あしが喋っていることはみんな、漫才の続きかもしれねぇんだい」と語るわけだが、さらに続けてうすら笑いを浮かべながら、こう述べる――「あっしゃねぇ、こうして生きておりやすがねぇ、こらぁ、余った分の人生なんですよ。ほんとうのやつぁ、あっちのほうで済ましてきちまったもんで」。

気がふれたかのような自嘲めいた秋葉の表情は、予期しないものであっただけに、サキエは困惑まじりの怪訝な表情を見せる。だが、それも、サキエが望んでいた話とはまったく対照的な、惨めで醜悪な戦場体験を裏打ちするものであった。

調和の拒絶

サキエは、さらに元陸軍憲兵軍曹の越智信行（市川祥之助）のもとを訪ねる。越智は復員後の荒んだ生活のなかでヤミ酒（バクダン）に溺れたために失明し、「按摩」を生業にしていた。越智はサキエに対して、「どっちの話がほんとうかなんてことは、私にもわかりませんね」と語り、富樫軍曹の名にも心当たりがないことを強調する。

ただ、戦後社会への相容れなさは、寺島や秋葉とも通じ合うものがあった。越智は戦犯容疑で豪州軍に捕まった過去にも言及しながら、「私はいま、自分が何のために生きているのかわからなくなってきてるんですよ。いっそあのとき、ひと思いに銃殺されたほうがよかったのかもしれない」「元憲兵ってんで、内地でもアメ公に追い回されましてね」と、その胸中を漏らしていた。

越智が続けて「軍曹と言うと……」と核心めいた話にふれようとしたとき、仲居の妻（中原早苗）が帰宅する。妻はサキエに挨拶をしつつ、「仲居なんて商売も重労働なんですよ、ほんとにもう」「ゆうべは商店街の宴会で朝までなのよ」と話すわけだが、越智は「嘘なんですよ」とサキエに語りかけ、昨夜に妻が板前と肉体関係を持ったであろうことを暴露する。

それまでのサキエとの会話からすればあまりに唐突な内容であり、そもそも配偶者の婚外の肉体関係を、見知らぬ第三者に語ること自体、予期せぬことではある。だが、この場面は、きれいごとに満ちた虚飾が実相を覆い隠すことを暗示する。越智の言葉を耳にした妻は「冗談じゃないわ、ゆうべは私、ちゃんと

5-4　煎餅を口にくわえたまま、人肉食の事実に驚愕する越智の妻

……」と抗弁するが、越智はサキエに向かって「どうです、図星って顔しているでしょう」と語る。それは、ともすれば「戦争の語り」が美しさに満ち、それが少しでも疑われると、いきり立ってさらに美しさを塗り固めようとする言説のありようを指し示す。以降の越智の話は、一面では美しさの虚飾を剝ぎ取ろうとするものであった。

越智は「お断りしておきますがね、あんまり気持ちのいい話じゃありませんよ。それにその事件の関係者がご主人かどうかもわからない。わかっているのは、ただその男が軍曹だったということだけなんです」としながら、サキエとの話の続きに移ろうとする。そのとき、越智の妻は、おぞましい戦場の実相が語られるであろうことに怯えつつ、作り笑いを浮かべて、「ま、おひとつどうぞ」とサキエに煎餅を差し出す。通常であれば、無理にでも笑みを浮かべて受け取るものだが、サキエはこわばった表情のまま、妻や煎餅に視線を向けることなく、「聞かせてくだっせぇ、お願えします」と越智に懇願する。それは、オーディエンスの予期を裏切るものではあっただろうが、見方を変えれば、客に出される煎餅に象徴される「当たり障りのなさ」を拒む意図が透けて見える。

そこで越智が口にしたのは、「戦友を殺して、食っちまったんです」という人肉食の事実であった。画面では、サキエの驚愕とともに、煎餅を口にくわえた妻の衝撃の表情も映し出される。来客との当たり障りのない調和を取り持つ煎餅ではなく、人肉が戦場では人の口にくわえられていたであろうことを、つよく想起させるシーンである。

映画のなかでは、人肉とは言わずに、それを塩と交換することを求めて、他部隊に赴く富樫と、その肉に激しく食欲をそそられる兵士たちが描かれている。さらに、富樫の帰路にあとをつけて、いい獲物（野ブタ）にありつこうとした兵士が、殺されて食用の人肉に処せられたことをも示唆される。富樫は再びその部隊を訪れ、すでに腐臭を帯びた肉と塩との交換を要求する。富樫の「煮りゃぁ、大丈夫だ」という語りが、人肉食のさらなるおぞましさを浮き彫りにする。

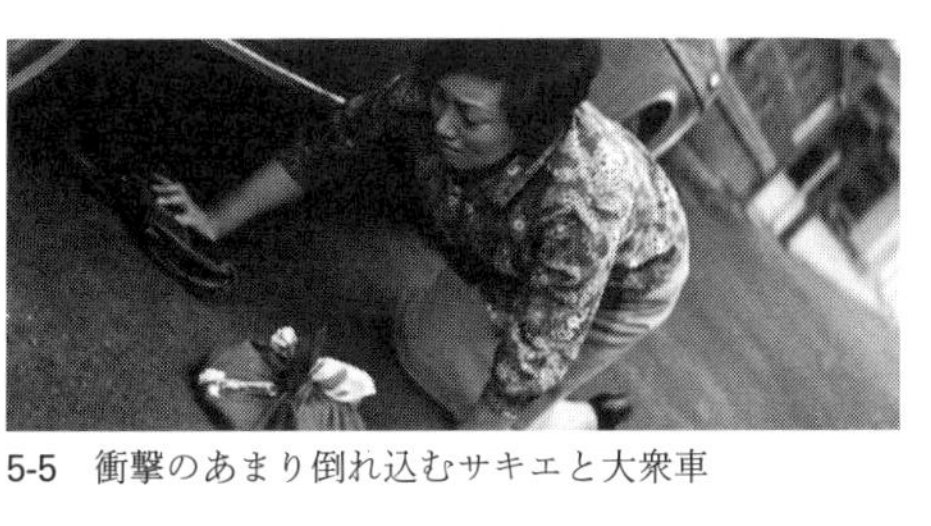

5-5　衝撃のあまり倒れ込むサキエと大衆車

越智は、事の発端として「［富樫らしき軍曹が］戦友一名と脱走の途中、芋を盗まれたためにかっとなって殺してしまい、そのあとあんまり腹が減ったんで戦友の尻の肉を……」と説明するが、サキエは「いやぁ、やめてくだっせぇ」と慄き叫ぶ。

もっとも、越智にとって、人肉食は必ずしも他人事ではなかった。越智は、戦死した戦友の小指を遺骨代わりに切って焼いたときのことを回想して、「私は自分の鼻を覆う前に、思わず食欲をそそられたことを覚えていますよ」「私とあの軍曹とのあいだには、どれほどの違いもなかったんです」と語っていた。

サキエは越智宅を辞去したのち、道端に倒れ込みながら、「父ちゃんが人食ったなんて、バカくせえ」と呟き、「名誉の戦死」どころか、「芋泥棒」よりもはるかにおぞましい行為に起因する夫の死を受容できないさまが描かれる。その後景には、スバルR-2やダットサン・サニーらしき乗用車が映し出される。高度経済成長はこれら大衆車の普及を後押ししたが、サキエの呟きには、それへの相容れなさも透けて見える。

同時に、これは越智にも当てはまるものであった。越智の自宅は老朽化した安普請の家であり、背景の高層マンションや大衆車との対比でも、このことが強調される。それは、越智にとっても経済成長に湧く戦後が親和性を欠いたものであることを浮き彫りにする。サキエが退出したあと、「誰にもわかりゃしねえんだ、ほんとうのことは」と頭を抱え込みながら寝そべるさまは、このことをさらに印象づける。

越智のこの呟きに対し、妻は「うーん、何か言った?」と無愛想に返している。それは越智に何かを聞き出そうというのではなく、むしろ何の興味もないことを越智に見せつけようとするかのような発話であった。これを耳にした越智は、突如、妻を押し倒して、レイプする。「何すんのさぁ。やだ、やめてよ、痛いじゃない、やめてったら」「気持ち悪い」とつよく抗う妻に対し、越智は「誰にもわかりゃしないんだ、誰にも」と怒声を発しながら、着衣を剝がそうとする。そこには、「美しさ」「当たり障りのなさ」を装い「気持ち悪い」ものから目を背けようとする者への憤りとともに、その虚飾を剝ぎ取らなければ気が済まない当事者の怨念が浮かび上がっていた。

二　「学徒兵の神話」の瓦解

学徒兵の暴虐

サキエは、厚生省担当官が会うことを勧めた四名のうち、最後の大橋忠彦（内藤武敏）のもとへ赴く。高校の国語教師をしている大橋は、戦争末期には学徒出身の陸軍少尉として、ニューギニアの戦線に送られていた。

大橋は、サキエの問い合わせに対し、「終戦争後に発覚したひとつの事件」について語り始める。それは、兵士たちが共謀して上官を殺害したというものだった。殺害された小隊長・後藤少尉（江原真二郎）は、大橋と同じく学徒あがりの将校であったが、陸軍士官学校出身の将校や古株の下士官に舐められまいと、いつも肩肘を張っていた。それだけに、部下への暴力も過剰であった。

あるとき、連合軍パイロットが不時着し、後藤らの部隊で捕虜となった。捕虜は処刑されることとなり、師団参謀・千田武雄少佐（中村翫右衛門）は後藤少尉にその執行を命じた。映画のなかでは、後藤が率先してその役を買って出たことも暗示されているが、それも、学徒将校だからといって部隊のなかで軽蔑されまいといきり立つ心性の表れであった。

後藤は目隠しされた捕虜の頸部を軍刀で斬りつけるが、生身の人間を至近距離で殺害する恐怖に駆られ、何度やってもうまくできなかった。最終的に、千田少佐は憲兵に命じて、小銃で捕虜を殺害させたが、このことにより、千田をはじめとする部隊将兵の後藤への軽侮の念は、いっそう露骨なものとなった。

それから後藤は、前にもましてヒステリックになった。理由もなく部下を暴行し、ショベルで顔面を殴打して瀕死に至らせることも珍しくなかった。食糧は自ら管理・独占し、部下にはごく少量しか回さなかったため、兵士たちの衰弱も甚だしかった。にもかかわらず、必要以上の重労働を課し、重症のマラリア患者を使役に駆り立て、死に至らしめたこともあった。

分隊長の富樫軍曹がたまりかねて後藤に抗議したが、後藤は「貴様、上官の俺に反抗するのか」と逆上し、富樫に殴る蹴るの暴力を長時間にわたって振るった。

以上のようなことから、「このままじゃ、俺たちは小隊長に殺されちまう」という危機感を覚えた兵士たちが、富樫を中心に後藤の殺害を決行する。大橋がサキエに語ったのは、こうした事実であった。

後藤のような狂気に満ちた学徒兵像は、戦後日本において、あまり目立つものではない。むしろ、反戦志向で理性的かつ温和な学徒兵イメージが一般的である。戦没学徒遺稿集『きけわだつみのこえ』（一九四九年）の大ヒットや、それを原作にとった映画『きけ、わだつみの声』（関川秀雄監督、一九五〇年）が記録的な興行成績をあげたことも、「悪逆な職業軍人」とは好対照な学徒兵像の流布を促した。[12]

しかし、それは戦時下の学徒兵のごく特殊な一面を示すものでしかない。少なからぬ大学・旧制高校では「国家的使命に対しては捨身的情熱を捧ぐべし」[13]という声がみなぎり、大学生らへの徴兵猶予措置を率先して返上しようとする動きさえ見られた。それだけに、学徒兵たちのなかには、自らに課せられた役割を積極的に演じようとするむきも、多く見られた。学徒将校として回天搭乗員の教官を務めた哲学者・上山春平は、当時を回想して、「海軍兵学校や海軍機関学校出身のプロの士官たちに決してひけをとらぬ搭乗員に仕立て上げてみせる、という妄想にとりつかれた」「入隊以来、プロの士官たちから、ことごとにそのブザマさをののしられてきた学徒兵の一人として、この特攻基地に来てまで彼らの侮蔑に甘んじることは、学徒兵としてのプライドが許さなかった」と述べている。[14]

速成の予備士官として軍務に就いた学徒将校は、どうしても陸軍士官学校・海軍兵学校出の正規将校と比較され、その未熟さを罵られがちだった。軍隊での経歴が異なるだけに、それはやむを得ないものではあったが、学徒将校たちはしばしば、彼らの劣位に立たないことに囚われた。

鶴見俊輔は、自らの戦時期の体験を振り返りつつ、こうした学徒将校たちの思考を規定するものとして、彼らの「優等生」ぶりと「順法精神」を指摘した。鶴見は「戦争と日本人」（『朝日ジャーナル』一九六八年八月一八日号）のなかで、学徒将兵の心性について、こう述べている。

彼らはおそらく小学校のときからずっと優等生であったでしょう。つねに法に服してやってきた。自分はほめ者になりたいという種の誘惑をしりぞけることができなかった。この誘惑と戦うことは、相当にむずかしいんです。[15]

学徒将校たちの「ほめ者」であり続けたいという心性は、「法に服」することの過剰を生み出す。そのことは必然的に、「プロの士官たちに決してひけをとらぬ」振る舞いを自らに課すことにつながった。彼らの「ほめ者」の希求は、しばしば部下への暴力へと結びついた。高等小学校を卒業後、海軍飛行予科練習生となった映画評論家・佐藤忠男は、一九七五年の文章のなかで次のように学徒将校の暴力を綴っている。

私が少年兵として訓練を受けていた航空隊では、将校はほとんど学徒出身だったが、まだセックスのことをよく知らない十四歳のわれわれに、やたらとスケベイな話をする奴がいたり、志願兵あがりの歴戦の下士官たちから軽蔑されているのに逆上して下士官たちに土下座させたり、自分たちばかり白米のメシをたらふく食っているので腹の減った少年兵がこれを盗み食いしたら、下士官に引き渡して死にそうになるぐらいまで殴らせたり、せまい体験で全体を律するのは申しわけないが、どうも私は、学徒将校という連中に対していい印象を持っていない。[16]

5-6　うなだれるサキエや大橋とステージの日章旗とのコントラスト

佐藤がここで描き出しているのは、経験が豊富な部下からの軽蔑を恐れて、彼らに激昂し、暴力を振るうしかなかった学徒将校の虚勢である。『軍旗はためく下に』における後藤少尉の暴力は、明らかにこうした指摘に重なるものであった。学徒兵をめぐるオーディエンスの予期を覆し、「わだつみ」的な学徒兵の神話を瓦解させるかのような描写が、この映画には盛り込まれていた。

「戦後」との齟齬

大橋は続けて、富樫らの処刑のいきさつについて語り始める。ポツダム宣言受諾を受けて、捕虜斬殺事件の露見を恐れた千田少佐は、隠蔽工作を画策する。富樫ら、後藤小隊の生き残りを上官殺害を理由に処刑したのも、そのゆえであった。その際、千田は以下の言葉を言い放つ――「日本は捲土重来を期し、三〇年後には必ず再起して、鬼畜米英に復讐する。だが、上官を殺害するようなお前たち不忠不逞の輩を、祖国は必要としていない」。

高校の体育館の片隅で大橋の話を聞いていたサキエは、床に崩れ落ちるようにうなだれる。体育館のステージには日章旗が掲げられているが、サキエは半ば恨めしい表情で、その日章旗を見つめながら、「父ちゃん、さぞ悔しかっただっぺなぁ」と呟く。そこには、日の丸に象徴される国家とサキエや富樫との不調和が浮かび上がる。それはすなわち、当初サキエが抱いていたような「名誉の戦死」の語りによって、当事者の怨念が覆い隠されることを示唆するものであった。

戦後という時代との齟齬も、そこには照らし出されている。高校生たちは、日の丸が掲げられたステージで、大橋とサキエに何の関心も示すことなく、何かの催しの準備に勤しんでいる。また、高校上空を飛び立つ米軍機の轟音に大橋が苛立ちを抱いたり、昼休みが終わって高校生たちが大橋とサキエをよそに教室に駆け込もうとするさまも描かれるが、[17] それも、寺島や秋葉、越智らと同様、戦後の政治や社会との相容れなさを指し示すものであった。

秩序の語りの快楽

しかしながら、こと千田少佐に関しては、戦後社会との調和が際立っていた。千田は戦後、「東南アジア開発公団」の役員におさまった。アジアに向けた往時の軍事侵出と戦後の経済進出の双方で、第一線を担ったことが暗示されるが、サキエが千田に会うころには、すでに引退して、孫を愛でながら悠々自適の暮らしを送っていた。寺島や秋葉、越智、大橋らニューギニア戦線の生き残りに比べれば、千田と戦後の調和は明らかだった。

サキエはそれまでに聞き取ったことをふまえながら、千田を詰問するが、千田は「誤解だなぁ、それは。でないとすれば、私に対する悪意の中傷か」「それはあくまで陸軍刑法に則った軍法会議の結果ですよ」と返す。

千田が重きを置くのは、抽象的な「秩序」であった。千田は「処刑したことに関しては間違ってなかったと思う。いまでもそう信じています。［中略］破れたりと言えど、日本の名誉と誇りのために秩序を守らなければならん。そのためには軍法会議も処刑もやむを得ない処置だった」「いかなる場合にも秩序というものは必要なんだ。敗戦国日本が戦後ここまで復興繁栄して、再び世界列強の戦列に加われたのも、ひとえに国家の秩序が盤石に保たれたからこそではなかったのですか」と主張する。サキエは「そいじゃ、

そいじゃ、父ちゃんはみせしめだったというだかね。生贄だったかね」と憤るが、千田にはまったく響かない。サキエが富樫の処刑という個別事例に特化した議論をしているのに対し、千田はそれに向き合うことを避け、「日本の名誉と誇り」「国家の秩序」といった抽象的な事柄に論点をずらそうとした。千田の姿勢をなじるサキエの姿から浮かび上がるのは、抽象的な「戦争の語り」の饒舌でもって、苦悶や憤りに満ちた個別の生から目を背け、自らの責任を不問に付す旧指導者層の狡猾さであった。

そのとき、千田と連れ立っていた孫娘が、近くで摘んだ黄色の菊の花を、サキエに手渡そうとする。それを受け取るであろう予期がオーディエンスにはあったかもしれないが、サキエは憤りを含んだ視線を千田から離さず、孫娘に顔を向けようともしない。千田は代わりに花を受け取り、ほほえみながら孫の頭をなでる。

5-7　菊の花の受け取りを拒絶するサキエ

サキエが菊の花の受け取りを拒んだことは、「菊の御紋」に象徴される戦時や戦後の拒絶を暗示する。兵士たちは天皇の名のもとに戦地に動員され、戦後は天皇が出席する全国戦没者追悼式で死者が追悼される。しかし、千田のような軍上層部や後藤少尉のような学徒将校の暴力に喘いだ末端の兵士の姿は、そこには浮かび上がってこない。

継承の力学

同時に、この場面は「継承」の力学をも照らし出す。孫娘が差し出した花を千田が受け取ったことは、祖父‐孫間の「継承」や「相互理解」を暗示する。しかし、言葉にしがたい末端の兵士や遺族の怨念は、孫には伝わらない。それはすなわち、心地よい「継承」が忘却を生み出すことを物語る。こうした描写は、戦争体験論を多くものした安田武の以下の議論を思い起こさせる。

> 　戦争体験に固執するかぎり、そこからは何ものも生まれないであろうし、それは次代に伝承されることも不可能であろうという批判は、耳の痛くなるほど聞かされている。しかし、戦争体験を放棄することによって単なる日常的な経験主義に陥り、その都度かぎりの状況のなかに溺れることだけは、ぼくはもうマッピラだ。
>
> 　戦争体験の伝承ということ、これについては、ほとんど絶望的である。ぼくは、戦争体験に固執し、それについて、ブツクサといいつづけるつもりであるが、それを次代の若者たちに、必ず伝えねばならぬとは考えていない。[18]

　一九二五年生まれの安田武は、上智大学在学中に徴兵され、ソ連軍が侵攻する朝鮮半島北端部で終戦を迎えた。安田は「猿のごとく猥雑で悪がしこく、惨虐なまでに非人間的な人々の群」であった軍隊への憤りを内包しつつ、恥辱や怨念、自責が入り混じった戦争体験の語りがたさにこだわり、「抽象化され、一般化されることを、どうしても肯んじない部分、その部分の重みに圧倒されつづけて」いた。[19]菊の花の受け取りを拒んだサキエの姿は、わかりやすく心地よい体験の「伝承」を肯じない点で、安田武の議論に通じるものがあった。

それにひきかえ、千田の過去へのこだわりは稀薄であった。千田はサキエに同情を示しつつ、「忘れろということは、無理かもしれません。だが、人間生きていくためには忘れることが必要なんです。過去にこだわっていては、何事もできない」と語る。その姿勢は、サキエが富樫の怨念にこだわり、安田武が語りがたい体験の重みに固執することとは異質なものであった。千田は定年後の余暇を利用して、ニューギニア戦線の回顧録の出版を考えていたが、そこでは忘却こそが過剰な戦争の語りを生み出していることが浮かび上がる。

このことは、戦中派世代のあいだでも、しばしば感知されるものだった。『シナリオ』(一九六八年九月号)では、終戦を陸軍青年将校として迎えた評論家・村上兵衛と元特攻隊員の脚本家・須崎勝彌との対談が組まれていた。このなかで戦争体験をめぐる饒舌と沈黙が、次のように議論されていた。

村上　この間、たまたま四、五人が集まりまして、話をしたのですが、いちばんひどい戦闘を、やってきた連中なんですが、もう彼らは戦争のことは思い出したくないといいますね。いやだという。そんなにひどくない、一歩手前の戦闘をやった連中は、それに対して「お前はいい体験をしたよ」といえるんですね。微妙な別れ目だと思います。

須崎　語りたくない、というのは本当のことばだと思いますね。ペラペラ喋る奴は、私も含めてたいした戦闘経験もしていない連中です。その人達の堅い沈黙にはいつもガーンと殴られる思いがします。正直言って［シナリオを］書く度にそのジレンマに振りまわされるんです。[20]

須崎は、『太平洋奇跡の作戦　キスカ』（一九六五年）、『あゝ同期の桜』（一九六七年）、『連合艦隊司令長官山本五十六』（一九六八年）の脚本を手掛けるなど、戦争映画シナリオの第一人者であった。しかし須崎は、戦争を饒舌に語ることへの引け目も感じていた。須崎はこの対談のなかで「ぼくがこうして戦争体験を何とか語れるということは、敵を殺さなかったし、敵を見ることもなかったからかもしれません」とも述べている。[21] 元特攻隊員であったとはいえ、実際の出撃を経験しなかった須崎にとって、特攻に往った者と自分のあいだには大きな断絶があり、過酷な戦闘経験者の沈黙は重く感じられた。それは、「戦争のことは思い出したくない」者と「「お前はいい体験をしたよ」といえる」者との断絶を感じていた村上兵衛にも通じていた。

千田少佐の忘却への躊躇いのなさや回顧録への欲望も、須崎や村上が指摘する「一歩手前の戦闘をやった連中」「たいした戦闘経験もしていない連中」の饒舌と重ねてみることができるだろう。[22]

三　美の虚飾と予期の転覆

美談の欲望

千田はさらに、サキエに対して「アメリカ兵の捕虜殺害は、後藤少尉の独断でやったことだ。私は関知してない。それを隠蔽するために関係者を処刑したなどとは、とんでもない言いがかりだ」と述べる。それは、「抑圧の移譲」「無責任の体系」（丸山眞男）を連想させる発言ではあったが、千田は続けてサキエにとって衝撃的な事実を語る。それは、寺島上等兵が上官殺害に関与したものの、直接手を下していなかったために処刑を免れたこと、そして、富樫を含む三名の犯行を自白したのも寺島であったことである。

先述のように寺島は富樫の「名誉の戦死」を語り、自らを救ってくれた美談をサキエに話したわけだが、それは富樫の最期のみならず寺島の裏切りを隠蔽するものであった。サキエは再び寺島のもとを訪れ、「そんであんな作り話をしただか。自分のしたことをごまかすために、おらに嘘ついただか」と詰問する。そのことは、美化が複雑な背景や当事者の情念を見えにくくするばかりではなく、語る者の責任や暴力をも不問に付す力学を浮き彫りにする。

それは、美談によって促される予期を覆す描写であったが、映画のなかではさらなる予期の転覆が続く。寺島は「でも、ほんとうの話はそれだけじゃないんです」としながら、終戦の報に接した際の部隊の様子を語り始める。

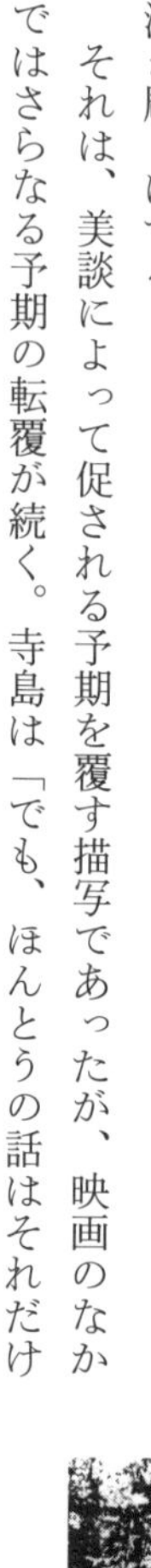

富樫らの部隊にポツダム宣言受諾の通知が届き、師団本部に集まるよう命じられたが、兵士たちは栄養失調と飢餓のために立ち上がることすらできず、終戦の知らせに感情が動くこともなかった。これは、天皇による玉音放送に国民がむせび泣く「玉音写真」のイメージとは異質なものである。言うなれば、このシーンは、終戦をめぐるオーディエンスの予期や予断を覆し、玉音放送による「涙の共同体」から零れ落ちる最末端の兵士たちの存在を映し出す。

5-8　上官殺害のシーン

だが、そこに、いきり立った小隊長・後藤少尉がやってきて、部下の兵士たちに総攻撃を命じようとする――「終戦と言うのはデマだ。神州は不滅、皇軍は不敗だ。俺たちはあくまで断固として戦う。一人残らずやつらの首をブッたぎってやる」。

　富樫ら部下たちは、銃を取ろうともせず、怪訝な表情で小隊長を眺めるが、それに対して後藤は「なぜ銃を取らん」「貴様ら俺を舐めてるんだな、学徒兵あがりだと思って」「俺は日本を愛してるんだ。貴様らの誰より愛してるんだ」とヒステリックに叫びながら、部下たちに暴力を振るう。後藤は、マラリアの発作で動けない寺島をも立たせて、殴りつけようとした。学徒将校の優等生意識とそのゆえの「舐められる」ことへの恐怖やコンプレックスが、ここでも描かれる。

　後藤の言動はエスカレートし、「よぉし、貴様、貴様のような兵隊は……」と軍刀で兵士たちを叩き斬ろうとする。耐えられなくなった兵たちは、小銃や銃剣でもって逆襲する。怒り猛る後藤は、敵意を剝き出しにして軍刀を振り回し、片腕を斬られてもなお、小銃で部下を撃とうとする。最終的には殺害されるに至るが、それは後藤と部下との壮絶な「仁義なき戦い」であった。

5-9　映画『仁義なき戦い』（1972年）ポスター

人肉食のその後

　富樫らは、「小隊長は終戦の知らせを聞いて発狂して自決した」ことに口裏を合わせようとする。後藤の遺骸を山中に埋めた彼らは、師団本部に集合すべく、その場を離れるが、マラリアで動けない寺島はその場に残された。サキエが「あんたを置き去りにしただか」と問うのに対し、寺島は「だれもが歩

5-10　自らの腕を食の対象として眺める寺島上等兵

くのにやっとだったんです。動けない私が置き去りにされたのは当然です。本部へ着いたら迎えをよこすということでした」と答える。そのことは、誰かを見捨てたり裏切るなどして終戦や復員を迎えることができた、多数の日本軍兵士の存在を思い起こさせる。「終戦」という言葉だけでは予期できないものが、そこには透けて見える。

置き去りにされた寺島は孤独感に苛まれてむせび泣くが、その際に涙が口に垂れ、塩味を感じる。これは、「自分の体のなかにこんなうまいものが残っている」ことを寺島に実感させた。それから急に飢えを感じた寺島は、自らの腕を眺めながら「これが食えるだろうか」と考えた挙句、斬り飛ばされていた後藤少尉の腕の肉を焼いて食べることを思いつく。躊躇いながらも人肉を食した寺島は、「俺は人を食った。人を……。だが世界は別に変わっちゃいない。人を食ったって、それがどうした。俺は生きてやる。生き抜いてやる」と惨めさに嗚咽しつつ、自らに向けて自己を正当化しようとする。

「私は食っちまったんです。あなたのご主人が殺した人間の肉を。おかげで私は立って歩けるようになった」――寺島はサキエにそう語り、自らの足で赴いた師団本部で自白したときの状況を話し始める。寺島は師団参謀・千田らに「正直に言わねば銃殺だ」と脅され、「私はどうしても生きたかった」という思いとともに「それに、小隊長が狂っていたことを告げれば、富樫さんたちの罪も軽くなるんじゃないか」という期待もあって、自白に応じた。ただし、「肉を食ったこと」だけは語らなかった。

寺島は「人を食い、戦友を裏切った負い目」を抱きながら復員したが、終戦直後の混沌とした世相は、まだしも、その悔恨から目を背けることを可能にした。焼跡や闇市で人々が欲望をむき出しにしながら生きているさまは、寺島の胸のつかえを軽くした。しかし、徐々に日本社会が復興を果たし、世の中が秩序を取り戻し始めると、「人を食い、戦友を裏切ったあの苦い思い出が始終私〔=寺島〕の心にのしかかり始」めた。「世の中に追われ」るように都心を離れた寺島は、廃棄物にまみれ、水はけの悪い埋め立て地の「朝鮮人部落」に落ち着いた。

だが、寺島の疎外感は解消されはしなかった。画面では、寺島の養豚場のバックに工場群と操業音を映し出し、一九七〇年代初頭の経済成長と秩序を指し示す。「ここもおそらく、あとひと月とはもたないでしょう」「私の落ち着けるような土地は、あの焼跡のような気楽な世界は、もういまの日本には残っていないのかもしれません」という寺島の語りには、戦時・戦後の千田が力説する「秩序」への相容れなさが際立っていた。

「天皇陛下……」と末期の叫び

寺島は続けて、富樫らの処刑の場面を語り始める。富樫は、処刑に立ち会う憲兵に日本の方角を尋ね、その方向に頭を垂れるかのように突っ伏す。そこでは、声を押し殺しながら、やりきれなさに耐えようとする姿が描かれる。処刑されることの恐怖のあまりに失禁する小針一等兵（寺田誠）も映し出されるが、これらの描写はおそらく、オーディエンスの予期とは異なるものであろう。

処刑の場面が大きく扱われる映画としては、主題は異なるが、二・二六事件を扱った『叛乱』（一九五一年）や『銃殺』（一九六四年）、『日本暗殺秘録』（一九六九年）などが想起される。そこでは、怯えることも悪びれることもなく、堂々と処刑される青年将校たちが映し出されていた。それに対し、正当防衛の要素が

5-11　映画『日本暗殺秘録』（1969年）ポスター

濃かった上官殺害であったにもかかわらず、捕虜殺害を隠蔽するための「生贄」にされた富樫らの処刑シーンには、さほどの傲岸不遜は見られず、むしろ恐怖とやるせなさに苛まれるさまが際立っていた。目隠しをされた富樫が慌てふためくように、「堺、小森、手さ貸せ、手さ貸せ。手さ貸せ、手さ貸せ、手さ貸せ。いいか、いいか。俺たちは狩り出されたときも一緒だが、殺されるときも一緒だぞ。いいな、いいか。て、て、て、天皇陛下ぁ」と叫び、銃殺されるシーンは、そのことを物語る。

　これを聞いたサキエは、寺島に向けて「天皇陛下って言ったただね。万歳と言うつもりだったたっぺか」と漏らし、嘆息する。しかし、寺島は「いいや、そうは聞こえなかった」と述べ、サキエの想像を否認する。サキエは、はっと怪訝そうな表情で寺島に顔を向けるが、おそらく予期が挫かれたのは、オーディエンスも同様であっただろう。寺島は続けて、「何か訴えかけるような、いやぁ、抗議するような、そんな叫び方でした」と語り、そこに富樫らの憤りが込められていたことを示唆する。それは「天皇陛下、万歳」という予定調和的な発話とは対照をなすものであった。さらに言えば、「て、て、て、天皇陛下ぁ」で途切れた富樫の叫びは、その後の発話を封じようとした刑執行の意図をも暗示する。

　このシーンは、どことなく二・二六事件（一九三六年）で刑死した磯部浅一を想起させる。農村が昭和恐慌に喘ぐなか、陸軍青年将校たちは「天皇親政」を掲げ、一部の政治家や軍内部で敵対する統制派といった「君側の奸」の排除をめざした。しかし、青年将校たちの決起は、彼らが崇拝する天皇のつよい意志でもって鎮圧された。決起将校の中心メンバーであった磯部浅一は、天皇への呪詛を獄中日記に次のように綴っていた。

> 今の私は怒髪天をつくの怒りにもえています。私は今は、陛下をお叱り申し上げるところに迄、精神が高まりました。だから毎日朝から晩迄、陛下を御叱り申しております。
> 天皇陛下　何と云ふ御失政でありますか　何と云ふザマです。皇祖皇宗に御あやまりなされませ。[23]
>
> 陛下の事、日本の事を思ひつめたあげくに　以上のことだけは申上げねば臣としての忠道が立ちませんから　少しもカザらないで　陛下に申上げるのであります。〔中略〕悪臣どもの上奏した事をそのまゝうけ入れ遊ばして　忠義の赤子を銃殺なされました所の　陛下は　不明であらせられると云ふことはまぬかれません。[24]

富樫が置かれた状況は、むろん二・二六事件の青年将校とは異なる。だが、天皇を中心に据えた軍隊や社会への憤りの点で、そこには共通性を見出すこともできよう。

5-12　銃殺間際に「天皇陛下ぁ……」と叫ぶ富樫ら

それは、「菊の御紋」を想起させる菊の受け取りを拒絶したサキエの心情にも通じるものであった。映画のラストでは、都会の喧騒を背景にしながら、サキエは「国が勝手におっぱじめた戦争だに、後始末は全部おらたちがひっかぶってるだねえ」「父ちゃん、あんたやっぱり天皇陛下に花ァあげてもらうわけにいかねえだねえ。もっとも何をどうされたところで、あんたは浮かばれもしめえがよう」と呟く。それは、「遺族への配慮」に調和することのない怒りの表出であるわけだが、逆に言えば、遺族や戦没者を心地よく抱きしめるかのような言説が、何を覆い隠してきたのかを暗示するものでもある。

四　記憶をめぐる「仁義なき戦い」

戦没兵士と顕彰の拒絶

冒頭でもふれたように、サキエはもともと「できれば天皇陛下と一緒に父ちゃんのために菊の花あげてやりたいですよ」と厚生省の担当官に語っていた。折しも、靖国神社国家護持運動が盛り上がりを見せていた時期でもあった。しかし、富樫の最期に迫っていくほど、美しい追悼や顕彰の言葉で覆い隠される軍のひずみや暴力が浮かび上がる。それは、サキエの、ひいてはオーディエンスの予期をことごとく覆すものであった。これら美しい予期によって、何が見えなくなるのか。『軍旗はためく下に』にこうした主題を読み込むことも可能であろう。

映画のラストは、上述のサキエの独白とともに、全国戦没者追悼式の写真を映し出し、バックでは君が代が奏でられる。しかし、それは一般に耳にするオーケストラ演奏ではない。エレキギターによる単音主体の演奏で、聴く者の耳を切り裂くかのような不快さを伴う音律であった。観衆の予期に反する君が代の不協和は、戦没者やサキエのような遺族の情念が調和的な心地よさには決して安住し得ないことを物語る。

これは、橋川文三「靖国思想の成立と変容」(『中央公論』一九七四年一〇月号)にも通じるものである。第一章でも述べたように、橋川は靖国神社国家護持の動きを念頭に置きながら、国家によって顕彰されることを拒むであろう死者の心情について、こう論じていた——「あの戦争の不正にめざめていた魂までを含めるなら、靖国に祀られることを快く思わないはずの「英霊」の数はもっと多くなるはずです」「靖国を国家で護持するのは国民総体の心理だという論法は、しばしば死に直面したときの個々の戦死者の心情、心理に対する思いやりを欠き、生者の御都合によって死者の魂を勝手に描きあげ、規制してしまうという政治の傲慢さが見られるということです▼25」。

そこでは、死者の遺念に寄り添う延長で、靖国国家護持への違和感が導かれている。死者を顕彰することが、彼らの苦悶や懐疑を削ぎ落としてしまう。橋川が見出していたのは、死者の美化が含み持つこれらの機能であった。『軍旗はためく下に』の主題も、同様の問題意識に連なっていた。

調和への嫌悪

このことはさらに、深作欣二監督の代表作である東映「仁義なき戦い」シリーズ(一九七三‐七四年)に重ねてみることもできよう。

一九六〇年代から七〇年代初頭にかけて、東映は鶴田浩二や高倉健、藤純子らを主演に起用し、『日本侠客伝』『昭和残侠伝』『緋牡丹博徒』といった任侠やくざ映画を量産した。昔ながらの人情共同体のような弱い組に肩入れする主人公が、強大で悪徳な組に単身で殴り込み、必ず勝ちを収めるという定型的な義理人情物語ではあったが、軒並みヒットを重ねた。これに対し、『仁義なき戦い』は、目的のためには手段を選ばず、裏切りを躊躇することもない暴力団抗争の弱肉強食ぶりを描いたことで話題になった。人々は従来の任侠やくざ映画に定型的な陳腐さを嗅ぎ取るようになり、任侠ものは一気に衰退した。

それはすなわち、オーディエンスの予期に合わせた調和性を排除するものでもあった。脚本家の村尾昭は、映画館で任侠やくざ映画を観ていたときに、「アンちゃん風の客が隣の連れに、「ヨオ、次はこうなるよ」と話」していると、実際に画面はその通りになり、その客が「（……だろう）と言ったように顔を見合わせ」ていたことを記している。▼26『仁義なき戦い』は、任侠映画につきまとうこの種の予期を覆す作品であった。

このことは、「戦争」や「死者」をめぐる予期を画面のなかで覆し続ける『軍旗はためく下に』にも重なる。映画評論家の瓜生忠夫は一九七四年の文章のなかで、『仁義なき戦い』を「続・軍旗はためく下に」と形容しながら、以下のように評している。

［『仁義なき戦い』の］広能昌三（菅原文太）が『軍旗はためく下に』の富樫軍曹に他ならぬことに注目するならば、「仁義なき戦い」は「続・軍旗はためく下に」とでもいうべき作品であることが判る。

5-13　映画『昭和残侠伝　唐獅子仁義』（1969年）ポスター

「仁義なき戦い」は、仁義すなわちモラルを喪失した日本国の社会に、戦中の皇軍をホウフツとさせる形式と内容で発生した、モラル喪失の社会の実録というわけである。[27]

もっとも、『仁義なき戦い』に比べれば、『軍旗はためく下に』はいまやさほど顧みられることのない作品である。一九七二年度のキネマ旬報ベストテン第二位を獲得するなど、当時は高く評価されたが、日本国内向けのDVDは二〇一五年秋まで制作されることはなかった。[28] また、それもあってか、研究や評論の対象として論じられることも、ごくまれであった。

深作欣二自身も、この映画を必ずしも評価していなかった。そのことは、深作がこの作品について、こう述べていることからもうかがえる――「ヒューマニズム・センチメンタルでは反戦は描けないことを知りながら、そこに落ち込んだ。擬制民主主義が形骸化されていく過程でずっこけ続けた苦さのようなものに、ごちゃごちゃと振りまわされながら、なおかつ言わなければならない、そういうものを描きたかったのだが……。ヒューマニズム的反戦の残滓がぬぐい切れなかったのが痛恨だ[29]」。

しかしながら、映画『軍旗はためく下に』において「戦争の記憶」をめぐるさまざまな予期が覆されるプロセスは、公開から約半世紀を経過した今日もなお示唆深いものがある。死者に寄り添うかのような美化が、逆に死者の口を封じ、調和的な「継承」が、当事者の語りがたい怨念や背景の史実を後景化する。この映画は、オーディエンスの予期をずらしたり覆したりしながら、「戦争の語り」をめぐるこれらのパラドクスを照射する。

戦後七〇年余を経て、「記憶の継承」の切迫感は多く語られるが、懐疑を欠いた死者や体験者の称揚は、かえって忘却を後押しするものでしかない。それは、しばしば証言を抑制してきた「遺族への配慮」と変わるところはない。遺族の情念に焦点を当てながら、記憶をめぐる「仁義なき戦い」を描いたこの映画は、今日の「継承」をめぐる欲望をも映し出している。

「『わだつみのこえ』を書いた人は非常に偉い。いいところがあるのだけれども、フーテンにも及ばないところが、やはり一点あるのだな」[1]――鶴見俊輔は、一九六八年のわだつみ会（日本戦没学生記念会）夏季大学の講演のなかで、こう語っている。

一九四九年に刊行された戦没学徒遺稿集『きけわだつみのこえ』は、年間第四位（一九五〇年）のベストセラーになっただけでなく、その後も版を重ね、ロングセラーとなった。一九八二年には岩波文庫に収められ、「戦争の記憶」「反戦」を語るうえでの正典的な地位を獲得している。

だが、鶴見俊輔はそこに浮かび上がる学徒兵像に懐疑的だった。戦没学徒たちと同世代（戦中派）の鶴見は、アメリカ留学を経て、戦時期を海軍軍属としてジャワで過ごした。戦後は、第二次わだつみ会の再建・運営に、安田武らとともに関わっている。わだつみ会は、言うまでもなく、『きけわだつみのこえ』の刊行を契機に、元学徒兵や遺族らを中心に結成された反戦平和団体である。

にもかかわらず、鶴見はなぜ、「反戦」のシンボルと目されるような学徒兵像に距離を置いたのか。本章は、この点に着目しながら、鶴見の戦争体験論について考えてみたい。

「わだつみ」批判と教養主義

『きけわだつみのこえ』への批判は、ベストセラーとなった刊行当初にも見られないわけではなかった。とくに、敗戦を三〇歳前後で迎え、青年期に自由主義やマルクス主義の思想にもふれていた戦前派知識人やそれより上の世代には、そうした傾向が顕著だった。一九一三年生まれの荒正人は、一九四九年に『きけわだつみのこえ』を評した文章のなかで、「この手記を残した青年たちが最高の教育を受けたとはいいながら、その文章とか教育などがおしなべて平和な時代の中学上級生のそれに近」く、「小学校のときから戦争のなかに投げこまれていたかれらの教育水準がこれほどひくいものになつている」ことに驚いている[2]。

ギリシャ哲学者の出隆も、「「わだつみのこえ」になにをきくべきか」(一九五〇年)のなかで、「本当に私の痛ましく思つたのは、あの眼界の狭さである。広く世界の情勢に気をくばつていたものは、ほとんどいない」「かれらには「自己」とか「自我」とか「個性」とかの自由や悩みはありあまつていても、その投げこまれている世界戦争の展開を通して支配している大きな法則それ自らを、この法則が戦争を支配しているということを、「考える」などというゆとりはなかつたであろう[3]」と記していた。

そこには、教養に欠ける学徒兵への批判的な視線が浮かび上がる。もっとも、それもある意味では当然であった。終戦時点で二〇歳前後の学徒兵世代(戦中派)[4]は、戦時体制下に青春期を送っていた。折しも教養主義が衰退していた時期であり、彼らが自由主義やマルクス主義にふれる機会は乏しかった。そこには、数多の思想書・哲学書にふれ得た年長世代の教養体験との大きな隔絶があった。それだけに、彼らは教養豊かな年長知識人たちに、「事変後の学生」（満州事変以降に青春期を送った世代）と呼ばれ、その「無教養」を蔑まれがちだった。荒や出の「わだつみ」批判も、戦前派知識人である彼らの学徒兵世代に対するこうした認識に通じるものであった。

加害責任の問題

これに対し、鶴見の戦没学徒への違和感は、異なる視角に根ざしていた。鶴見は「平和の思想」（一九六八年）のなかで、以下のように述べている。

『きけわだつみのこえ』は、戦前にいくらか軍国主義以外の教養に接することのできた学徒兵が、平和への心の傾きを示しながら戦争に殉じる記録である。これらの学徒兵の手紙には、平和への願望が語られているにもかかわらず、平和であった時代にさえも日本が朝鮮、台湾、中国にたいして続けて来た不当な支配についての自覚と反省が見られない。このことは、学徒兵を支えた平和の理念が、動的なものになり得なかった原因を示している。この十五年戦争以前のいわゆる平和が、どれほどの屈従と飢えと貧困とを植民地の人々にしいて来たか、また国内の人々にしいて来たか、そこからかれらの国家を見ることができたならば、かれらはその国家に奉仕する自分の献身の姿勢を美化することに終らなかっただろう。[5]

ここでは、明らかに加害責任や植民地主義の問題が意識されている。一九八〇年代半ば以降になると、わだつみ会のなかでも学徒兵の戦争責任が積極的に取り上げられるようになるが、鶴見の議論は、言わばそれを二〇年以上まえから先取りするものであった。

もっとも、拙著『「戦争体験」の戦後史』でもふれたように、すでにこの時期から「被害者意識」への批判はいくらか見られた。ある大学生は、わだつみ会主催の座談会「わだつみ会の今日と明日」(一九六四年)のなかで、「わだつみ会の根底に一つは被害者意識というものがあると思うのですが、戦争体験を被害者意識だけで受けとめることに非常に疑問があるわけです」「やはり自分の方に責任のとり分があるんじゃないか。そういう面を全く度外視して、戦争に置かれた国民全体の立場を知識人がとらえてゆけるかどうか」と語っていた。▼[6]

これらの議論は、戦中派世代への批判を含むものでもあった。安田武をはじめとした戦中派知識人は、語りがたい苦悶や恥辱に満ちた戦争体験にこだわり、それを安易に「反戦」の政治主義に結びつけることを嫌悪した。だが、ベトナム反戦運動や大学紛争を担っていた若い世代にとって、こうした姿勢は彼らの運動を否認し、戦争体験を戦中派が占有するかのよう映った。先の大学生の「被害者意識批判」も、安田ら戦中派世代を念頭に置いたものであった。

もっとも、それは一面では、戦場で手を汚すことがなかった世代の特権でもあった。べ平連(「ベトナムに平和を!　市民連合」)事務局長だった吉川勇一は、一九七一年に、「若い人びとの批判を聞いていると、「自分も自己批判した上で」という一言をいっただけで、あたかも自分が在日朝鮮人の立場や被差別部落民の立場に立ちえたかのように、他の人びとへの告発や糾弾を開始する(ように思える)傾向」があったことを指摘している。作家の小田実も、「重い口をひらいて被爆者がようやく過去の苦しい体験を話し出そうとすると、「おまえは加害者の自分を忘れている」と声高にくってかかる若者の精神のありよう」に批判的だった。▼[7]「加害」を問うことは、一面では、それを語る自己を批判が及ばない安逸な位置に置くことでもあった。

悔恨と批判の結節

鶴見の「わだつみ」批判は、これとは異なるものであった。むしろ、鶴見の議論は、戦時期の自らの体験と悔恨に根ざしていた。

ハーバード大学に留学していた鶴見は、一九四二年三月、身に覚えのないスパイ容疑で連邦警察に連行された。日系アメリカ人が収容所に送られつつあったなか、鶴見が無政府主義関係の文献を読んでいたことが、その一因であったとされる。ただ、鶴見はそこでは「反戦」を主張することはできた。三カ月の収監ののち、日本に送還されると、鶴見は徴兵検査を受け、海軍軍属としてジャワに送られた。当然、そこは鶴見が学生時代を過ごしたアメリカとはまったく異質な環境であった。鶴見は、この時期のことを回想して、「アメリカの牢屋よりも日本の一般社会の方がこわい。まして軍隊というのは非常にこわい所だったので、私は自分の反戦思想を口に出すことも出来なかった」と述べている。[8]

鶴見はそこで慰安所の仕事を担当させられ、また、出稼ぎに来ていた中立国インドの男性二人が「スパイ容疑」で処刑されたことも見聞きしていた。それらに反対すれば、銃殺など身に危険が及ぶことは必至であったとはいえ、そこで何もなし得なかったことは、鶴見に深い悔恨を抱かせた。

アメリカで学生生活を過ごしただけに、鶴見は「第二次世界大戦での日本の立場が正しいと思ったことはなく、日本が負ける以外の終末を考えることはできなかった」が、同時に「戦争反対のための何らの行動をおこすこと」もなかった。[9] そのときの心境について、のちに次のように回想している。

それは、怠けぐせとか、物理的勇気の欠如というのとも少しちがう。というのは、物理的な苦痛としてはかなり痛い目にあって、ともかくも耐えたし、軍からあたえられた雑用を必要以上に勤勉にやったからだ。自分の信じていない戦争目的のために、その仕事が直接に殺人に関係しないとはいえ、勤勉にはたらく自分がバカらしくて仕方がなかった。その勤勉なはたらきが、政府の命令にそむく行動の方向には、むかないのだった。そういう行動の起動力となる精神のバネが欠けていた。[10]

鶴見の「わだつみ」批判は、「勤勉なはたらきが、政府の命令にそむく行動の方向には、むかな」かったことの悔恨に根ざすものであり、批判の矛先は自らにも向けられていた。

カウンター・クライム

そこから見出されたのが、「カウンター・クライム」であった。[11] 鶴見は、植民地・占領地住民に暴力を振るい、また、学徒兵たちを意に沿わぬ戦闘の犠牲へと駆り立てる国家の犯罪を「原犯罪（オリジナル・クライム）」と規定する。それに対し、そうした国家の原犯罪に抵抗するという犯罪をあえて犯すことを「反対犯罪（カウンター・クライム）」と表現した。そのうえで、学徒兵たちは、「カウンター・クライムをもって立上がって当然なんだ、そうでなければ、自分は国家の原犯罪に対して加担することになるという意識」が欠如していたことを、鶴見は指摘する。

彼らはひとりひとり飛行機に乗って突込んでいったのですから、勇気を必要としたでしょう。しかし、その中にはある種の精神の卑怯さというものが隠されていたことも事実です。自分一人で立って国家に対して反対犯罪を挑むというふうな姿勢が、彼らに欠けていた。それは肉体的な勇気の欠如じゃなくて、ある種の精神的な勇気の欠如です。[12]

鶴見にとって、特攻に赴く学徒兵の「肉体的な勇気」は、「カウンター・クライム」を犯し得ない「精神の卑怯さ」のあらわれであった。

では、彼らが「カウンター・クライム」を犯し得ない理由は何だったのか。それは、学徒たちの「優等生」性とそれに起因する「順法精神」であった。第五章でもふれたように、鶴見は「戦争と日本人」(一九六八年)のなかで、「彼らはおそらく小学校のときからずっと優等生であったでしょう。つねに法に服してやってきた。自分はほめ者になりたいというある種の誘惑をしりぞけることができなかった。この誘惑と戦うことは、相当にむずかしいんです」と述べていた。[13] 鶴見は、つねに「優等生」であった学徒兵たちの自負のなかに、疑念を抱きつつも、それを突き詰めるのではなく、国家の要請に応じることで生を意味づけようとする機制を見出していた。

優等生と教養の規範

「優等生」であることを否定的に見る姿勢は、見ようによっては、教養主義と重なる側面もあった。教養主義は、学校の正規カリキュラムとは別の読書を重んじていた。つまり、試験勉強や就職といった実利のための読書ではなく、あくまで、古今東西の文学・哲学・史学の古典の読み込みを通じた人格陶冶の規範が、教養文化の価値観の根底にあった。[14]

それは、旧制高校に入学するために過酷な受験勉強を経てきた学歴エリートたちが「ガリ勉ではない」

ことを自己呈示するための手段であった。教養主義においても、人格主義なりマルクス主義なりの文献の読破という、非公式ながらも確固たるカリキュラムが存在し、そこでの読書は「ガリ勉」的な行為ではあった。だが、少なくとも、教養主義者やその影響圏にあった学生たちは、「優等生」であることには否定的な身振りをとっていた。教養は、彼らが学歴エリートでありながらも「点取り虫」ではないことを暗示させる衣装であった。

さらに言えば、「カウンター・クライム」を重んじる姿勢も、一面では、教養主義に連なるように見えなくもなかった。内省に重きを置く大正教養主義に対し、大正末期・昭和初期には社会民主主義・共産主義の影響を受けた教養文化が見られた。いわゆるマルクス主義的教養主義や河合栄治郎に導かれた昭和教養主義がそれにあたる。これらは、社会改良志向を欠いた大正教養主義に批判的だった。また、戦後、反戦運動に近づいた大学人・学生も、政治への接近に否定的なオールド・リベラリスト（大正教養主義知識人）とは対立的な関係にあった。[15]

このような見方は、戦没学徒に対するネガティブな評価にもつながっていた。出隆は先の「「わだつみのこえ」になにをきくべきか」のなかで、戦没学徒の「眼界の狭さ」を指摘し、戦争の社会科学的な要因に思い至らない彼らを批判している。この認識は、戦没学徒のなかに、「カウンター・クライム」の欠如を見出した鶴見の議論にも、表面的には似通うものがあった。

「順法」への違和感

だが、鶴見の見方に立つならば、むしろ、戦後のマルクス主義的教養や出隆らの議論は批判の対象になるはずだった。鶴見が言うには、「カウンター・クライム」を選び取ることは、たとえば「キリスト教だからダメなんで、やっぱりマルクス主義で、と安易に乗換える」ことではない[16]。そこでは、「法」自体が変わっただけで、「順法精神」は依然として保持されている。鶴見は戦前・戦後の教養主義に言及するわけではないが、戦中に国家に異議申し立てをしなかったばかりか、戦後に彼らが信奉したマルクス主義の観点で戦没学徒たちを断罪するスタンスは、どう見ても、「カウンター・クライム」よりは「順法精神」に近いものであった。

そもそも、「わだつみ」の教養の不足を指摘していた出隆らは、戦時においては戦意を鼓吹する議論を少なからずものしていた。出は、一九四四年三月に『詩人哲学者』を出しているが、その冒頭のエッセイ「序に代へて――水の盃を出陣の学徒諸君に献ぐ」のなかで、学徒出陣する大学生たちにこう語りかけている。

もう何も言ふことはない。ただお願ひが一つある。諸君、美しく死んでくれ給へ。これが私のただ一つの願ひである。プラトンは、真の最大の学問をば死の準備であり死ぬ演習であると、死ぬ日のソクラテスをしてさう語らせてゐる。諸君は殊に最も真の学問をやられた諸君である。今まで諸君は死の準備を、死ぬ稽古をして来られたのである。諸君にはすでに、美しく貴い死への用意は十分である。偉大なる生にまで死ぬる稽古は一と先づ終つた。今こそ実地に、美しく鮮かな死を死にきつて戴きたい[17]。

出隆は一九六三年に記した自伝のなかで、「愛国者ぶるソクラテス」が跋扈する戦時下において、自らが思うところを「真のソクラテス」のように堂々と語れなかったもどかしさを記していた[18]。だが、この記述においては、これから出征していく学生、つまり「わだつみ」に向けて、国家の命じるままに毒杯をあおぐソクラテスを称えている。戦前と戦後では、戦争に対する評価は異なっているわけだが、それも言うなれば、その時々の「正しさ」に則る「優等生」的な思考である点で、共通するものであった。

戦後の「正しさ」を振りかざす「優等生」への反感は、他の戦中派にも少なからず見られた。一九二二年生まれの鶴見よりは年少だが、戦争末期を陸軍幼年学校生徒として過ごした文学者・加賀乙彦（一九二九年生まれ）は、復員後、旧制都立高等学校に転入学したが、そのときのことを回想しながら、「自分が戦争中から〔軍学校生徒ではなく〕高校生であったというだけで反戦主義者と自称し意地悪く私を追及する学友たちの姿」への違和感を綴っている。また、加賀は天皇制批判を行う共産主義者に一定の共感をもった一方で、「自分たちのグループを一段高い者としてその他の人々を見下す態度、あまりにも自信に充ちた粗野な言動」には、「戦争中の軍隊と類似した徴候」を見出し、嫌悪感を抱いた。[19] 戦後の「反戦」の規範は、戦前・戦後を貫く「順法精神」や「優等生気質」とも分かちがたく結びついていた。

「わだつみ」と「ベトナム」の架橋

「カウンター・クライム」を問う鶴見の議論は、戦時期を考えるにとどまったわけではない。それは同時に、当時のベトナム反戦運動を問うことでもあった。鶴見は「ベトナムに平和を！　市民連合」（ベ平連）の活動を通じ、小田実らとともにベトナム戦争に反対する運動や脱走アメリカ兵の支援を進めていた。そこで鶴見の念頭にあったのは、運動を単なる「ヴェトナム人が可愛想だとか言う程度」の「ヒューマニズム」からどのようにして実行力と持続力のあるものに転じていけるか、という課題であった。

今の単なるヒューマニズム、単なる人道主義がいけないのではなくて、戦争の責任は誰が負うのか、自分はどの程度、負うているのか、そう言うふうな問題の自覚と、この問題を追求する用意、誰かが戦争責任を追求すれば必ず自分にもはね返って来ますし、皆んなからいい顔をされる事はない。それを敢えて見直す覚悟があれば、それは人道主義そのまま、相当に持久力のある反戦運動になると思う。[20]

鶴見俊輔は、「わだつみ・安保・ヴェトナムをつらぬくもの」（一九六八年）のなかで、こう述べている。「単なるヒューマニズム」を「相当に持久力のある反戦運動」へと架橋するために必要なのは、国家の「原犯罪」に自分がどれだけ関与しているのか、つまり自己の戦争責任を問う「覚悟」であった。それは、脱走アメリカ兵であれば、「自分達がこれだけ裕福な国でありながら、どうしてヴェトナムに攻め入るのか」という問題から「自分達の責任」「自分達政府の責任」を追及することであったし、日本人であれば、米軍への施設提供や後方支援の形で、どのようにベトナム戦争に関わっているのかを問い直すことであった。

順法精神のゆさぶり

そのような自己への問いかけを可能にするのが、「順法精神」へのゆさぶりであった。鶴見俊輔はアメリカ大使館や首相官邸に座り込みをすることの意図について、「すわってはいけないというところへ行ってすわりたい。［中略］すわることによって、ある仕組みで育ってきた自分の順法感覚というものを、ときどきこわしていく。それが必要な気がする。つまり、順法の反射をつねに新しくこわすために、そういうことをやりたい[21]」と述べている。

逆に言えば、ベトナム反戦運動の高まりのなかで、鶴見は「わだつみの手紙にあると同じように、わだつまれてしまう」ことへの危機感を募らせていた。鶴見は一九六八年のわだつみ会夏季大学の講演のなかで、次のように語っている。

わだつみは美しいんですけれどもね。ここにあるものはすべて美しいんだけれども、法を破ることを恐れまいとして、フーテンさえもいま持っているものを、持ってない者があるんですよ。フーテンがあらゆる面で『わだつみのこえ』を書いた人よりも偉い、というんじゃないですよ。『わだつみのこえ』を書いた人は非常に偉い。いいところがあるのだけれども、フーテンにも及ばないところが、はやり一点あるのだな。[22]

鶴見は、『きけわだつみのこえ』を全否定するわけではなく、死をまえにして昇華された心情の「美」を、一応は認めている。にもかかわらず、エリート学徒たちに「フーテンにも及ばない一点」があったことを重く見ていた。その一点は、学徒兵や戦闘地域住民に「十五年戦争」の惨禍をもたらしたものであったし、ひいてはベトナム反戦運動の成否を決めるものでもあったのである。

戦中派の情念と規範の相対化

「坊主の会」の営みも、こうした思考の延長にあった。戦中派世代の鶴見俊輔、安田武、山田宗睦の三人は、一九六二年から一五年にわたり、毎年、八月一五日にそろって理髪店に出かけ、そのうちの一人が坊主頭になるということを続けていた。

坊主頭になることは「戦争のころのことをこの一日でも思いだそうという気もち」に根ざしていた。だが、鶴見は、同時に「頭の毛がはえそろうまでの三ヵ月ほど、今の時代にとけこめない妙な感じがつきまとう。こんなふうに生きていいのかと、いやおうなしに一日のいろいろの時刻に思う」ことを重く見ていた。それはすなわち「順法の反射」をこわすことにつながるものであった。[23]

一九三一年から一九四五年にかけて中国侵略からはじまる十五年間の戦争をおしすすめた人びとは、敗戦にもかかわらず、今もそのまま日本の政府の指導者としてこの国家を動かしている。

この人びとの命令に、はっきりと立って、「いやだ」と言いきることなく、戦争に出ていった時の私自身の姿を、丸坊主はもう一度、私にもどしてくれる。丸坊主・丸裸の姿で、徴兵官の前にたった時の私。その無力な私から、どれほど今、へだたっているか。ペンをもって、平和について今書くことができるとしても、そんなことで、あのころの無力な自分が今はちがった自分になっているとは言えない。

たえず、あの不安な丸裸の自分を自分の中によびさまし、そういう不安と無力な自分であるままにもう少しはっきりと、このむごい戦争勢力にたいしてゆきたいとねがう。[24]

鶴見は、『蛍雪時代』（一九七一年八月号）に寄せたエッセイ「坊主」で、こう記している。戦後の価値規範のもと「ペンをもって、平和に

6-1　最後の「坊主の会」(1976年8月15日)。左から、山田宗睦、一人おいて安田武、鶴見俊輔

ついて今書くことができる」状況に安逸を覚えるのではなく、「不安と無力な自分」を直視した先に、状況に抗う術が構想されている。

「坊主の会」は一九七六年に終わったが、その後も、鶴見と安田、山田は、毎年八月一五日に、伊豆などに泊りがけで集まり、戦争体験や戦後のありようについて語り合うことを恒例とした。その記録は、安田武に近しい人々が発行した同人誌『以悲留』(安田武をイビル会)に掲載されている。一九八二年の集まりの際には、安田武が前日三九度の高熱を出しながらも、無理を押して出席していた。安田を含め彼ら三人が、どれほどこの会を重んじていたかがうかがえる。それも、「平和」な戦後において、違和感を確認し続ける営為だったのであろう。

鶴見が「坊主」という文章を公にしてから、約半世紀が経過した。日米安保体制は「日米同盟」と言い習わされ、集団的自衛権の行使が容認されるに至っている。大学は「選択と集中」という名の新自由主義にさらされ、批判的な知ではなく「実学」や「グローバル人材」に重きが置かれようとしている。かつて「盟邦ドイツ」が叫ばれ、戦時体制に資する理工系の実用知が優先された時代を、どこかしら彷彿とさせないわけでもない。こうした時代の「正しさ」への違和感を持続させ、「カウンター・クライム」を自らの勇壮さに酔うことなくいかに構想するのか。

「ペンの上での大言壮語からはなれたいというのが、この一年一度の丸坊主の行事に私の託す心だ」[25]――先の引用に続くこの一節は、戦時期やベトナム反戦をめぐる問いであるのと同時に、「ポスト戦後七〇年」をめぐる問いでもあるのかもしれない。

III

社会の力学――「無難さ」の前景化と現代

かつて陸軍特攻基地があった鹿児島県知覧（現南九州市）は、戦跡観光の場として、多くの来訪客を集めている。なかでも、知覧特攻平和会館は、その中心的な存在である。特攻隊員の遺書や遺品を展示したこの資料館は、年間来場者数が六〇万を超えることも珍しくない。二〇〇三年には七三・五万人を記録している。二〇一六年に起きた近隣の熊本地震の影響で、近年は四〇万人弱に低下しているが、それ以前の三年間の平均は約五二・六万人である。[1] その数は、交通アクセスのよい広島平和記念資料館（二〇一六年度：一七四万人）には比べるべくもないが、従来より修学旅行生が多く訪れる長崎原爆資料館（二〇一六年度：六八万人）やひめゆり平和祈念資料館（沖縄県糸満市、二〇一六年度：五八万人）の年間来館者数に匹敵し、東京・九段にある昭和館（二〇一六年度：三五万人）のそれを大きく上回っている。

知覧は周辺に目立った観光地もなく、何より交通アクセスのよくない立地にある。鹿児島市内から車で一時間半ほどを要し、今日でも公共交通機関としては路線バスが一日に八本程度あるにすぎない。沖縄・糸満市のひめゆり平和祈念資料館はさておき、都心に近く、電車・地下鉄で行くことができる広島平和記念資料館や長崎原爆資料館、昭和館とは大きく異なる。そのことを考えれば、その来館者数の多さは際立っている。それもあって、「特攻の町・知覧」という形容が人口に膾炙している。

しかし、知覧は戦後の初期から、特攻戦跡の町であったわけではない。知覧は戦前期から全国屈指の茶の産地であっただけに、太平洋戦争開戦と時を同じくして開所された陸軍飛行場は終戦後、すぐに撤去され、早々に茶畑・芋畑へと「復員」した。一九五五年には特攻平和観音堂が建立されたが、それはあくまで、かつての陸軍航空部門最上層部の発意によるものであり、地域で広く受け入れられていたわけでもなければ、慰霊祭のようなイベントが町報で大きく扱われることもなかった。

そもそも、特攻出撃は知覧住民の戦争体験ではない。沖縄戦は沖縄住民が広く体験したものであり、被爆体験にしても、広島・長崎の市民に広く共有されていた。それに対し、知覧の場合は、陸軍特攻基地があったとはいえ、現地住民が出撃したわけではない。特攻出撃したのは、あくまで全国各地から集められた陸軍パイロットたちであった。[2]だとすれば、地域住民の体験でもないものが、なぜ、そして、いつから「地域の戦争の記憶」となったのか。

むろん、戦時期に特攻基地があった以上、特攻出撃と地域社会が無関係だったわけではない。基地への勤労動員に地元中学生・高等女学校生（旧制）が駆り出されたり、特攻隊員が基地近隣の食堂で休暇を過ごすことも多かった。だが、知覧で語られることの圧倒的に多くは、特攻隊員の出撃をめぐる事柄であって、勤労動員のような地域住民の体験ではない。[3]

さらに言えば、その「記憶」のありようは、決して一枚岩ではない。二〇一五年、南九州市（旧知覧町）は特攻隊員遺書の世界記憶遺産申請を見据え、アウシュビッツ収容所跡があるオシフィエンチム市（ポーランド南部）と友好交流協定を結ぼうとした。ともに「平和」を訴える都市であることが、その理由であったわけだが、それは特攻隊員遺族らの強い抗議により、実現しなかった。その是非は措くとしても、そこには、「特攻の記憶」をめぐる知覧（南九州市）と遺族との齟齬を見出すことができる。では、知覧が「特攻の町」として広く知られるようになるなかで、「記憶」をめぐるいかなる不調和が見られたのか。それは、戦跡観光のなかで、どのように回収されたのか。

本章は、こうした問いを念頭に置きながら、知覧が特攻戦跡の場として創られるプロセスと、そこにおける記憶のねじれを歴史社会学的に検証する。そのうえで、広島や沖縄等の戦跡構築プロセスとも比較対照しながら、現代日本における戦跡観光のポリティクスを浮き彫りにしたい。[4]

知覧戦跡の構築過程については、すでに拙著『「戦跡」の戦後史』（岩波現代全書、二〇一五年）でも考察している。[5]しかし、そこでは上記のような一九九〇年代以降の動向は扱えなかった。後述するように、一九七〇年代までの知覧戦跡観光は、総じて戦友会や遺族関係者に支えられていたのに対し、一九九〇年代以降は修学旅行や一般観光の来訪者が大多数を占めるようになった。では、そこにどのような連続性があるのか。そこにいかなる社会背景やメディア（戦記ブーム、映画など）のインパクトが関わっていたのか。これらを念頭に置きつつ、特攻戦跡の構築プロセスを検討していきたい。[6]

一　忘却される「特攻」

遺構の埋没

一九四二年三月、知覧町に太刀洗陸軍飛行学校知覧分教所が開所された。薩摩半島の南端部に位置するこの施設は、日本本土最南端の陸軍航空基地であった。それもあって、沖縄戦の際には、多くの特攻機が出撃した。その数は、沖縄戦での全特攻戦死者一〇三六名（陸軍）のうち、四割以上に及ぶ四三九名（中継基地となった徳之島・喜界島を含む）に達している。知覧は文字通り、戦争末期における最大の陸軍特攻基地となった。[7]

とはいえ、先述のように、特攻出撃したのはあくまで陸軍パイロットたちであって、知覧住民ではない。むろん、基地での勤労動員に駆り出された住民は少なくなかった。だが、あくまで、彼らの戦争体験は基地での作業や空襲下を逃げ惑った体験であって、特攻出撃ではない。

そもそも、知覧町と特攻基地は戦時期において、調和的な関係性にあったわけではない。たしかに知覧町上層部のなかには、基地誘致に熱心な者もないではなかった。飛行場が建設されれば、経済が活性化し、雇用創出も見込まれるためである。しかし、それは同時に茶業従事者への打撃を意味した。

一九三四年の全国品評会では農林大臣賞を受賞し、一九三八年には知覧の紅茶が天皇に献上されるなど、知覧は日本有数の茶の産地であった。陸軍飛行場が建設される木佐貫原には、農林省指定の紅茶試験を引き受けていた県立知覧茶業分場が置かれていた。これらは当然ながら、航空基地建設に伴い、移転や廃業を迫られた。[8] 陸軍が提示した土地買収価格も驚くほど安く、さらには「祖母親子六人、牛一頭、電気もない、水もない、台所もない、いろりもない、只雨しのぎの家があるだけ」「痩せた開墾地は人の半分の収穫も無い、わずかに獲れても家族の口には入らず全て供出だった」という回想もある。[9] 知覧の主要産業で

7-1　茶畑・芋畑と自動車教習所に様変わりした旧知覧基地跡（1965年）

ある茶業に従事する人々にしてみれば、航空基地建設は彼らの生活を脅かすものでしかなかった。だとすれば、終戦を迎えて早々に基地施設が撤去されたことは当然であった。旧飛行場内の庁舎や兵舎は戦後すぐに解体され、空襲で焼けた民家の建築資材として利用された。基地一帯も茶畑や芋畑となり、一九四七年にはその地に農林省知覧茶原種農場が創設された[10]。

それは、広島や沖縄のような他の戦跡地と比べると、明らかな対照をなしている。これらの地には、原爆ドームや陸軍病院第三外科壕跡のような遺構が残されており、戦跡観光の主要な資源となっている。しかし、知覧では旧軍関連施設が終戦とともに撤去された。言うなれば、戦時に「動員」された知覧は、以前の状態に「復員」したわけだが、それに伴い、「特攻」の遺構は茶畑の地中に埋め立てられたのであった[11]。

もっとも、こうした状況は知覧に特異なものであったわけではなく、むしろ一般的なものだった。終戦後の復興と膨大な数の復員者の存在を考えれば、知覧に限らず、旧軍施設や焼跡は早々に畑や住宅に変える必要があった。原爆ドームにしても、市中心部にある巨大な瓦礫であり、しかも崩落の可能性もあっただけに、戦後初期には国の予算を使って撤去しようとする動きもあった[12]。その意味で、知覧で遺構が残されなかったのは、ごく当然のことだった。

「特攻」に対する「地域の英霊」の優位

とはいえ、戦後の早い時期の知覧において、「特攻」がまったく思い起こされなかったわけではない。特攻平和観音堂（以下、特攻観音（堂）と略記）の建立は、そのことを考えるうえで重要である。この観音堂は、元陸軍大将・河辺正三（戦争末期の陸軍航空総軍司令官）や元陸軍中将・菅原道大（第六航空軍司令官）、元第六航空軍参謀・羽牟慶太郎らの発意で、戦没した陸軍特攻隊員を追悼すべく、かつて陸軍特攻基地があった知覧町木佐貫原に、一九五五年九月二八日に建てられた。

折しも、サンフランシスコ講和条約の発効（一九五二年）から間もない時期であった。GHQ占領下では、国家主義的な言説や旧軍の賛美につながりかねない議論は、総じて抑え込まれる傾向があった。しかし、占領が終結すると、それまでの反動で、占領軍批判や東京裁判批判、旧軍懐古の言説が多く見られるようになった。忠魂碑の建設も、各地で多く進められた。特攻観音堂の建立が企画され、実現したのも、こうした社会状況下であった。

しかし、これが知覧町ですぐに受け入れられたとは言いがたい。当時の新聞によれば、建立の実務を担った羽牟慶太郎は「笑つて死んで行つた若い戦士たちの魂をせめて私だけでも慰めたいと思い、又一面再びこの悲劇をくり返すことがあつてはならぬと思い、特攻観音像の建立を思い立」ち、知覧町周辺の名士に働きかけたが、「敗戦の責任を問う冷い民衆の耳は、この話にかす筈もなく、又話の意図は諒解出来てもときがときだけに、にわかに賛成出来ぬ社会情勢のために、協力を寄せる知名士の数も少かつた」という[13]。「特攻の記憶」は当時の知覧において、受け入れやすいものではなかった。

占領終結後に旧軍賛美の言説が一定見られたとはいえ、戦後一〇年も経過していない時期であっただけに、戦争賛美につながるかのような議論への警戒は、まだ大きなものがあった。反戦色が際立つ戦没学徒遺稿集『きけわだつみのこえ』（一九四九年）を暗に批判し、「散華して行かれた」特攻隊員の「もつと坦々とした、もつと清純」な心情に焦点を当てた海軍飛行予備学生第十三期会編『雲ながるる果てに』（一九五二年）や翌年の同名映画には、「いま徒らに彼らの姿を称揚していゝものであろうか」といった批判も見られた[14]。知覧における特攻観音の評価も、こうした時代状況を映すものであった。

さらに言えば、当時の知覧において「特攻」は、「地域の英霊」に比べれば、はるかに存在の薄いものであった。護国神社と特攻観音堂の関係性が、そのことを物語っている。

靖国神社は国の戦没者を広く祀るものであるが、それに対し、護国神社は地域の戦没者を祀るものである。知覧町にも戦前期から、町中心部近くに護国神社が建てられていた。だが、知覧町護国神社は、町営住宅造成などの影響もあり、一九五九年に旧飛行場跡地に移設された。さらに言えば、そこは特攻観音堂のすぐ隣に位置する場所であった。しかし、そのことは、「特攻」が「地域の英霊」とともに顕彰されるようになったことを意味するものではない。県道から護国神社および特攻観音に向かう道路の入り口には参道碑があるが、そこには「知覧町護国神社参道碑」と彫られている。護国神社が特攻観音よりあとに移設されたにもかかわらず、当時、その一帯は「特攻の地」というよりは「地域戦没者を祀る場」として意識されていたことがうかがえる。そもそも、知覧町の戦没者の圧倒的大多数は、陸軍の下士官兵であった。彼らを追悼する場が、町内唯一の陸軍施設であった旧飛行場跡に移設されたことは、決して不思議ではない。

7-2　特攻平和観音堂（1955年）

慰霊祭日の設定にも、特攻観音に対する護国神社の優位性を読み取ることができる。護国神社が旧飛行場跡に移ったことに伴い、慰霊祭は隣接する特攻観音と同日に執り行われるようになった。その日付はもともとの護国神社の慰霊祭日である七月二八日とされた。特攻観音の建立は一九五五年九月二八日なので、「特攻」に重きが置かれるのであれば、九月二八日に護国神社との合同慰霊祭が行われてもおかしくはなかったが、実際には護国神社の慰霊祭日が優先された。[15] 護国神社が特攻観音堂よりも優位にあったことがうかがえる。「特攻」は「地域の戦争の記憶」を象徴するものではまったくなかった。

二　「特攻の町」の発見

特攻饅頭

しかし、一九六〇年代後半にもなると、こうした状況に変化が見られるようになった。知覧町広報紙『町報ちらん』には、護国神社と特攻観音の合同慰霊祭が毎年扱われていたが、一九六〇年代半ば以降になると、その扱いが大きくなっただけでなく、「特攻」への言及が加速的に増していった。[16]『町報ちらん』(一九六六年八月)には、「護国神社、特攻観音夏祭り」と題した記事があるが、そこでは、「祭典には、元特攻隊員、東京都の柴田信也さん、町遺族会など約三〇〇人が集まり、大空に散った特攻隊員一千一一五柱のめいふくを祈った」ことが記されている。特攻の死者の追悼とともに、町民と「特攻」の親和性が浮かび上がる。

時を同じくして、少飛会・特操会(それぞれ陸軍少年飛行兵、陸軍特別操縦見習士官の戦友会)など、戦友会関係者の来訪も急速に増えていった。一九六四年の慰霊祭には、河辺正三や菅原道大のほか、鹿児島県内一二名の元少年飛行兵が出席した程度だったが、一九六九年にもなると、百数十名にのぼる元少年飛行兵たちが参列した。[17] 元隊員たちが、陸上自衛隊音楽隊の演奏に合わせて「同期の桜」「加藤隼戦闘隊」といった「なつかしい軍歌」を合唱したことも、毎年のように大きく報じられた。[18]

それはすなわち、特攻観音堂が戦跡観光の場としてせりあがってきたことを物語る。多くの戦友会関係者が、慰霊祭出席もかねて特攻観音を訪れるようになったことで、特攻観音ひいては、旧飛行場跡は戦跡巡拝の対象として見出されるようになった。そのためであろうか、戦争関連の写真を多く収めた『毎日グラフ臨時増刊号　続日本の戦歴』（一九六五年一一月号）には、当時の知覧町の「特攻饅頭」「平和観音せんべい」の看板が紹介されていた。特攻の死者を想起させる饅頭がどのような味であったかまではわからないが、少なくとも、特攻平和観音堂や旧特攻基地跡が観光名所となり、それにちなんだ土産物が売り出されるほど、「特攻」は知覧町のシンボルとして位置づけられるようになっていた。

7-3　知覧を訪れる戦友会（撮影日不詳）

7-4　「特攻饅頭・平和観音せんべい」の看板（1965年）

「他者の記憶」の逆輸入

それにしても、なぜ一九六〇年代後半になって、知覧は特攻戦跡の地として位置づけられるようになったのか。

ひとつには、メディアの動向があった。当時、出版界は戦記ブームに湧き、小泉信三『海軍主計大尉小泉信吉』（一九六六年）や阿川弘之『山本五十六』（一九六五年）、海軍飛行予備学生第十四期会編『あゝ同期の桜』（一九六六年）などが大ヒットしていた。それと歩調を合わせるように、戦争大作映画が量産された。宮城事件（ポツダム宣言受諾と玉音放送の実施に反対し、陸軍青年将校らが軍上層部や閣僚を襲撃したクーデター未遂事件）を扱った岡本喜八監督『日本のいちばん長い日』の公開も一九六七年であり、同年興行成績（日本映画）第二位を記録した。特攻を描いた映画も多く製作され、とくに東映が手掛けた『あゝ同期の桜』（一九六七年）・『あゝ予科練』『あゝ回天特別攻撃隊』（ともに一九六八年）の三部作は話題になった。▼19

こうしたなか、知覧を扱う作品もいくつか生み出されるようになった。一九六四年にはかつて知覧にも滞在した元陸軍映画報道班員・高木俊朗が『週刊朝日』誌上で「知覧」の連載を開始し、特攻隊員に寄り添いながら、その苦悩を描いた。これは翌年に単行本化され、版を重ねた（のちに『特攻基地知覧』に改題）。それに先立つ一九六一年八月には、ＮＨＫで『遺族』と題したドキュメンタリーが放送された。これは、知覧特攻基地をめぐる高木の文章を原作とし、山田洋次が脚本を手掛けていた。それらも相俟って、知覧

7-5　高木俊朗『知覧』（1965 年）

7-6　映画『あゝ同期の桜』（1967 年）ポスター

は徐々に「特攻の地」として知られるようになった。

　戦友会が活発化していたことも、大きかった。当時は戦友会の創設件数が戦後第二のピークを迎えるなど、戦友会活動が高揚していた。[20] 折しも戦争体験をめぐる「世代間の断絶」が言われ、戦中派世代が当事者同士で語り合う場を模索していた時期だった。[21] 彼らが壮年期に達し、社会的な発言力が増していたことも、戦友会の活性化を後押ししていた。そうしたなか、少飛会など、元陸軍パイロットたちの戦友会がたびたび知覧を訪れるようになった。

　これらの状況は、ナショナルなメディアや来訪者の知覧イメージを住民に内面化させることにつながった。先述のように、当時の知覧では「特攻饅頭」「平和観音せんべい」の看板が掲げられていたが、それはすなわち、外部からの来訪者が知覧に「特攻」を期待しており、かつ、知覧住民が彼らの期待にあった「知覧」を演じていることが透けて見える。一九七四年には役場青年部メンバーらが実物大の模造特攻機を製作し、特攻観音の参道入口付近に展示した。知覧特攻慰霊顕彰会編『魂魄の記録』（二〇〇四年）には、その模造特攻機の前で撮影を行う当時の観光客の写真が掲載されている。知覧は、観光客やメディアの期待に合わせて、「特攻」という自己を発見し、自ら演じていたのである。

7-7　模造特攻機の展示（1975年ごろ）

　もっとも、こうした動きは必ずしも、知覧に限るものではない。第三章でも述べたように、当時、米軍統治下にあった一九六〇年代の沖縄では、復帰運動とともに、日本本土からの観光客の受け入れが加速的に拡大しつつあった。本土側の沖縄返還の輿論を高揚させる意図もそこにはあったが、こうしたなか、戦友会や遺族会による慰霊碑建立がブームになった。摩文仁に各府県の慰霊塔が林立し、主要な戦跡観光の場として成立するようになったのも、この時期である。だが、それは沖縄返還の実現のために本土の機嫌を損ねまいとする意向も相俟って、日本軍の沖縄への暴力の問題は棚上げされ、「日本とともに果敢に戦った沖縄」という像が強調されることとなった。[22]

広島で原爆ドームの保存が決議されたのも、ほぼ同時期の一九六六年である。先述の戦争体験記ブームのなかで、被爆体験記の刊行も多く見られた。当時、原爆ドームは自然倒壊の危機にあったが、湯川秀樹ら著名知識人の働きかけもあって、全国メディアでドーム保存が多く論じられるようになった。もともと、ドームの撤去を考えていた広島市が、それを永久保存し、主要な観光の場として位置づけるようになるのは、これに端を発している。第二章でもふれたように、戦後の初期であれば、「広島市のド真ん中に薄気味わるい幽霊屋敷然としてたっている旧産業奨励館のドーム」は「早急に取りのぞく」べきだとする声も小さくなかったが、[23]そうした声を掻き消すかのように、原爆ドームは戦跡として整備された。その意味で、メディアの動向や戦友会・遺族会などの観光者、日本中央からの期待を汲み取りながら、地域の戦跡が観光の場として成立するのは、決して知覧に限るものではなかった。

とはいえ、住民の戦争体験ではないものが、「自らの記憶」へと置き換えられるようになったのは、やはり知覧に特徴的なことであった。沖縄での地上戦や広島の被爆であれば、現地住民が広く体験したことではあったが、特攻出撃したのは、既述のように、決して知覧住民ではなく、全国各地から集められた陸軍パイロットたちであった。知覧が「特攻」に傾斜していくことは、明らかに「他者の体験」を「自己の記憶」へと置き換えていくことにほかならなかった。

そのことを如実に物語るのが、当時の町民運動会である。一九七四年一〇月の町民運動会では、地元青年たちが特攻出撃を「再現」した仮装劇を披露した。当時の町報に掲載された写真には、出撃する隊員ばかりではなく、整備兵や見送る女学校生徒に扮した若者たちまでもが収められていた。[24] 実寸に近い模造特攻機も製作され、プロペラが回転するよう、小型エンジンまでも積み込まれていた。観光客の写真撮影用に展示されていた先の模造特攻機は、この運動会で製作されたものである。

これは、見る者に一定の感銘を与えていた。このときに観客席にいたある女性は、知覧町婦人会の機関誌に、以下のような感想を綴っていた。

> 敬礼することを知らないはずの現代の若者の司令官が特攻隊員に出撃命令を下し、隊員との別れの水杯をハンゴウのフタで交し、司令官が隊員一人一人に「頑張ってくれ」「靖国神社で会おう」とか迫真の演技でありました。〔中略〕出撃の模様を涙なくして見る事はできませんでした。[25]

だが、よく考えてみれば、これは奇妙な現象である。広島や沖縄で地域の戦争体験を運動会の仮装劇として扱うなどということは、およそ考えにくい。しかし、知覧ではこうしたことが、なぜか可能になってい

7-8　知覧町民運動会での特攻仮装劇（1974 年 10 月）

7-9　特攻隊員を見送る知覧高等女学校生徒（1945 年 3 月）

た。

そもそも、知覧住民にとって「特攻」は必ずしも地域の戦争体験ではなかった。にもかかわらず、運動会の場で、それが大きく扱われるに至っている。地域の運動会とは、基本的に地元の住民に閉じた場であり、他の地域の観衆がいることを前提とはしないものである。それはすなわち、地域住民たちが「特攻の記憶」を内面化していることを意味していた。

ちなみに、この仮装劇は、一九四五年三月に知覧で撮影され、その後、『毎日グラフ臨時増刊　続日本の戦歴』（一九六五年一一月）に掲載されて有名になった写真を模したものであった。「出撃の模様を涙なくして見る事はでき」ないような感銘を覚えるほどに、ナショナルな他者による知覧イメージを逆輸入し、それを自らのローカルな「記憶」として置き換えていたのである。

「特攻」の発見と過疎

もっとも、知覧が「特攻」観光を選び取っていくことは、当時の社会状況を考えれば、やむを得ないものでもあった。一九六〇年代の日本は高度経済成長に沸いたが、そのことは地方から都市部への人口流出を加速した。多くの農山村は過疎化に喘ぐようになったが、知覧も例外ではない。さらに、紅茶関税引き下げ等の影響もあり、知覧の茶業は不振に陥っていた。こうしたなか、知覧が特攻基地跡を観光資源として発見し、それを通した地域振興をめざしたのは、ある意味では必然的なものであった。『町報ちらん』（一九七〇年六月号）の一面には、「特攻観音夏祭り」の記事とともに、「過疎地域に指定される　緊急対策を計画中」と題した記事が大きく掲げられている。過疎の深刻さと「特攻の記憶の内面化」とが分かちがたく結びついていることが浮かび上がる。

それを裏付けるように、七〇年代以降、知覧はますます「特攻」に傾斜していく。一九七五年には知覧特攻遺品館が建設され、特攻隊員の遺品や遺書が展示された。一九八七年に開館した知覧特攻平和会館の前身である。先の模造特攻機が展示されたのも、この知覧特攻遺品館の前であった。同館が戦跡観光の場として成立していることがうかがえる。

とはいえ、先にもふれたように、戦後の知覧には特攻基地の遺構はほとんど存在しない。給水塔や弾薬庫など、一部の設備は残されてはいるが、特攻基地の面影を直接的に示すものではない。広島の原爆ドームや沖縄・陸軍病院第三外科壕（ひめゆりの塔）のような大掛かりな遺構を伴った戦跡観光地になることは不可能だった。

そのゆえに、力が注がれたのは、「レプリカ」の展示である。むろん、戦死した隊員の遺書や遺品は、これら資料館に少なからず展示されている。しかしながら、それらとともに大きな比重を占めたのは「レプリカ」であった。町民運動会のために製作された模造特攻機が、旧飛行場跡に展示されたのは、まさにそのことを指し示す。

一九八〇年には、海中から引き揚げられた零戦が知覧特攻遺品館に展示された。これも、ある意味では「レプリカ」とも言うべきものであった。この零戦はたしかに、戦争最末期に薩摩半島西沖に沈んだ戦闘機ではある。しかし、零戦はあくまで海軍機であり、知覧陸軍特攻基地から出撃したものではない。当然ながら、本来は知覧の資料館に展示されるはずのないものであった。

もっとも、当時は「特攻」といえば零戦をはじめとする海軍機が思い起こされることが少なくなかっただろう。一九六〇年代後半には、『あゝ同期の桜』（一九六六年）や『青春の遺書――〝予科練〟戦没者の手記』（一九六八年）など、特攻隊員の遺稿集がベストセラーとなり、これらを原作とした映画も東映で製作され、大きな興行成績をあげた。だが、これらはいずれも海軍の特攻隊員を扱ったものであって、陸軍特攻を扱ったものではない。[26] 加えて、零戦は戦後日本において、最も著名な旧日本軍機のひとつであり、その敏捷性ゆえに戦争初期にはしばしば米軍機を圧倒したことは、当時も広く知られていた。こうした人々のイメージもあって、知覧町は多額の経費をかけて、あえて水没していた零戦を引き揚げ、それを特攻遺品館に展示したのであった。

だが、繰り返しになるが、それは知覧と縁の深い陸軍特攻機の「現物」ではなく、その代理（＝「レプリカ」）をなす海軍機でしかなかった。そこには、必ずしも史実や現物に拘泥しない知覧の姿勢が透けて見える。

裏を返せば、「レプリカ」は観光者に見せたい自己像の提示を可能にするものであった。[27]「そのまま」の現物や遺構であれば、知覧が見せたいもののほかの余剰が入り込まないとも限らない。加えて、現物を探し当て、移送することにも、多大な経費と労力を要する。それに対して、「レプリカ」は見せたい「自己像」に徹して作り上げることができる。引き揚げられた零戦は、たしかに狭義のレプリカではないが、特攻を海軍や零戦に結びつけがちな当時の人々のイメージに則って、知覧の「特攻」を提示し得るものであった。現物や遺構を欠いた知覧は、むしろ、その制約がないがゆえに、「外部」の人々が期待するイメージを逆輸入し、それに合わせた自己像を積極的に提示していったのである。

もっとも、「レプリカ」が前景化するのは、知覧に限るものではなく、しばしば日本の戦跡に広く見られるものである。第二章でもふれた原爆ドームは、その一例である。原爆ドームは、言うまでもなく被爆遺構ではあるが、それは必ずしも被爆の惨禍を「そのまま」にとどめるものではない。一九六七年の保存工事では、壁や柱の傾きを補正し、壁の亀裂は強力な接着剤で埋められた。ゴミや苔は除去され、周囲には街路樹や噴水も設けられた。

ちなみに、今日、原爆ドームの敷地には、芝生が美しく張られている。被爆当時の「瓦礫」も配置されてはいるが、ゴミや人骨、血糊もない、整然とした「瓦礫」である。こうした景観は、観光者にとって心地よいものではあるが、被爆当時のおぞましく荒んだ廃墟のドームとは明らかに異質である。言うなれば、それは、観光者の期待に合わせて「リフォーム」されたものであって、往時の遺構そのものとは大きく異なる。ある意味では、「レプリカ」とでも言うべきものであった。

第二章でも述べたように、松元寛は一九七〇年に「補強工事と同時に、ドームは全く別のドームになってしまったのだ。一九四五年八月六日の体験の遺跡としての意味は失われて、それは戦後数多く建てられた記念碑と同じものに変わってしまった」[28]と語っていた。それもこの点を衝く指摘であった。たしかに、補強工事によって、「あるべきドーム」へと改変されたわけだが、それは言うなれば、一種の「レプリカ」にほかならなかった。保存工事を経たドームは、周囲の景観整備も含めて、観光者に心地よく「過去」を提示するものではあったかもしれないが、往時のおぞましさのようなものは、後景に退いていた。

その意味で、「レプリカ」が前景化しながら、過去の何かが覆い隠されるのは、決して知覧に限るものではない。むしろ、他の戦跡にもしばしば見られるものを、知覧が集約的に映し出していたのである。

7-10　知覧特攻平和会館に展示される海軍機・零戦（2004年）

忘却のメカニズム

知覧で「特攻」が前景化するのとは裏腹に、護国神社の存在感は低下傾向にあった。先述のように、特攻観音の慰霊祭は、護国神社のそれに合わせる形で七月二八日に行われていたが、一九七〇年以降は二ヵ月前倒しの五月二八日に挙行されるようになった。南九州での真夏の酷暑を避けたいという、戦友会や遺族の意向があったとされる。[29] さらに一九七四年になると五月三日に変更された。連休の時期のほうが参加しやすいという理由によるものであった。[30] 護国神社と特攻観音の慰霊祭は、こうして別個に行われるようになったわけだが、そこには、戦友会や遺族の都合が最優先されている状況が透けて見える。知覧の「外」の人々の視線を意識し、内面化したことを考えれば、それは当然のことであったが、そのことは、護国神社の相対的な地位低下を指し示していた。それを裏付けるように、以後、『町報ちらん』では特攻観音の慰霊祭は大きく報じても、護国神社のそれは報じられなくなった。

参道の一般的な呼称も、それに応じて変化した。後年ではあるが、知覧町編『いにしえの時が繙かれるちらん』（一九九二年）では、護国神社参道の写真のキャプションとして、「特攻観音参道」と記載されている。[31] かつては護国神社の参道と認識されており、「知覧町護国神社参道」と刻まれた石碑もあるにもかかわらず、特攻観音の参道と呼び習わされるようになった。

こうした形で「地域の戦争の記憶」が創られることは、別の記憶や体験が忘却されていくことをも意味していた。かつてであれば、ニューギニア戦線などでの戦場体験や遺骨収集の手記が、しばしば町報に掲載されていたが、一九七〇年代半ば以降にもなると、これらの記事は見られなくなった。それは、特攻観音慰霊祭が大きく扱われるようになったこととは、明らかな対照をなしていた。「特攻の記憶」が前景化する一方で、地域住民の戦争体験は加速的に後景化した。

当然ながら、知覧の人々が戦争遂行に高揚した過去が思い起こされることは少なかった。『知覧町報』（一九三八年一二月）には、日本軍の武漢攻略に歓喜する女学生の手記が掲載されている。以下は、その一節である。

「漢口陥落」お〻！、何といふ快い響きを持つ言葉でせう。［中略］陸軍省から、こう発表された時、私達は思はず万歳を叫びました。兵隊様、本当に有難うございました。［中略］私達も早速翌日盛大な旗行列をいたしました。花火のさく裂、打ち振る旗の波、そしてその波から沸き起る勇ましい軍歌、歓声、小さい私共の町はこの日ばかりは日の丸で埋められたかの様でした。[32]

中国大陸に展開する日本軍の「戦果」に高揚する町内の人々の様子が、躍動的に記されている。もっとも、これは何も知覧に限るものではない。各地で見られた当時の日本国民の姿でもあった。だが、戦後四半世紀を経て、「特攻」をめぐる悲哀のカタルシスに浸るなかで見えにくくなったのは、知覧住民も含めた日本国民の戦争遂行に対する往時の高揚感だったのではないだろうか。

ちなみに、この手記を書いたのは、知覧実科高等女学校の生徒である。同校は、知覧高等女学校の前身にあたる。戦争末期の知覧高等女学校の生徒たちは、陸軍航空基地に勤労動員され、特攻出撃を見送ることもたびたびあった。先述のように、その様子を撮影した写真は一九六〇年代半ば以降広く知られるようになり、先の知覧町民運動会の「特攻」仮装劇も、それを模したものであった。だが、その彼女たちは、日中戦争下、軍の大陸侵出に歓喜する女学生でもあった。しかし、その体験は、「特攻の記憶」の背後に霞んでしまっている。

脱歴史化する記憶

そこには、記憶の「脱歴史化」を読み取ることができよう。「他者の記憶」が自らの記憶に置き換えられていくことで、地域の戦争体験が後景に退いていく。それは、戦争をめぐる地域の歴史が忘却されていくことにほかならない。さらに言えば、こうした動向は、特攻ひいては戦争をめぐる公的な歴史や背景を後景化させるものでもあった。

鹿児島県知事・金丸三郎は、知覧町に特攻銅像や特攻遺品館の建設を訴える趣意書のなかで、以下のように述べている。

> この特別攻撃隊こそは必死必中の攻撃で世界戦史に類例のない体当り玉砕戦法でありました。翼にくっきりと日の丸を、また胴体には必殺の爆弾を抱いて出撃を待つ特攻機。そのタンクの中には敵艦に突撃するまでの片道ガソリンしか貯えず、七生報国の鉢巻も凛々しく、莞爾として操縦桿を握る若鷲の五体には敵艦轟沈、祖国必勝を念ずる熱血だけがかけめぐり、まなじりを決したその姿こそは崇高至純、まさに護国の鬼であったといえましょう。[33]

「特攻の記憶」に傾斜していた当時の知覧は、特攻遺品館や関連銅像の建立を推進しようとしていた。それを考えれば、この記述は鹿児島県知事のみならず、知覧町の公的な言説空間において、広く共有されていた認識と見ることができるだろう。また、趣意書を配布し、寄付を募る相手が、遺族や戦友会関係者が多かったことを考えれば、特攻観音の慰霊祭でも、こうした発話が多くなされていたであろうことは、想像に難くない。そこで選び取られ、顕彰されていたのは、特攻隊員個々人の私的な「殉国の心情」の美しさであった。

しかし、裏を返せば、そうした「美しさ」を強いた公的な史的背景や軍の組織暴力が思い起こされることは少なかった。軍内部では、特攻出撃の「志願」を強いる暴力が広がっていた。それでも、戦術的な効果が見込めるのであればまだしも、すでに沖縄戦初期の時期には、機体の空気抵抗や敵の弾幕を潜ることの困難さもあり、特攻作戦が効果に乏しいことが知られていた。にもかかわらず、「架空の戦果」を積み上げるべく特攻出撃が繰り返された。

さらに言えば、戦争遂行全体においても、組織病理の問題は大きかった。軍功を焦る指揮官が無謀な行軍や突撃を兵士たちに強制し、いたずらに死者数ばかりを増大させたり、自暴自棄に陥った末端の兵士たちが現地住民に歯止めの利かない暴力を振るうことも少なくなかった。だが、死者たちが死を選び取る私的な心情の美しさばかりが強調されることで、それらを生み出した公的な史的背景や軍・政治の組織病理が覆い隠されてしまう。そこでの「継承」は、公的な歴史や暴力から目をそらす営みにほかならなかった。

それは、言うなれば「慰霊祭」の延長にあるものでもあった。慰霊祭は往時を偲ぶものではあるものの、責任追及や批判は巧妙に忌避される。元上官・指揮官も参列する場においては、批判や責任追及は、その場を刺々しくするものでしかない。見方を変えれば、慰霊祭の場で死者たちが顕彰されることは、上官たちの責任を不問に付すことでもあった。

また、慰霊祭には、遺族も少なからず出席していた。そのことも、批判や責任追及を鈍らせることにつながっていた。作戦遂行が批判の対象とされることは、死者たちの死が意味や必然性を欠いたものであったことを指し示す。そのことを突きつけられた遺族の苦悶を避けるべく、死者たちの心情の美しさが多く強調された。

このことを考えるうえでは、戦友会の「証言抑制機能」を指摘した吉田裕『兵士たちの戦後史』(二〇一一年)の議論が示唆深い。同書によれば、戦友会のようなかつての「戦友たち」が親睦を重ねていた場は、その延長で「戦友会の構成員が戦場の悲惨な現実や、残虐行為、上官に対する批判などについて、語り、書くことを、統制し、管理」することにつながった[34]。元兵士たちの親密圏の創出は、証言や記憶を引き出すというより、その吐露にブレーキをかける側面も有していた。

「遺族への配慮」もまた、同様の機能を帯びていた。遺族に対しては「凄惨で醜悪な戦場の現実」を伝えるべきではないという意識が、元兵士たちのあいだで共有されていただけに、「遺族への配慮」は「客観的には、証言を封じるための「殺し文句」となってい」たのである。その意味で、戦友会には「加害証言などを抑制し、会員を統制する機能」がつきまとっていた[35]。

だとすれば、戦友会関係者に加えて遺族までもが集う慰霊祭で、軍の組織病理や暴力への言及が回避され、当たり障りのない「顕彰」に終始するのは、当然のことであった。先述の特攻遺品館の建設趣意文にあるような「顕彰」の言辞は、遺族や元隊員、元上官らが集う場において、誰にとっても当たり障りなく受け入れ可能なロジックだった。そして、こうした慰霊祭のありようは、私的な心情への「感銘」が公的な史実や組織のひずみから目を背ける「脱歴史化」の縮図でもあったのである。

同床異夢

もっとも、こうした知覧への違和感も、いくらか見られた。『知覧』(一九六五年)を書いた高木俊朗の議論は、その最も代表的なものである。高木は、知覧における「特攻」の語りについて、以下のように厳しく批判している。

歳月が長く過ぎると、人々の記憶も伝承も変って行く。戦時中の知覧高女生であった人たちは、今もなお、忘れがたいものを胸に残していながら、そのひとりは言う。

「特攻隊員たちは、日本の平和を願いながら出撃して行きました」これは、作り話だ。

知覧には今、特攻平和観音と遺品館がある。町当局はこれを名所に仕立てて、町の繁栄策としている。町当局はこれを誇って言う。

「厳しい訓練にたえた特攻兵を知ることは青少年の育成に役立つ」これは、戦時中の軍部の思想そのままである。▼36

陸軍報道班員としてインパールやレイテにも滞在した高木は、『インパール』『憤死』『陸軍特別攻撃隊』といった著書のなかで、効果がないことが明白でありながらも「死」を強いる軍の組織病理を苛烈に問いただした。それは、『知覧』にも一貫した問題意識であった。高木は同書のなかで、レイテ作戦で陸軍特攻を指揮しながら、フィリピン陥落直前に台湾に逃亡した富永恭次中将に言及しながら、以下のように綴っている。

陸軍最初の特攻隊は、軽爆撃機を使った万朶隊と、重爆の富嶽隊であった。両隊の隊員は、特攻計画の矛盾と無謀に悲憤していた。ある隊員の日記には、〝自分は今、死刑囚の気持でいる〟と書いてある。また、感状上聞に達し、二階級特進の名誉を与えられた隊員は、その後に生還したために、死を強制され、最後には射殺されようとした。これらの特攻隊を指揮激励して、「最後の一機で自分も突入する」といいながら逃亡した富永恭次軍司令官は、太平洋戦争史上の最大の汚点となった。[37]

高木は、特攻隊員の死を美しく描くのではなく、「無駄な死」を死ななければならないことへの彼らの悲憤と、これらを生んだ組織病理や無責任を追及した。必然的に、高木にしてみれば、「生と死のはざまのなかで苦悩しながら、永遠の平和を願い、国の護りに殉じていった若い人々」といった特攻理解は、「無駄死にを強いた暴力」から目をそむけているようにしか見えなかった。

ちなみに、知覧から出撃した特攻隊員を「生と死のはざまのなかで苦悩しながら、永遠の平和を願い、国の護りに殉じていった若い人々」と評したのは、知覧高女なでしこ会編『知覧特攻基地』(一九七九年)である。[38]知覧基地への勤労動員の体験を持つ知覧高等女学校の卒業生たちは、しばしば特攻隊員の「護国の情」を称えていた。しかし、それは高木にしてみれば、軍内部のひずみや暴力の歴史を隠蔽するものにほかならなかった。[39]

折しも一九七四年には特攻銅像「とこしえに」が建立され、翌年には特攻遺品館が建設されるなど、特攻観音がある旧飛行場跡地は、ますます「特攻の聖域」と化しつつあった。慰霊祭への参列者も、年々増加の一途をたどった。一九六四年は四〇〇名の出席であったが、一九八二年には八〇〇名、一九八五年には二〇〇〇名に達した。[40]知覧の聖域化が加速し、慰霊祭で軍歌が高らかに唱和される状況は、高木にとって、容認しがたいものであった。

とはいえ、高木の意図とは別に、高木の著述が知覧の聖域化を後押しする機能を担った点は否めない。

たしかに、旧軍の組織病理を批判的に論じた高木の特攻認識は、戦友会の場で紡がれるそれとは、明らかに異質であった。だが、高木の意図とは別に、『知覧』はしばしば特攻隊員の純真さを美しく描いた物語として、受け止められるむきもあった。全国少飛会（陸軍少年飛行兵の戦友会）の初代会長・清水秀治は、その設立集会の場で高木の『知覧』に言及しながら、以下のように語っている。

私はついこの間『知覧』という小説を読みました。特攻隊で出撃した我々の仲間達のことを見ました。某将校は特攻出撃を拒み、遂には飛行場で自爆したとのことでありましたが、それに引きかえ少年飛行兵は純真で大切な飛行機と共に、お国のために役立つことを誇りとして笑って離陸していったと言うことが書かれてありました。この気持こそ我々少年飛行兵の気持だったと思います。[41]

高木の意図を超えて、『知覧』が「お国のために役立つことを誇りとして笑って離陸していった」少年飛行兵の物語として受容されていることがうかがえる。当事者である元飛行兵にしてこうであれば、知覧住民が同様の理解をしたとしても不思議ではない。

むろん、これらを「誤読」というのはたやすい。しかし、重要なのは、その「誤読」をあげつらうことではなく、なぜ、そうした「誤読」が生み出されたのかである。戦友会やナショナル・メディアと知覧町の相互作用は、高木の旧軍批判を見落としてしまうほどに、「慰霊祭」的な「特攻」の語りを根強く再生産していたのである。

三　「平和の尊さ」というアジェンダ

「平和」の強調

だが、一九九〇年代以降にもなると、知覧にはまた新たな変化が見られるようになった。何より特徴的なのは、修学旅行の増加である。一九八九年には二五五校（小・中・高・その他合計、三万八九一二名）が知覧特攻平和会館を訪れているが、一九九三年には四四四校（六万五五四三名）、二〇一一年には六二一校（五万六一四四名）へと来訪学校数は上昇している。[42]

それは、戦友会・遺族関係者の来訪の減少と並走するものであった。戦後六〇年以上が経過すると、当然ながら遺族や元特攻隊員たちの高齢化が進み、死没したり要介護状態になることも多くなった。彼らが九州南端部の慰霊祭に訪れることは、物理的に困難になっていった。

しかしながら、知覧特攻平和会館の入館者数はむしろ、急激な伸びを示している。特攻遺品館ができた当初（一九七六年）は四万二二九二名の来訪であったが、それが特攻平和会館へとリニューアルした一九八七年には三五万一〇四一名となり、さらに二〇〇一年には七一万九五七三名と約二倍になっている。その後も、おおよそ年間六〇万人前後で推移した。ということは、特攻平和会館をはじめとする知覧の来訪者の圧倒的大多数は、遺族・戦友会関係者ではなく、修学旅行や一般の観光客で占められていることになる。

そのことは、必然的に知覧における「特攻」の語りを変容させた。それを物語るのが、「平和スピーチ・コンテスト from 知覧」の実施である。知覧町（のちに南九州市）の主催で一九九〇年に始まったこのコンテストは、「「あしたいのち　かがやけ」をテーマに全国から広く参加者を募集」し、「世界の恒久平和を願って平和へのメッセージを発信」することを目的にしている。[43]同館によれば、「〝命の尊さ〟〝平和の大切さ〟を求めることの意味についての熱いメッセージ」がこれまで多く寄せられたという。

ここで重要なのは、実際のスピーチ・コンテストの内容ではなく、知覧（特攻平和会館）が、「命の尊さ」や「平和の大切さ」という言葉を掲げていることである。

そこには、「国の護りに殉じていった若い人々」の顕彰というより、むしろ、戦後の平和主義や基本的人権の理念との親和性がうかがえる。そのことが暗示しているのは、知覧における「特攻」の語りが、「死者の顕彰」から「平和」へとシフトしていることである。もちろん、それまでも「死者の顕彰」から「平和」を導く議論がなかったわけではないが、このスピーチ・コンテストの募集要項には、「平和」の言及は見られても「死者の顕彰」への言及はとくに見られない。

一九九〇年代以降の観光客の多くは、戦後も高度成長期に入ってから出生した年代であり、戦場体験者やその親兄弟の世代ではない。それを考えれば、「死者」そのものではなく、戦後的な「平和」に比重を置いた「特攻」「戦争」の語りが前景化してくるのは、ある意味では必然であった。

世界記憶遺産申請と挫折

だが、一九九〇年代以降の知覧は、必ずしも「平和」で一枚岩だったわけではない。むしろ、旧来的な「顕彰」の語りと新しい「平和」の語りとの軋轢も、ときに見られた。知覧がある南九州市とポーランド南部のオシフィエンチム市との友好交流協定をめぐる問題は、このことを如実に物語る。

二〇一五年七月一四日、南九州市は、アウシュビッツ強制収容所跡があるオシフィエンチム市との友好交流協定締結の方針を発表した。当時、南九州市は、特攻隊員らの遺書の世界記憶遺産登録をめざしていた。同市は前年にも、世界記憶遺産登録の申請を行ったが、「日本からの視点のみが説明されており、より多様な視点から世界的な重要性を説明することが望まれる」などの理由で、国内選考で落選していた。[44]そうしたなか、友好交流協定は、「日本からの視点」に閉じない「より多様な視点」をもたらすものとして位置づけられていた。霜出勘平市長（当時）も「アウシュビッツ博物館で、知覧特攻平和会館が所有する特攻隊関連の資料展示ができれば、世界中の人に特攻のことを理解してもらえると思って友好交流提携を考えた」と語っていた。[45]

しかし、この協定構想が発表されると、遺族・元隊員などから強い抗議が寄せられた。「祖国や家族を守ろうとした特攻隊員と特攻出撃と、ナチスによるユダヤ人虐殺が同質のものとして受け止められかねない」といった批判は一〇〇件以上にのぼったという。南九州市総務課長は、「［抗議の電話をしてきた人々に］市の立場を説明したが、理解してくれる人は皆無だった」と語っているが、抗議はそれほど根強いものであった。結果的に、交流協定の締結は断念されることとなった。[46]

「特攻」と「ホロコースト」がいかにつながるのかを問うた遺族らの指摘は、ある意味では的を射たものであったのかもしれない。南九州市がこの点を詰め切れていなかったことが、混乱を招いた要因ではある。だが、むしろ問うべきは、なぜこうした友好交流協定に思い至ったのかということであろう。そこには、先に述べた戦跡観光の変質が関わっている。

「特攻出撃とユダヤ人虐殺を同一視するのか」という遺族の指摘は、明らかに、旧来の戦友会・遺族の戦跡観光に象徴される「顕彰」の論理である。「祖国や家族を守ろうとした特攻隊員」という言い方に、それがよく表れている。それに対し、オシフィエンチム市との友好協定を模索する立場は、近年の修学旅行に象徴される「平和」の論理に近い。そこでは、「顕彰」に必ずしも閉じるのではなく、「平和の尊さ」「命の大切さ」にも話を広げていこうとする志向が際立っていた。第二次大戦の被害と暴力を最も象徴す

7-11　「知覧」と「アウシュビッツ」の友好協定報道（『南日本新聞』2015 年 7 月 15 日）

7-12　遺族の反発と友好協定中止の報道（『南日本新聞』2015 年 7 月 28 日）

る「アウシュビッツ」が選び取られたのも、そのゆえであった。

しかしながら、上述のように「なぜ知覧とアウシュビッツが結びつくのか」という問いへの答えは詰められていなかった。第二次大戦の戦禍に関わる地としては共通するものの、裏を返せば、それ以上の共通性はなく、ナチによる大量虐殺と「国家のために殉じた特攻隊員」を同列に扱うことは、どう考えても困難である。

それはすなわち、近年の修学旅行者や一般旅行客に向けた「平和」の語りが、とくに掘り下げられることなく、むしろ、ある種の思考停止を生んでいることを暗示する。▼47 学校教育の一環である修学旅行では、往々にして「政治的中立」が求められ、歴史認識など論争的なテーマをめぐる価値判断は総じて避けられる傾向がある。「平和」であれば、価値中立的なものとして、誰もが受け入れ可能であるが、「顕彰」や「戦争責任追及」に比重が置かれると、「偏向」

が非難されかねない。一般観光についても、さまざまな価値観を有する不特定多数の来訪を前提とするがゆえに、論争的な主題に立ち入ることは周到に避けられる。「平和」という無色透明な言葉が選び取られるゆえんである。

しかし、見方を変えれば、そのことは「平和」を唱えることが背景や事実を深く読み解こうとする思考を阻んでいることを指し示す。誰もが否定することのない「平和の大切さ」を確認することは、歴史を直視し、思考を掘り下げることを押しとどめるものでしかない。

それは、旧来の「慰霊祭」的な「特攻」の語りに通じるものでもあった。既述のように、こうした「記憶」は往時の社会や組織病理を突き詰めて思考することを抑制し、「脱歴史化」を促してきた。たしかに、戦友会・遺族の戦跡巡拝に根ざしていた当時の「顕彰」の語りと、修学旅行・一般観光を前提にした「平和」の語りは、一見、まったく異なるもののようにも見える。しかし、いずれにおいても、史的背景に迫ろうとする思考を押しとどめる点では等価であった。むしろ、その時々の来訪者に合わせた「心地よさ」や「当たり障りのなさ」が追求された点では、一貫していたとさえ言える。「慰霊祭」にせよ「平和」にせよ、ともに「脱歴史化」を後押しするものであったのである。

脱歴史化の欲望

知覧では、戦後四半世紀を経て、「特攻の記憶」が地域の記憶として発見されるようになった。戦友会の活性化、戦記本・戦記映画の盛り上がり、高度成長の負の遺産としての過疎化が重なり合うなかで、「特攻の町・知覧」が社会的に構築され、知覧もそのイメージを逆輸入しながら、ローカル・アイデンティティを創り上げていった。だが、そこで「特攻」が選び取られたことは、別の記憶を忘却し、削ぎ落としていくことでもあった。地域住民の戦争体験や特攻の背後にある公的なひずみは後景に退いていった。特攻隊員の「私的な心情美」への着目が増していくなかで、そうした「美」を強いてきた公的な背景は切り落とされ、「脱歴史化」が進行していく。

そこには、地域(ローカル)と中央(ナショナル)そしてメディアの共犯関係とでも言うべきものが関わっていた。知覧をめぐる「戦争の記憶の継承」は、そうした力学に支えられていた。

とはいえ、戦友会や遺族関係者ではなく、修学旅行や一般観光客が圧倒的に多く訪れるようになった今日、「顕彰」よりは「平和」に重きを置いた「記憶」も紡がれつつある。しかし、それとて「脱歴史化」を促している点では変わりはない。それは、苦悶や悔恨を帯びた自らの記憶ではなく、他者の期待に合わせて作り上げられた「記憶」に基づくがゆえの帰結でもあった。それは当たり障りなく、無難で心地よいものではあったが、それ以上のものでは決してなかった。

これらの「継承」のありようは、知覧に限るものではないだろう。戦後七〇年以上が経過し、往時を語り得る戦争体験者は少なくなっている。当然ながら、非体験世代が当事者になり代わって当時のことを語り、さらには「語り部」を務めることは珍しくない。広島や沖縄でも、それは同様である。だとすれば、他者の期待を内面化した「記憶」の語りは、ますます量産されるのではないだろうか。

むろん、そこでは「平和の尊さ」が多く語られるだろうが、そのことは一種の思考停止を生むことも容易に想像できよう。「靖国問題」や「集団自決問題」など、歴史をめぐる論争は、いまなお絶えない。そのゆえに、不特定多数の人々が訪れる戦跡では、論争の争点に関わる主題が巧妙に避けられることになる。「記憶の場」を訪れていながら、そのゆえに記憶や史的背景について思考を掘り下げることが押しとどめられてしまう。

だとすれば、知覧の事例は決して特殊なものではなく、今後を考えれば、むしろ一般性を持つものでさえあるかもしれない。

知覧をめぐる「記憶」のありようは、戦後史の問題であるのと同時に、現在の問題であり、かつ、今後の問題でもある。「継承」につきまとう「脱歴史化」の欲望にいかに向き合っていくのか。知覧の戦後史は、戦跡が生み出す「記憶」のポリティクスを映し出している。

第八章　「慰霊祭」の言説空間と「広島」——「無難さ」の政治学

「祭りの場」と内面の憤怒

長崎原爆を経験した作家・林京子は、小説「祭りの場」（『群像』一九七五年六月号）のなかで、長崎医科大学生の息子の遺体を探し歩いた「伯父」の心情を以下のように綴っている。

歯が見つかれば死は確実だ。一つの灰と骨の中に、［歯に詰めていたかもしれない］金の粒が光った。取り出すとすっかり溶けて固まっている。息子と断定する証拠品はどの山にもない。伯父は［さまざまな遺体の］輪の中央に坐りこんで息子は死んでいないのかもしれない、と考えた。希望がでて最後の一体を調べてみると、息子の万年筆のペン先がみつかった。頑丈な金ペンは息子のものである。私の父が入学祝いにドイツ製の万年筆を贈った、そのペン先である。耐えていた涙が一気に溢れて、死んだか、死んだか、と両手で灰を撫でた。［中略］

伯父は万年筆をみつけながら、あきらめきれなかった。焼跡の死体や重傷者を見てあるいた。医科大学生に名を告げて尋ねた。二、三の学生が知っており、同じことを言った。死は確実らしかった。伯父は焼跡で稲富に逢った。稲富から私の無事を聞いた。

その日から終戦の日まで、伯父は自分の部屋から出てこなかった。八月一五日、終戦のラジオ放送を聞いたときの伯父の言葉は、忘れられない。震える唇をかんでラジオに聞きいっていた伯父は「なして、もっと早う言うてくれん」と声の主に恨みを言った。

終戦後、その人が諫早にやって来た。「見にいくう」家を飛び出した妹の衿を、伯父がつかんだ。「行たてみろ（いってみろ）家には入れんとじゃっけん。ほかの者もよう聞いとけっ」昼ひなか、雨戸を全部閉めさせた。その頃私たちは伯父の家に、一緒に住んでいた。無力な伯父の精一杯の抵抗である。▼1

ここには、子を失った親の悲嘆とともに、原爆が投下されるまで戦争を長引かせた国家や天皇への憤怒が浮かび上がる。玉音放送は、ラジオというメディアを通して天皇と国民を半ば一体化した「終戦の儀式」を成立させた。▼2 だが、「伯父」がそこに見出したのは、悲哀のカタルシスに満ちた「想像の共同体」ではない。「伯父」が玉音放送によって掻き立てられたのは、「なして、もっと早う言うてくれん」という憤りであった。これは、昭和天皇の長崎巡行（一九四九年）の際に、家中の雨戸をすべて締め切り、拒絶の意志を叩きつけようとするほどに、徹底したものであった。それは「無力な伯父の精一杯の抵抗」にすぎなかったのかもしれないが、可能な限り最大限の抵抗であったとも言える。

「当たり障りのなさ」と戦後七一年

それから約七〇年が経過した二〇一六年五月、米国オバマ大統領が広島を訪問した。アメリカの政府トップの来訪は戦後初めてのことであったため、全国の新聞・テレビは来訪前からこれを大きく扱った。だが、「祭りの場」における「伯父」の怨念に相当するような心情は、総じてあまり語られなかったように思う。新聞紙面でも、「広島の思い伝えた 非核 願いは一つ」「オバマ氏、被爆者に歩み寄り握手」「被爆者抱き寄せ「オバマ氏と思い一致」」といった見出しや被爆者を抱き寄せるオバマ大統領の写真が際立っていた。[3]

むろん、原爆投下に対する「謝罪」がないことや、「核なき世界」とはほど遠いアメリカの状況への批判も、見られなかったわけではない。しかし、全体的に見れば、オバマ大統領来訪に対する歓迎ムードというか、調和的で無難な扱いが、メディアのなかでは多く見られた。

こうした報道のありようは、当初から予見できるものでもあった。そもそも、米国内では原爆投下を肯定する世論はいまだ根強いだけに、大統領個人の判断で被爆地で「謝罪」することが不可能に近いことは、ある意味では自明のことである。それらの制約があったとしても、あえて広島を訪問したことには、一定の評価を見出すことも可能だろう。また、それを迎える日本や広島の側にしても、大国の国家元首をセレモニーの場で批判・詰問するようなことは考えにくい。

こうしたことを考えるならば、オバマ大統領の広島来訪報道が、どことなく当たり障りのなさに終始したのは、当然のことである。広島来訪とそこでの声明が何か新たな政治的な展開を生み出すことは、そもそも考えにくいものであった。それはたしかに、戦後七〇年の日米関係や「和解」を象徴する政治イベントではあったかもしれないが、それ以上の成果がそもそも期待しようがない点で、論点や争点が不明瞭なアジェンダであったと言える。

にもかかわらず、来訪前からこの出来事をめぐる報道は熱を帯びていた。では、なぜ報道の盛り上がりと当たり障りのなさが同居し得たのだろうか。さらに言えば、この種の無難さは、戦後日本のなかでどのように創られたのか。本章では、第二章の議論とも関連づけつつ、戦後の広島戦跡に関する言説変容を俯瞰し、こうした問いについて検討していきたい。[4]

遺構への拒否感と「祝祭」

オバマ大統領がスピーチを行った広島・平和記念公園は、一九四九年に発表された建築家・丹下健三のプランに基づき、一九五〇年代前半に整備された。平和大通りから、原爆資料館のピロティ、埴輪型の慰霊碑を通して、原爆ドームが眺められるよう、それらが一直線上に配置されていることは、よく知られている。

だが、第二章でもふれたように、当初はこうした設計案に対する不快感が少なくなかった。なかでも際立っていたのが、原爆ドームの撤去論であった。広島平和記念都市建設専門委員会の委員長であった飯沼一省は、一九五一年ごろの意見書のなかで「平和都市の記念物としては極めて不似合のものであつて、私見としてはこれは早晩取除かれ跡地は奇麗に清掃せらるべきものであると思う」と述べていた。[5] 広島市長・濱井信三も、『中国新聞』（一九五一年八月六日）に掲載された座談会「〝平和祭〟を語る」のなかで、「私は保存しようがないのではないかと思う」「金をかけさせてまで残すべきではないと思っています」と語っていた。広島メディアでも同様の議論が見られたのは、[6] 第二章で記した通りである。

その背後には、おぞましい往時の体験の想起を拒もうとする心性があった。広島在住の作家・畑耕一は、一九四六年の論説「全然新しい広島を」（『中国新聞』一九四六年二月二七日）のなかで、「原子爆弾に対する記録は史料として書冊に残す以外は一物も新広島の地上にとどめたくない」と記している。原爆ドームに直接的に言及するものではないが、かつての惨状を思い起こさせるものを視界から排除しようとする意志がうかがえる。

やや後年ではあるが、広島在住作家・志條みよ子の発言も、同様の心性の存在を裏打ちする。志條は『中国新聞』(一九五三年一月二五日)に寄稿した「「原爆文学」について」というエッセイのなかで、「あんなむごたらしい地獄絵図なんか、もはや見たくも聞きたくもない」という思いを語りながら、「原爆を書かない小説や原爆を取上げない絵画は広島の人間に限り、真の作品ではないごとくいわれている。七年も経った今日、もう昔のことと忘れ去ってしまえというのではないけれど、しかし、もうそろそろ地獄の絵を描いたり、地獄の文章ばかりをひねり上げることからは卒業してもいいのではないか」と述べていた。

8-1　1947年8月7日の広島
(『夕刊ひろしま』1947年8月7日)

志條のこの発言は波紋を呼び、いわゆる原爆文学論争(第一次)を引き起こしたが、少なくとも、志條の議論の背後には、往時を思い起こすことさえ拒みたくなるほどの体験の重さがあった。[7]

このような心性は、一部の文筆家に限らず、人々のあいだで広く共有されていた。終戦後間もない一九四〇年代後半には、八月六日をはさんで、数日にわたって広島復興祭や広島平和祭が開催された。そこでは、ブラスバンドや花電車、仮装した市民を乗せた山車が市内を巡行し、演芸大会の類も行われた。『中国新聞』(一九四七年

歓喜でもみくちゃ
こぞり讃う巷の晴姿

8-2　平和祭の高揚を伝える記事
（『中国新聞』1947年8月7日）

八月七日）はこの模様を「歓喜でもみくちゃ」「こぞり讃う巷の晴姿」と形容し、大きく報じていた。

なかには、「「まるでお祝ひのやうですね。死んだ者が一番可哀さうだ」と嘆息する人がある」「あのようなお祭りさわぎをするのはもってのほか」という指摘もなかったわけではない。▼8 だが、そうだとしても、八月六日に合わせて「お祭り騒ぎ」が広島市や関係団体を中心に企画され、それを地元メディアが高揚感をもって報じていたことを考慮すれば、人々のあいだで広く原爆投下日の祝祭が受け入れられていたことがうかがえる。

こうした背景のひとつには、GHQ占領下において、原爆被害の大きさや投下責任を公的に論じることが困難だったこともあった。だが、そればかりではない。中国新聞社記者・金井利博はこれらの祝祭イベントが行われた要因として、「原爆体験者の身になつてみればあんなイヤなことをいまさら想い出そうより忘れようとしてのドンチャンさわぎ、無理からぬ一種の逃避、いや或意味の心理的な抵抗でさえあつて、とやかく見識ぶつて説教する者こそ人類史の共同便所の蓋を人まえはばからずあける厚顔な無作法者、あれを体験した者はあんなけつたいな追憶と真正面から取つ組むことに、今でも何ほどかの心理的な努力がいるんだ、と口をゆがめるでしょう」と綴っている。▼9 体験のあまりの重さが、人々を祝祭へと駆り立て、惨禍の直視を拒もうとする心性を生み出していたのである。

原爆ドームの撤去論もこうした世論に基づくものであったが、その一方で爆心地一帯を記念公園として整備することには、好意的な見方も少なくなかった。

広島大学学長の森戸辰男は、『中国新聞』（一九五一年八月六日）の座談会記事のなかで、「私も〔原爆ドームを〕残す必要はないと思いますネ」「そういうものをいつまでも残しておいてはいい気分じゃない」と述べる一方、「とにかく過去を省みないでいい平和の殿堂をつくる方により意義があります」と語っている。そこでは、被爆当時の惨状を露骨に想起させる遺構と、「過去を省み」ずにすむ「平和の殿堂」が対比されたうえで、後者を選び取ろうとする姿勢がうかがえる。

その「平和の殿堂」たる平和記念公園は、一九五〇年代前半に建設・整備が進められた。原爆慰霊碑は一九五二年八月に除幕され、一九五五年には広島平和記念資料館（原爆資料館）が完成した。こうした爆心地一帯の美化は、惨禍の痕跡を美しく覆い隠すことを意味した。平和記念公園が美しく整備されることで、廃墟でしかない原爆ドームの撤去論の盛り上がりが期待されていたことは、[10] 第二章でも述べた通りである。

たしかに、記念公園の南端部に設けられた原爆資料館は、被爆の遺物を収めるものではあったが、建設専門委員会委員長の飯沼一省は「原爆による被害の実況については写真記録等によることゝし、これを新に建築せらるべき陳列所に保存すればこれで足りるのであつて、この醜い物を新に建設せられる平和都市の中心に残しておくことは適当とはいひ難い」と述べていた。[11] 資料館内を除く市中の空間を「クリーン」なものとして創造することが、一帯の公園整備のなかで構想されていたのである。

保存論の高揚

原爆遺構をめぐる議論のありように変化があらわれるのは、一九六〇年代の半ば近くになってからのことである。すでに一九六〇年五月には、広島・折鶴の会が原爆ドーム保存の署名・募金運動を始めたほか、原水爆禁止日本協議会が同年一二月に広島市にドーム保存の要望書を手渡した。だが、市長・濱井信三は「今すぐ補強しようにも一千万円からかかる予算のねん出が困難だ」「私としてはドームを補強してまで保存する価値はないと思う」と発言していた。[12]

しかし、時を同じくして、原爆ドームに自然倒壊の恐れが出てきた。当時の調査でも、「車の振動でいど［で］も崩れる恐れ」が指摘されていた（『中国新聞』一九六一年八月三一日）。そのことへの危機感も相俟って、原水爆禁止広島県協議会や「平和と学問を守る大学人の会」など広島の一一団体は、一九六四年一二月、原爆ドーム永久保存を求める要望書を市長に手渡した。そこには、「広島原爆の遺跡は、しかし、ただ広島の惨害の記念物であるばかりでなく、人類が破滅と繁栄の岐点に立たされた原子力時代の最高の記念塔であり、また、人類がその過ちを二度とくり返してはならないという戒律の一大金字塔であります」「これを守り残すことは、ひとり、私たち広島の子孫に対する責任であるばかりでなく人類に対して広島が負う責務であると思います」と記されていた。[13] 一九五〇年代初頭に見られた「平和都市の記念物としては極めて不似合のもの」「悲惨以外のなにものでもないような残ガイ」といった原爆ドーム認識とは大きく異なり、被爆遺構が神聖さを帯びていることがうかがえる。

体験記の隆盛

ドーム保存をめぐる世論の高揚は、被爆体験記の盛り上がりとも軌を一にしていた。GHQの占領終結直後や、第五福竜丸事件（一九五四年）をきっかけに原水禁運動が隆盛した一九五〇年代半ばにも、被爆体験記の発刊は盛り上がりを見せたが、一九六〇年代後半は、それにもまして多くの記録が刊行された。ことに中国新聞社が一九六六年から七一年にかけてまとめた「広島の記録」シリーズ（『証言は消えない――広島の記録1』『炎の日から20年――広島の記録2』『ヒロシマ・25年――広島の記録3』『ヒロシマの記録――年表・資料編』、いずれも未來社刊）のインパクトは、大きかった。

一九六八年には、定期刊行の証言記録集である『長崎の証言』（長崎の証言刊行委員会）が創刊された。長崎でのこうした動きは、広島でのさらなる証言記録収集を後押しし、のちに『広島・長崎30年の証言』（上下、未來社、一九七五年）の刊行や雑誌『ヒロシマ・ナガサキの証言』の創刊（一九八二年）を促した。

折しもベトナム戦争激化に伴い、往時の戦争体験が問い直されつつある時期であった。米軍による北ベトナム爆撃は、日本でも連日、新聞やニュースで報じられたが、これは二〇年前の日本各地の空襲を思い起こさせた。他方で、米軍は佐世保や沖縄の基地からベトナムに向けて出撃していたが、そのことは当時の日本の戦争協力や往時の「加害責任」を問うことにつながった。こうした背景のもと、戦記小説のほか、個人・戦友会による戦場体験記録が、一九六〇年代半ばから七〇年代前半にかけて多く刊行された。

広島や長崎の体験記録ブームも、こうした流れに沿うものであったが、加えて佐世保や沖縄をめぐる核の問題も大きかった。一九六八年一月、核兵器を搭載可能な航空機を積んだ空母エンタープライズが佐世保米海軍基地に寄港した際には、全国から約四万人がデモに参加し、機動隊との激しい衝突も見られた（佐世保闘争）。沖縄では、すでにメースBなどの核兵器の配備が明らかになっており、かりに沖縄返還が実現しても、在沖米軍基地への核兵器持ち込みが続くことが危ぶまれていた。

在韓被爆者や在沖被爆者の問題も、被爆体験論を活性化させた。朝鮮半島や沖縄に在住する被爆者の存在が明らかになったことで、広島・長崎あるいは日本に閉じた議論は再考を迫られ、朝鮮半島や沖縄への加害の問題と絡めながら、広島に固有の体験が問い直されるようになった。

原爆ドームの保存運動は、一面では被爆体験を掘り起こし、再考しようとするこれらの動きと並走するものであった。

「保存」と議論の抑制

とはいえ、原爆ドームの保存や周辺の整備が何かを見えにくくしたことも、見落とすべきではない。先にもふれたように、終戦間もない時期の原爆ドームは、おぞましい体験を直接的に想起させるものであり、そのゆえに撤去が叫ばれることも少なくなかった。そこには、遺構の直視を拒もうとするほどの体験や記憶の重さがあった。戦後二〇年近くを経てドーム保存が広島でも広く支持されるようになったことは、終戦直後のこうした議論が後景化したことを意味していた。

もっとも、一九六〇年代半ばの当時において、原爆ドームへの拒否感が拭えない被爆体験者がいなかったわけではない。『中国新聞』（一九六五年七月二九日）は、ドーム保存の世論が盛り上がる一方で、「被爆した市民のなかには「ドームを見るたびに、あの惨状を思い出して不愉快になる」など保存反対の声もかなりある」ことを報じている。しかし、保存論が支配的になり、「正しさ」さえ帯びるに伴い、この種の違和感は公的な言説空間から締め出されるようになった。

広島市編『ドームは呼びかける――原爆ドーム保存記念誌』（一九六八年）には、募金運動に協力した俳優・田村高廣が短文を寄せているが、そこでは「わたくしの個人的な感情からすれば、原爆ドームは早く取りのぞいてほしい。ドームを見るとどうしてもあの日のことを思い出す。しかし、戦争の悲劇をふたたび繰り返さないという平和のシンボルとして、国民全体の立場から考えると、ドームは絶対に残すべきだ」という被爆体験者の訴えに感動したことが綴られている。▼14 だが、それは裏を返せば、ドーム保存論が「原爆ドームは早く取りのぞいてほしい」という「個人的な感情」を抑えつけていたことを暗示する。美談や正当性とも結びつきながら優勢になった保存論は、その延長である種の体験の語りを封じ込める機能も有していたのである。

これを考えるうえで、第二章でも言及した英文学者・松元寛（広島大学助教授）の議論を改めて引いておきたい。

原爆ドームが補修されたさい、私はその趣旨に賛同してささやかな協力をしたが、補修工事が完成してドームが再び姿を現わしたとき、私は何か間違ったことをしたのではないかという思いに襲われたことを思い出す。工事は、ドームが風化して急速にくずれ落ちようとしているとき、その風化を防ぐために最新の薬剤で補強したのであったが、風化が中絶すると同時に、ドームは突然その生命を失ったように私には見えたのだ。

本質的に言えば、補強工事と同時に、ドームは全く別のドームになってしまったのだ。一九四五年八月六日の体験の遺跡としての意味は失われて、それは戦後数多く建てられた記念碑と同じものに変わってしまった。風化は防がれたのではなく、かえって促進されてしまったのではないか――。[15]

松元にとって、当時の先進の建築技術を駆使して補修され、一帯も美しく整備された原爆ドームは、以前のそれとまったく異質なものであった。保存工事によって、この巨大な廃墟へ大掛かりに手が加えられたことで、それは「突然その生命を失」い、「ドームは全く別のドームになっ」た。そのことは、「一九四五年八月六日の体験の遺跡としての意味」の喪失を物語るものであり、ドームは「戦後数多く建てられた記念碑と同じもの」へと転じた。戦後間もない時期においては、おぞましさを帯びた原爆ドームと、抽象的な美しさをまとった平和記念公園のようなモニュメントは、しばしば異質なものとして捉えられていた。だが、松元の目には、保存されたドームは遺構としての性質を失い、周辺のモニュメントに融解してしまったように映った。このことは、直視することも語ることも拒もうとするほどの記憶の重さが、ドームをめぐる公的な言説のなかから締め出されていく状況にも重なるものであった。

政治的な争点の後景化

保存論の高まりは、政治的な争点を避けることにもつながった。一九六〇年代半ばの当時、原水禁運動は深刻な内紛を抱えていた。「あらゆる核に反対」の立場を取っていた社会党・総評系に対し、日本共産党系メンバーはソ連や中国の核実験を支持する立場を崩さなかった。必然的に、原水禁大会は相互に罵倒を浴びせ合う場と化していた。その結果、社会党・総評系メンバーが日本原水協（原水爆禁止日本協議会）から脱退して原水禁国民会議（原水爆禁止日本国民会議）を結成し、原水禁運動は分裂するに至った。こうした運動のありように対し、社会的な反感は大きかった。文芸評論家・山本健吉は『読売新聞』（一九六六年八月二九日、夕刊）に寄せた文章のなかで、「原水爆反対の平和大会は、毎年八月に広島で行われているが、これほど国民の大多数の無関心という以上の、嫌悪感をかき立てながら、一人よがりで挙行される行事も珍しい。責は国民にあるのではなく、その所属する政党の利害や主義主張を押し立てて、主催し参加する、いわゆる「平和主義者」の独善にある」と記し、原水禁運動の党派対立や政治主義を批判していた。[16]

こうしたなか、ドーム保存運動は、原水禁運動をめぐる政治的な争点を棚上げにできるものとして見出された。第二章でもふれたように、ある賛同者は募金事務局に宛てた手紙のなかで、「現在、「あやまちをくり返さぬ」ための運動がイデオロギーの対立からいくつにも分裂していることはまったく遺憾です。これらの運動はドームを中心にしてひとつになるべきだと思います。小生はこういう気持ちで募金運動に欣然と参加した者です」と記していた。[17]原水爆禁止運動の党派対立への不快感が「募金運動」への賛同につながっていることが、そこにはうかがえる。法学者の内山尚三も『ドームは呼びかける――原爆ドーム保存記念誌』に寄せた文章のなかで、「平和に対する熱意がおとろえるとき、またイデオロギーや感情に走り平和のために力を結集することを忘れたとき、このドームは、無言のうちに、多くの人々を励まし、また進むべき道を示してくれる」と述べている。[18]原爆ドーム保存運動は、「イデオロギーや感情」を棚上げにできるものとして見出されていた。

実際に、募金運動は政治的な党派を超えて展開された。一九六六年一一月に募金運動が開始されると、原水爆禁止日本国民会議、日本労働組合総評議会、日本社会党など、社会党に近い組織だけではなく、自民党県連や共産党も募金活動を行った。先にふれた広島一一団体によるドーム保存要望書（一九六四年一二月）も、党派を超えて作られたものであった。広島県被爆者団体協議会は、一九六四年、ソ連・中国の核実験への対応をめぐって、同一名称のまま共産党系と社会党系に分裂したが、分裂後間もない両団体が、この要望書に名を連ねていた。そこにも、ドーム保存が政治的な争点を棚上げできるものであったことがうかがえよう。原水禁運動が深刻なイデオロギー対立に陥っていたなか、それを不問に付すことが可能なものとして見出されたがゆえに、ドーム保存運動は広島のみならず、全国的な盛り上がりを見せたのであった。

証言の抑制

往時を直視しがたいほどの体験の重さが後景化し、政治的な争点を不問に付すような力学は、何も広島をめぐるメディア言説に限るものではない。むしろ、戦友会のような体験者の集まりや遺族も交えた慰霊祭で広く見られた。前にも述べたように、戦友会は少なからず、「加害証言などを抑制し、会員を統制する機能」を有していた。かつての「戦友たち」が親睦を重ねることは、その延長で、「戦友会の構成員が戦場の悲惨な現実や、残虐行為、上官に対する批判などについて、語り、書くことを、統制し、管理」することにつながった。[19] 往時の上官と兵士たちの親睦の場は、証言や記憶を引き出すというより、その吐露を抑圧するものでもあった。

このことは、前章で扱った知覧を見てみるとわかりやすい。一九六〇年代半ば以降、戦記ブームや戦友会の盛り上がりもあり、かつて陸軍特攻基地があった知覧は、鹿児島県南端部に位置するにもかかわらず、多くの戦友会関係者が訪れるようになり、慰霊祭が頻繁に挙行された。そこに集ったのは、元特攻隊員ばかりではない。特攻出撃を命じる立場にあった元第六航空軍司令官（陸軍中将）の菅原道大や航空総軍司令官（陸軍大将）だった河辺正三らが参列することも珍しくなかった。[20] 出撃を命じる際には「最後には俺も特攻出撃する」と壮語しながら、戦後を生き延びたこれら元高官への怨嗟は、しばしば語られてはいたが、[21] 慰霊祭の場では、それは封印された。

遺族への配慮も、議論の抑制を後押しした。「志願」を強いる軍の暴力や、戦術的な効果がほとんど期待できないにもかかわらず、辻褄合わせのために無益な特攻出撃を繰り返した軍の組織病理は、かつて映画報道班員であった高木俊朗の『知覧』（一九六五年）などによって詳らかにされていたが、そうした事柄が慰霊祭の場で糾弾されるようなことはなかった。それは、特攻の死者たちの死が「無駄」であったことを示唆するものであり、遺族の悲嘆ややるせなさを倍加させる。その懸念が、往時の暴力をめぐる議論を遠ざけることとなった。

逆に言えば、「国のために立派に散った」という論理は、元兵士、元司令官、そして遺族など、慰霊祭に集うあらゆる者たちのあいだに波風を立てることなく、全員が一定の平穏と心地よさを覚えることを可能にするものであった。それはたしかに、無難で当たり障りのないものではあったが、慰霊祭はそうした論理のもとで、滞りなく調和的に挙行することができる。だが、繰り返しになるが、その当たり障りのなさが、往時の軍の暴力や病理を不問に付すことにつながる。心地よい無難さに満ちた慰霊祭の場では、死者に密接に関わる者たちが集いながらも、死者の怨念や当事者の体験は巧妙に遠ざけられていた。

こうした知覧をめぐる議論のありようと広島のそれとを、単純に同一視することはできないだろう。被爆体験や後遺症の重さ、あるいは原爆投下責任が少なからず語られてきた広島の言説空間と、死者の死の快い意味づけに総じて重きが置かれた知覧の議論のありようは、決して同じものではない。しかし、政治的な争点に立ち入ることを避け、ある種の体験の語りを封じがちだったドーム保存の世論は、体験を突き詰めた議論を抑え込みがちな知覧の議論とも重なるものがあった。いずれの議論のありようも、「当たり障りのなさ」に規定されていた。

「無難さ」のメディア空間

この種の言説の力学は、「広島」をめぐる昨今の議論のありようとも、無縁ではないだろう。二〇一六年五月にオバマ大統領が広島を訪れた際には、多くの報道がなされたが、総じて「平和」をめぐる「無難さ」が際立っていたのではないだろうか。アメリカの謝罪の問題や連合国捕虜・朝鮮人の被爆への言及が見られないわけではなかったが、アメリカや日本政府、あるいは「広島」の責任を問う論調は少なく、関わりのある何者にとっても当たり障りのない、受け入れ可能な言説に満ちていた。それは、戦友会や戦後の知覧に見られた「慰霊祭の論理」に重なり合うものである。

こうしたメディア言説のありようは、ドーム保存運動にさかのぼることができる。原水禁運動をめぐって政治主義的な対立が深刻さを増していたなか、ドーム保存はいずれの立場においても、受け入れ可能なものであった。「広島」に関わる誰をも非難することなく、政治主義的な争点を棚上げにできるものとして、この運動は位置づけられた。だが、それは結果的に、戦後の初期には見られたような、直視を拒むほどの記憶の重さを、公的な言説空間のなかから排除することにもつながった。▼22

オバマ大統領がスピーチをした往時の爆心地一帯は、現在、平和記念公園として美しく整備されている。原爆ドームも敷地に芝生が植えられ、一帯は遊歩道と街路樹が整備されている。その整然とした美しさは、「慰霊祭」にはふさわしいものであったのかもしれない。だが、はたして、かつての言葉にしがたい怨念や憤りを来訪者に叩きつけるものであるのかどうか。「広島」やドームをめぐる戦後のメディア言説史を眺めてみると、当たり障りのなさが何かを見えにくくしている状況が、透けて見えるのではないだろうか。

映画『日本のいちばん長い日』（原田眞人監督）は、二〇一五年八月八日に公開された。東宝創立三五周年を記念して製作された同名映画（岡本喜八監督、一九六七年）のリメイクである。新版・旧版とも、半藤一利『日本のいちばん長い日』（当初は大宅壮一編として刊行）を原作としている。ポツダム宣言受諾が決定されるまでの軍・政府上層部の軋轢と宮城事件（天皇が終戦の詔書を読み上げた録音盤を奪取し、玉音放送を阻もうとした陸軍将校のクーデター未遂事件）を描写している。

しかし、双方の映画を見比べてみると、相違は決して少なくない。新版では、二〇一四年に出された『昭和天皇実録』（宮内庁）も参照され、御前会議開催に至る政治過程が詳しく描写されているほか、陸相・阿南惟幾や首相・鈴木貫太郎の家庭生活が描かれるなど、「家族」の物語が強調されていることは一目瞭然だが、むしろ、新版で何が削ぎ落とされたのかも見落とすべきではない。

旧版では、閣議でポツダム宣言受諾が決定されたものの、連合国への再照会や終戦の詔書の字句をめぐって議論が紛糾しているあいだに、特攻出撃させられるパイロットたちが描かれる。出撃前夜に町民の歓

9-1　映画『日本のいちばん長い日』（1967年）ポスター

9-2　映画『日本のいちばん長い日』（2015年）広告

送を受け、酒・手料理が振る舞われることに笑みを浮かべる隊員が描かれる一方、喧騒に交わる気になれず、数時間後の死をまえに茫然と立ち尽くすだけの隊員が映し出されている。近景には吸いかけの煙草と灰皿を映し、ピントを外しつつその隊員を遠景に置く描写は、当人のやるせなさをつよく印象づける。出撃を見送られる場面でも、無人のテーブルに捨て置かれたその煙草と灰皿が、ほんの数秒ではあるが、映し出される。そこには、上層部で終戦の意思決定がなされていながら、無駄な特攻死を生み出す組織のひずみや、「殉国」の美談に回収し得ない当事者の憤怒を読み取ることができる。

しかし、こうした場面は新版には見られなかった。旧版映画は東宝企画の作品であり、岡本が監督を引き受けたときには、すでに脚本もほぼ出来上がっていたので、[1]岡本監督の意図によるものかどうか判然としない。だが、少なくとも「戦争終結のために命をかけた男たちの物語」（新版『日本のいちばん長い日』広告）から零れ落ちる最末端の兵士の「無意味な死」が、短時間ながらも描写されているのは、旧版のひとつの特徴である。さらに言えば、これらの場面は原作にもなく、旧版映画のみに付加されたものである。そこに浮かび上がるのは、戦後のメディア文化における「継承」や「記憶」の力学ではなかろうか。新旧の『日本のいちばん長い日』を見比べてみると、新版では「家族」という私的領域が前景化する一方、「死の無意味さ」やそれを生み出した政治・社会のひずみは後景に退いている。これは、はたして『日本のいちばん長い日』に限るものなのか。そもそも、戦後のメディア文化は「戦争」を語るなかで、いかなる「継承」を創出し、どのような「断絶」を紡いできたのか。

本章では、これらの問いを念頭に置きながら、戦争映画や戦跡観光といった「戦後七〇年」のメディア文化のポリティクスを、過去との対比のなかで読み解いていきたい。[2]

一　「意味」の政治

「燔祭」としての体験

死の無意味さの直視を避け、何らかの「意味」を描こうとする動きは、戦後初期から少なからず見られた。永井隆『この子を残して』（一九四八年）・『長崎の鐘』（一九四九年）やそれらを原作とした映画『長崎の鐘』（一

9-3　岡本喜八監督『日本のいちばん長い日』（1967年）の特攻出撃前夜のシーン

九五〇年）の大ヒットには、そのことをうかがうことができる。

長崎医大助教授であった永井は、原爆で妻を失っていた。自らも大学で被災し、重傷を負ったものの、医師として救護活動にあたった。放射線医療に携わっていたため、すでに白血病に冒され、余命三年と宣告されていたが、死期が迫るなか、被爆体験や妻子への思いを病床で綴った手記が、先の著書であった。

永井の手記に特徴的なのは、原爆を「神の摂理」とする論理である。永井は敬虔なカトリック信者でもあり、信仰との関わりで被爆体験を解釈した。『長崎の鐘』のなかでも、「原子爆弾が浦上におちたのは大きな御摂理である。神の恵みである。浦上は神に感謝をささげねばならぬ」[3]と記している。いわゆる原爆燔祭説である。

「燔祭（ホロコースト）」は旧約聖書の言葉で、ユダヤ教の祭礼において、子羊などを焼いて神に犠牲として捧げるセレモニーを指す。永井の解釈では、「世界大戦争という人類の罪悪の償い」として「犠牲の祭壇に屠られ燃やさるべき潔き羔として選ばれた」のが「日本唯一の聖地浦上」であった。

今日の目には奇妙にも見える論理であろう。また、そこに占領下の言論統制との重なりを見ることも容易である。しかしながら、原爆を「神の摂理」として非難がましいことを語らず、前向きに復興と自らの死期に向き合う叙情の物語は、社会的に広く受容された。『この子を残して』と『長崎の鐘』はそれぞれ年間ベストセラー第一位・四位を記録する大ヒットとなり、一九五〇年公開の映画『長崎の鐘』も同年日本映画第七位の興行成績をあげた。[4]

「共感」をめぐる同床異夢

出版界・映画界での「永井もの」ブームを逆輸入するかのように、永井は長崎のシンボリックな知識人として位置づけられるようになった。一九四九年には地方巡行で長崎を訪れた昭和天皇が、病床の永井を見舞ったが、そのことは地元紙で大きく報道された。長崎市議会は、一九四九年一二月に名誉市民号授与を決議し、それに合わせて未整備だった名誉市民条例を新たに制定した。一九五一年五月に永井が死去すると、長崎市は公葬を執り行い、市長が弔辞を読み上げるなど、地域社会でも「原子野の賢者」と位置づけられた。

だが、永井の原爆燔祭説に対する共感が広く見られたとしても、当事者と非当事者とのズレも見落とすべきではない。妻と五人の子どもを失ったある復員者は「わしゃ、もぅ生きる楽しみは無か」「誰に会ぅてもこう言うですたい。原子爆弾は天罰、殺された者は悪者だった。生き残った者は神様から特別の御恵みを頂いたんだと。それじゃ私の家内と子供は悪者でしたか！」と語っていたが、永井が天主堂合同葬で信者代表として読み上げる弔辞草稿を見せたところ、男性は涙を浮かべながら、「やっぱり家内と子供は地獄へはゆかなかったに違いない」「確かに戦争で死んだ人々は正直に自分を犠牲にして働いたのですからな。わしらも負けずによほど苦しまねばなりませんたい」と語ったという。[5]「原子爆弾が浦上に落ちたのは大きな御摂理である。神の恵みである。浦上は神に感謝をささげねばならぬ」というのは、そのときの弔辞草稿の一節であった。

この挿話は永井の著書に書かれているものなので、復員者の「回心」のありようについては、いくらか割り引いて考えなければならない。だが、少なくとも、言葉にしがたい悲嘆や苦悶に対して、何らかの「意味」を見出そうとする心性はうかがえよう。そのことを今日の視点から批判することはたやすいが、それは同様の状況に置かれていないがゆえに発することができる「強者の論理」と言えなくもない。当事者にしてみれば、そうでもしなければ耐えられない心境にあったのではないだろうか。

他方で、永井の著作を手にした全国の読者や映画『長崎の鐘』の観衆たちも、同じく感動の涙を流したわけだが、それは被爆体験者の永井への共感とは、おそらく異質であった。被爆当事者が永井の論理にすがり、自らの苦悶を「意味」で埋めようとした前提には、その苦悶や近親者の死の「無意味さ」があった。それは、テクストやスクリーンに映る永井の献身に「意味」や「感銘」を読み込むのとは異なるものである。「永井もの」は全国の読者・観衆にも、そして長崎の被爆当事者にも少なからぬ感動を与えた。だが、当事者が「意味」にすがらざるを得ないことと、後世の生者が感銘をもって「意味」を愉しむことは、やはり異質なものである。それは、同床異夢とでも言うべき状況であった。

祝祭の逆説

体験をめぐる苦悶は、何らかの「意味」ばかりではなく、祝祭を求めることにもつながった。前章でもふれたように、戦後一年目や二年目の八月六日には、広島で花電車の運行や仮装行列の市内巡回が行われた。『中国新聞』(一九四七年八月七日)には「至るところで盆踊が行われ休みどころか徹夜で踊りまくろうと意気ま」く人々の姿が報じられていた。前日や同日の『中国新聞』『夕刊ひろしま』(いずれも中国新聞社発行)には「祝　平和祭」を掲げた企業広告も掲げられた。原爆被災日は「祝う」ことの対象であった。これらの祝祭イベントには、広島市や広島市商工会議所、観光協会などが深く関わっていた。一九四〇年代後半の長崎でも、広島に張り合うかのように、原爆被災日には祝祭イベントが繰り広げられた。とくに一九四九年には花電車の運行はもちろんのこと、「仮装提灯行列」「素人のど自慢大会」「ダンス・パーティ」などが行われた。

こうした風潮について、「あのようなお祭りさわぎをするのはもってのほか」「厳粛な式典はひとつも見られなかった」という意見も見られないではなかった。[6] しかし、なぜ、これらが行政当局などによって企画され、また地元紙でも大きく報じられたのか。

その背後にある被爆当事者の心情について、中国新聞記者の金井利博は一九五二年の文章のなかで、「原爆体験者の身になつてみればあんなイヤなことをいまさら想い出そうより忘れようとしてのドンチャンさわぎ、無理からぬ一種の逃避、いや或意味の心理的な抵抗」「あれを体験した者は、あんなけつたいな追憶と真正面から取つ組むことに、今でも何ほどかの心理的な努力がいるんだ、と口をゆがめる」と指摘していた。[7] 毎年めぐってくる原爆被災日は、否が応でもかつての体験のおぞましさを思い起こさせる。そのことは、当事者にとって筆舌に尽くしがたい心理的負担を伴った。彼らが「あんなイヤなことをいまさら想い出そうより忘れようとしてのドンチャンさわぎ」に走ることは、「無理からぬ一種の逃避」であるばかりではなく、「或意味の心理的な抵抗」でさえあったのである。

そこには、祝祭イベントの機能も透けて見える。もともと、原爆被災日を期して行われたこのイベントは、過去の記憶を相互に確認し合うものではない。むしろ、市民が互いに過去から(一時的にではあっても)目をそらし合うことを可能にする場だった。それは、直視できないほどの体験の重さに裏打ちされたものでもあった。

排除の構造

もっとも、占領が終結するほどの時期になると、さすがにこの種の祝祭イベントは抑制されるようになった。同時に、広島・長崎では記念公園の整備が進み、慰霊碑や祈念像の前での追悼式典が定例化するようになった。占領期には抑え込まれがちだった被爆体験の手記類も多く出版されるようになり、被爆者援護の問題も相俟って「体験の継承」が前景化するようになった。

しかし、体験を記憶し、記念する場として創られた平和記念公園といった空間（メディア）は同時に、末端の当事者の疎外や排除を伴うものでもあった。

原爆によって生活基盤を奪われ、また、自らも後遺症により経済的な自立が困難な被爆者・被災者は少なくなかった。彼らは河川敷や建造物が多く倒壊した爆心地付近にバラックなどを建てて生活するしかなかった。一九五一年六月の時点でも、広島・中島地区には約二三〇戸が残されていた。そうした彼らからすれば、平和記念公園整備や祈念像建立について、「石の像は食えぬし腹の足しにならぬ」（福田須磨子）といった思いを抱くのは当然であった。

折しも、広島では平和記念公園建設が進められつつあったが、そのことは、彼らを地域一帯から排除することを意味していた。広島の作家・大田洋子は、『夕凪の街と人と——一九五三年の実態』（一九五五年）のなかで、平和記念公園や平和大通り（百メートル道路）の整備に対する彼らの違和感を、次のように綴っている。

年がら年中、人夫を雇つて［百メートル道路で］草をとらせ、花を植えさせ、街路樹の苗木を植えさせてはおりますがねえ、枯れたり腐つたりして、なんにもなりはしませんよ。土手の連中は不法住宅を建てたか知りませんが、野良犬を追い払うように人を追つ立て、公園、道路ばかりつくることに重点をおくから、ああいうものが出現するのは当然です。お前らは無断建築したんだから、どこへでもゆけという。ここは公園にするからどいてくれ、百メーター道路にするからどいてくれと云って追いはらつたんですからね。市民がくるしんどるのに、道にばかり草花を植え、花壇にして見たところで、世界の遊園地にして見たところで、市民の方でそれを愛していませんから、草も花も木も育ちはしません。[8]

平和記念公園や周辺の景観整備は、底辺の被爆者・被災者たちの「醜いバラック」を排除するものでもあった。そのことは、第二章でもふれたように、原爆慰霊碑の除幕式にもうかがうことができた。一九五二年八月六日に除幕式・平和記念式典が行われた際、原爆慰霊碑の背後には横断幕が張られていた。当時は、「慰霊碑の後ろからドームまでぎっしりバラックが建ってい」る状態であり[9]、横断幕はバラックを覆い隠す目的で張られていた。同様のことは翌年の式典でも見られた。

9-4　平和記念公園の工事風景
（1952年、撮影・佐々木雄一郎）

9-5　原爆慰霊碑とバラックを遮る横断幕
（1953年8月6日）

過去を追憶すべく創られた平和記念公園（あるいは平和祈念像）は、同時に貧困に喘ぐ被爆者・被災者たちを遮断する形で「景観の美しさ」を担保しようとした。「記憶」の場（メディア）は、末端の当事者たちを排除する暴力をも、帯びていたのである。

二　メディアと空間編成

映画が紡ぐ戦跡

戦跡それ自体のメディアとしての機能とともに、メディア文化との関わりのなかで戦跡が創られていくことも、見落とすべきではない。沖縄守備軍の看護要員として動員された女子学徒隊を祀ったひめゆりの塔（一九四六年四月建立）は、主要沖縄戦跡のひとつとして、戦後初期から広く知られている。しかし、本来、ひめゆりの塔は沖縄戦死者の総体を象徴するものではない。住民および日米将兵の遺骨を多く納めた魂魄の塔（一九四六年三月建立）は、文字通り沖縄戦の「無名戦没者の墓」であったが、それに対し、ひめゆりの塔はあくまで沖縄県立第一高等女学校・沖縄師範学校女子部の生徒たちを合祀したものでしかない。にもかかわらず、ひめゆりの塔が大きな知名度を獲得するうえでは、石野径一郎の小説『ひめゆりの塔』（一九五〇年）や大ヒットした映画『ひめゆりの塔』（今井正監督、一九五三年）のインパクトが大きかった。一九五〇年代初頭の『うるま新報』『沖縄タイムス』にも、魂魄の塔以上のひめゆりの塔の賑わいが、しばしば特筆されていた。そこには、「本土＝日本軍（の男）」が「沖縄の少女」をまなざす視線が透けて見えるのと同時に、沖縄がそれを内面化しているかのような状況が浮かび上がる。

もっとも、そこには沖縄の本土復帰願望が関わっていた。冷戦激化に伴い、米軍基地建設が加速し、土地の収奪や劣悪な基地労働環境に悩まされていた沖縄では、サンフランシスコ講和条約の発効（一九五二年四月二八日）を前に、日本復帰運動が盛り上がっていた。結果的に、沖縄を米軍基地の島としてアメリカに差し出す形で、日本本土は占領終結（独立）を果たすことができたわけだが、その後も復帰をめざす動きは少なからず見られた。「日本軍を看護する少女たち」の碑が沖縄社会のなかでも主要な戦跡観光地となった背景には、「沖縄の犠牲と貢献」を強調することで、復帰を実現させようとする欲望が関わっていた。

「戦跡というメディア」に映る齟齬

こうした動きは、第三章でふれた摩文仁戦跡の成立にも重なっていた。摩文仁は沖縄戦末期の激戦地であったとはいえ、もともとは公的な戦没者追悼式が定期的に行われる場ではなかった。琉球政府（沖縄返還後は沖縄県）による戦没者追悼式が毎年、摩文仁で挙行されるようになるのは、一九六四年以降のことである。こうした状況を生む背後には、本土各府県の慰霊塔建設ブームがあった。

一九六〇年代に入り、本土・沖縄の双方で沖縄返還の輿論が高まりつつあったなか、摩文仁を中心に本土各県の慰霊塔が沖縄に多く建立された。摩文仁にはそのうち三五基の府県碑が設けられた。ちなみに、今日、摩文仁の沖縄県平和祈念公園には五〇基の慰霊塔があるが、その七割を府県碑が占めていることになる。復帰運動の隆盛に伴い、本土と沖縄の双方が抱擁し合うような状況のなかで、摩文仁は戦争の記憶を象徴するものとして発見されるようになった。

とはいえ、これら府県碑は必ずしも沖縄戦没者を記念するものではなかった。沖縄全体の都道府県碑の全合祀者数のうち、沖縄戦で死没した各都道府県出身者は五・七パーセントにすぎない。圧倒的大多数は、フィリピン戦線やニューギニア戦線など、南方戦線での死者であり、なかには中国戦線・満州戦線の戦没者をも合祀した慰霊塔もある。本土にとって、沖縄はその地での死者のみを弔う場であったのではなく、「大東亜戦争」の死者全般に涙する場であった。[10] にもかかわらず、そうした慰霊塔を沖縄が積極的に受け入れたのは、本土復帰を求めるがゆえのことであった。沖縄戦にとどまらない「犠牲」「殉国」を強調することは、本土の涙を誘い、沖縄返還の輿論の高揚を誘うものでもあったのである。

こうした状況は責任の問題を後景化させることにもつながった。拙著『焦土の記憶』(二〇一一年)でもふれたように、復帰運動が高揚するなか、日本軍の沖縄への加害の問題が議論されることはまれであった。沖縄文学者の岡本恵徳も「水平軸の発想」(一九七〇年)のなかで、「「復帰運動」のなかで「異民族の支配からの脱却」が、ひとつの運動目標として設定された」ことで、「「祖国」が幻想的に美化されることにより、その意味で思想として論理性を欠くものとなった」と述べている。[11] また、映画『ひめゆりの塔』(一九五三年)のラスト近くには、米軍に囲まれるなか、壕を出て生き延びようとする女学生が軍医に射殺されるシーンがあったが、公開前には日本本土の反感を懸念して、その場面の削除を求める動きも見られた。[12] 沖縄で、日本軍の(ひいては沖縄自身の)戦争責任を問う議論が盛り上がりを見せるようになるのは、沖縄返還問題のひずみが露見する一九六〇年代末を待たなければならなかった。

メディアが創る「地域の記憶」

メディアや「中央」の視線は、戦跡を創るだけではない。地域の戦争の記憶そのものを塗り替えることもあった。知覧はその代表的な例である。

知覧は「特攻の町」として知られており、特攻平和会館(一九八七年開館)には年間四〇-六〇万人が訪れる。その数字は、沖縄県平和祈念資料館を上回り、長崎原爆資料館やひめゆり平和祈念資料館に匹敵する。

しかし、こうした状況は、考えてみれば奇妙なものである。第七章で述べたように、知覧住民は、陸軍特攻基地での勤労動員や軍指定食堂等で隊員たちにふれあうことはあっても、特攻出撃したわけではない。特攻機に搭乗したのは、あくまで全国各地から集められた陸軍パイロットたちであった。

そもそも、一九四二年に開設した航空基地は、地域の基幹産業であった茶畑を潰して造られたものであった。それもあって、終戦と同時に航空基地施設は取り壊され、その地はすぐに茶畑へと「復員」した。にもかかわらず、知覧において「特攻」が前景化するようになるのは、一九六〇年代後半以降のことである。折しも戦中派世代が壮年期を迎え、戦友会の活動が盛り上がりつつあった。元隊員たちもしばしば知覧を訪れるようになり、慰霊祭は大規模化していった。

メディアのインパクトも大きかった。かつて知覧に滞在した元映画報道班員・高木俊朗による『知覧』(一九六五年)がヒットしたほか、高木の手記を原作とした映画やドラマも話題になった。このことは、さらに元隊員や遺族の知覧訪問を後押しした。

知覧町の側も、戦友会の期待やメディアのイメージに合わせるかのように、町報で特攻慰霊祭を大きく扱うようになった。一九七〇年代半ばには、モニュメント(特攻銅像とこしえに)や資料館(特攻遺品館)を建てるに至った。

こうしたなか、「特攻」はあたかも「自らの戦争体験」であるかのように、地域に根ざすようになった。一九七四年一〇月の町民運動会では、役場青年部メンバーらが実物大の模造戦闘機を製作し、特攻隊員や見送りの女子学徒に扮した仮装劇を行っている。観光の場とは異なり、運動会は地域住民に閉じた場であったはずだが、こうした場面で特攻の仮装寸劇が選び取られるところに、彼らが「特攻」を「自らの記憶」として内面化していることがうかがえる。

他方で、それに反比例するように、住民の戦争体験は後景に退いた。知覧出身兵はフィリピン戦線やニューギニア戦線に多く投入され、激戦や飢餓を体験したが、こうした体験は「特攻」と入れ替わるように、町報で扱われることが少なくなった。戦記ブームや戦友会・遺族の知覧イメージを逆輸入しながら、地域の戦争の記憶は「特攻」へと上書きされていったのである。

慰霊祭と証言の抑制

それはすなわち、慰霊祭で語られる「特攻」イメージを再生産することにもつながった。

戦後の元特攻隊員の手記集を繙いてみると、じつは、エリート将校や司令官への憤りが綴られているものも少なくない。海軍飛行予備学生第十四期会編『別冊あゝ同期の桜』(一九六六年)には、出撃前夜に「アナポリ［海軍兵学校出身将校］、出てこい。前線に行って見ろ、戦争しているのは予備士官と予科練だけだぞ」と叫びながら、ビール瓶を投げ続けた学徒将校や、離陸後司令室に体当たりするそぶりを露骨に見せつけたうえで出撃した隊員の挿話が収められている。[13] しかし、軍上層部に対する当事者たちの憤りは、慰霊祭では抑制されがちであった。

知覧の特攻慰霊祭には、元特攻隊員や遺族らが多く集ったほか、第六航空軍司令官で陸軍中将だった菅原道大らもたびたび参列していた。菅原は知覧をはじめとした南九州の特攻作戦を指揮していた。最後には自らも出撃すると言いながら戦後も生き延びた菅原への反感は、しばしば関係者のあいだで語られていたが、[14] そのことが追及されることはなかった。上官批判が場の雰囲気を刺々しくすることもさることながら、特攻作戦批判は死者の死が「無駄死に」であったことを遺族に見せつけることになる。元上官や遺族への配慮も相俟って、出席者の誰を傷つけるわけでもない、当たり障りのない「顕彰」が、そこでは積み重ねられていった。

こうした状況を考えるうえで、戦友会に関する吉田裕『兵士たちの戦後史』(二〇一一年)の指摘は重要である。第七章などでもふれたように、かつての「戦友たち」が親睦を重ねることは、「戦友会の構成員が戦場の悲惨な現実や、残虐行為、上官に対する批判などについて、語り、書くことを、統制し、管理」することにつながった。▼15 往時の上官と兵士たちが交流する場は、証言や記憶を引き出すというより、それにブレーキをかけるものでもあった。

慰霊祭も、その点では同様であった。戦術的な実効性が乏しいことが明らかであったにもかかわらず、「志願の強制」が続けられた軍の組織病理や責任の問題は、そこでは棚上げされ、「顕彰」のみが語られる。そして、こうした慰霊祭的な「特攻」語りが知覧において内面化され、また知覧を語るメディア(戦記、戦跡観光)において再生産されたのである。

三　脱歴史化する記憶

生者の傲岸な頽廃

とはいえ、死者の顕彰が死者の情念を覆い隠してしまうことへの批判も、見られないではなかった。橋川文三は「靖国思想の成立と変容」(『中央公論』一九七四年一〇月号)のなかで、「大臣とか大将だとかいってデタラメなことばかりしている奴どもに爆弾を叩きつけてやった方が、さっぱりして死ねるように思います」といった憤りを抱いた戦死者をも「国家は涼しい顔をしてその若い魂をも靖国の神に祀りこんでしま」う靖国神社国家護持にふれながら、以下のように論じていた。

靖国を国家で護持するのは国民総体の心理だという論法は、しばしば死に直面したときの個々の戦死者の心情、心理に対する思いやりを欠き、生者の御都合によって死者の魂の姿を勝手に描きあげ、規制してしまうという政治の傲慢さが見られるということです。歴史の中で死者のあらわしたあらゆる苦悶、懐疑は切りすてられ、封じこめられてしまいます。[16]

死者を顕彰することが、死者の苦悶や懐疑を削ぎ落としてしまう。橋川は国家護持運動に対して、こうした政治性を感じ取っていた。自らも学徒兵として戦争末期の激戦を体験した安田武も、一九六三年の著書『戦争体験』のなかで、「「他人の死から深い感銘を受ける」というのは、生者の傲岸な頽廃」であると述べている。[17] それも「感銘」が死者の情念を覆い隠してしまうポリティクスを衝くものであった。「感銘」や「顕彰」は、死者による国家批判の契機を削ぐことでもあった。橋川は先の文章に続けて、こう述べている。

そしてそれは、ひいては歴史に対する一切の批判異論を認めないという深い根拠をしだいに形づくる万能性があるわけです。たとえば「大東亜戦争」を批判することは「英霊」に対してあいすまないというようなろこつな政治の論理が横行し始めないという保証はほとんどなくなるということもおこるはずです。かつては御霊を鎮めるという意味をもっていた靖国は、ここでは、二百万にのぼる第二次大戦の死者の思いが、日本の国家批判の怨霊としてよみがえることを封じようとしていることになります。[18]

橋川は個々の死者の怨念のなかに、公的なひずみや責任を問いただそうとする契機を読み込んでいた。それだけに橋川にとって、死者を美しく、心地よく語ることは、死者からの批判を封じ込めることにほかならなかった。

これはしばしば、当時の戦争映画でも描かれていた。映画『あゝ同期の桜』(一九六七年)のラスト近くでは、機体故障を認識しながら搭乗機を発進させ、離陸すらできずに爆死する特攻隊員が描かれている。彼は前日にも特攻出撃したものの、エンジントラブルのためにやむを得ず帰投した。司令は「途中で怖気づいて引き返したんじゃないだろうな」「一度出た者が帰ってくると、士気に影響する」と罵り、護衛機の援護もない単機での再出撃を命じている。それは上層部が作り上げた架空の戦果の辻褄を合わせるためのものでしかなかったが、離陸することすら不可能なことがわかったうえでの発進と自死は、自己保身と組織病理にまみれた上層部への当てつけと怨恨が込められていた。

また、映画『あゝ決戦航空隊』(一九七四年)では、海軍次官・大西瀧治郎や厚木航空基地司令・小園安名が狂信的なまでに戦死者の情念を語りながら、その延長で責任を取ろうとしない軍上層部、さらには天皇を批判している。

公的な主題の後景化

軍の組織病理や暴力そのものを主題化した映画も、かつては少なくなかった。一九五〇年代後半の「二等兵物語」シリーズや一九六〇年代後半の「兵隊やくざ」シリーズは、喜劇や活劇の色彩を盛り込みつつも、主題は軍内部のセクショナリズムや不正、暴力の問題であった。この終章の冒頭でふれた岡本喜八も『独立愚連隊』(一九五九年)・『独立愚連隊西へ』(一九六〇年)・『血と砂』(一九六五年)といった一連の戦争アクション映画を作っているが、それも軍上層部の保身や不正を指弾するものであった。これらの映画ではいずれも、「敵」は軍上層部であった。

むろん、これらはフィクションであり、史実を投影したものではない。だが、個々の兵士の私的な心情美というよりは、軍組織という公的なものの病理を主題にしている点で、共通していた。

しかし、近年ではこれらを主題とする映画は、総じて少ない。たしかに、『男たちの大和 YAMATO』(二〇〇五年)であれ『永遠の0』(二〇一三年)であれ、軍内部の暴力の描写がないわけではない。しかし、それらは主題というよりはむしろ、ラスト近くの「絆」「家族愛」といった心情美を盛り上げるための舞台背景でしかない。

戦跡観光においても、同様の傾向を見ることができる。知覧では、そもそも軍の組織病理や特攻隊員への暴力が後景化し、特攻隊員が遺書に綴った私的な心情(家族への思いなど)に焦点が当てられがちであった。それに加えて、近年では「特攻隊員として散っていった未来ある青年たちの想いを知り、今の自分に課された役割や生き方を自身に問う」(知覧・富屋旅館ウェブサイト)べく、知覧観光のなかで人生訓を見出す動きも見られる。永松茂久『人生に迷ったら知覧に行け』(きずな出版、二〇一四年)には、「先が見えなくなったとき、壁にぶつかったとき、この場所がいつも僕を救ってくれた。「愛」「感謝」「勇気」「覚悟」

すべての答えは知覧にあった」と記されている。そこでは、特攻隊員の私的な心情への「共感」の延長に人生訓への関心が見られる一方、特攻作戦や戦争遂行そのものを取り巻く社会的・政治的な問題は後景に退いている。▼19

もっとも、史的背景や公的な問題系を棚上げしながら「戦争の記憶」が語られる動きは、これまでにも見てきたように、必ずしも近年に限るものでもなかった。そして、その背景には、戦後の社会的なひずみもあった。知覧が自らの戦時期の体験を脇に置いて、他者の体験でしかない「特攻」を選び取ったことには、過疎化の問題が関わっていた。日本が高度経済成長に沸くなか、知覧は都市圏への人口流出に苛まれていた。その打開策として見出されたのが、「特攻」による観光誘致であった。沖縄では、本土府県の慰霊塔建設のなかで、「殉情」「犠牲」が強調された一方、軍の暴力やセクショナリズムの弊害（沖縄守備軍と

9-6 『兵隊やくざ大脱走』（1966 年）広告

9-7 『独立愚連隊西へ』（1960 年）ポスター

大本営の意思疎通の欠如など）への言及は抑制される傾向があったが、それは前述のように、米軍統治からの脱却をめざす切迫感に根ざすものであった。

「世代」の表象

記憶の力学を考えるうえでは、世代の問題も見落とすべきではない。一九六〇年代・七〇年代は、「戦争体験の断絶」が多く言われた時期であった。日本戦没学生記念会（わだつみ会）をはじめとした反戦・平和団体ではしばしば、戦争体験そのものに固執しようとする戦中派（戦没学徒世代）と、政治運動を担い、「体験」を政治主義に結びつけようとする戦後派・戦無派の対立が表面化していた。

わだつみ会常任理事を務めた安田武は『戦争体験』（一九六三年）のなかで、「戦争体験に固執するかぎり、そこからは何ものも生まれないであろうし、それは次代に伝承されることも不可能であろうという批判」を念頭に置きながら、「戦争体験から何も学びたくないと思う者、あるいは何も学ぶことはないと考える者は、学ばぬがよい」と記しているが[20]、これに対し、一九三五年生まれの仏文学者・高橋武智は、一九六五年のわだつみ会第六回シンポジウムのなかで「伝承する気のない人の戦争体験は私は返上したい。受け取る気はない」と語っていた[21]。一九六九年には、立命館大学のわだつみ像が学生たちによって引き倒されるという事件も起こった。

こうした世代間対立は、「「あの戦争」をいかに理解すべきか」という問いを突きつけることになった。世代を超えて共感や相互理解がたやすく進むという前提がないだけに、「戦争」を論じようとすれば、異なる立場からの厳しい批判を予期しながら、議論を突き詰めなければならなかった。「断絶」は世代間の論争を引き起こしたが、見方を変えれば、そのゆえに議論の活性化や深化が生み出されたとも言える[22]。体験の語りがたさや「被害者意識」批判が多く論じられたのも、この時期である。

同時代の戦争映画でも、ラストにしばしば世代間の軋みが描かれていた。岡本喜八監督『肉弾』（一九六八年）は、ドラム缶に魚雷を括り付けて特攻を命じられた主人公の白骨死体が、一九六八年の真夏の海に漂着するシーンで終わっている。そこでは若者たちが水上スキーやサーフィンに興じ、錆びたドラム缶のなかで怒号するかのようにあぐらをかいている白骨を一瞥して去っていく。『あゝ決戦航空隊』は、玉音放送後も徹底抗戦と上層部批判を狂信的なまでに語る小園安名を描いたのち、一九七〇年代の渋谷駅付近の雑踏とともに主人公・大西瀧治郎の自決を映し、彼らの情念が後世に受け継がれているのかどうかを問うナレーションで幕を閉じる。そこには、戦争体験をめぐる世代間対立が前提にあり、下の世代からの批判に応答し、あるいはそれをねじ伏せようとしながら、「戦争」を捉え返そうとする営みを垣間見ることができる。

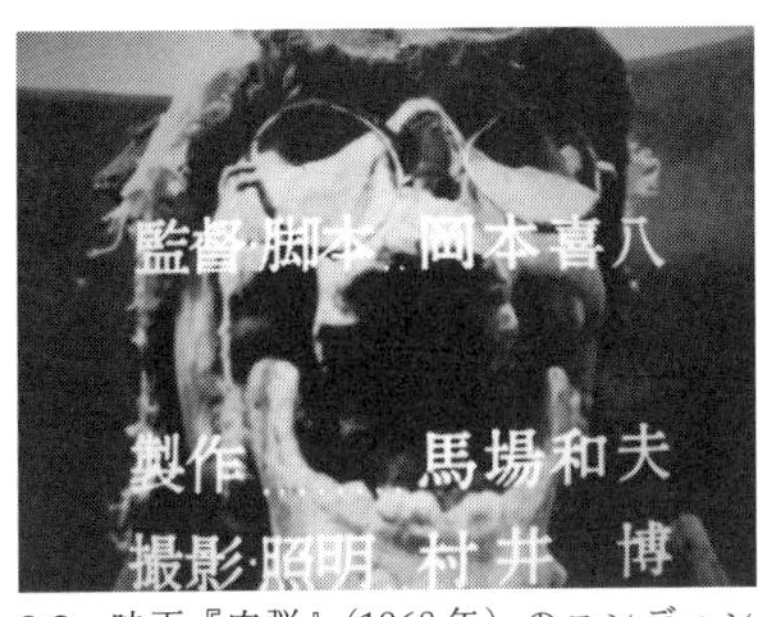

9-8　映画『肉弾』（1968年）のエンディング・ロール

9-9　映画『男たちの大和　YAMATO』（2005年）パンフレット

それに対し、二〇〇〇年代以降の戦争映画では、体験者と若者との相互理解は調和的なものとして描かれることが多い。『男たちの大和　YAMATO』のラストでは、戦艦大和の乗組員とその孫（および別の乗組員の娘）が死者の戦友や家族・恋人への思いに、ともに深い共感を抱く。知覧の陸軍特攻隊員を描いた映画『ホタル』（二〇〇一年）や海軍特攻隊員を扱った映画『永遠の0』（二〇一三年）も、主人公たちの孫が体験者の心情への共感を語る場面で終わっている。そこにあるのは、世代間の対立ではなく調和であり、戦争体験は和やかに継承可能なものとして描かれている。

映画のなかでの「継承」の対象が、「子」世代から「孫」世代へとシフトしていることも見落とすべきではない。一九六〇年代・七〇年代の戦争映画では、体験を伝えるべき対象は、戦中派世代の次の世代、つまり「子」の世代が想定されていた。それに対し、二〇〇〇年代以降の戦争映画では、「孫」世代への継承が念頭に置かれている。むろん、戦後半世紀以上が経過した時代である以上、「孫への継承」が扱われることは不思議ではない。しかし、互いの醜さも視野に入るがゆえに反目を帯びやすい「親 - 子」関係とは異なり、「祖父 - 孫」関係は往々にしてロマン化を生む。[23] 欠点にまみれた「親」とはまったく異質な、理想や願望を投影した人物像が、そこでは結ばれやすい。「祖父」から「孫」への調和的な体験の継承の描写も、こうした世代イメージと無縁ではない。

9-10　映画『男たちの大和　YAMATO』（2005年）の結末部のシーン

調和と脱歴史化

このことは、「戦争体験の継承」を考えるうえで、示唆的である。「継承」の必要性は長く叫ばれているものの、「祖父」から「孫」への「継承」が暗黙の前提にされている今日では、かつてのような隣接する世代間の対立や葛藤は目立たない。逆に言えば、かつては「断絶」が可視化されていたが、昨今は「調和」が前景化する分、体験の語りがたさや共有の困難が見えにくくなっている。そのことは、「祖父」にあたる戦争体験世代をロマン化することとも重なり合っている。

さらに言えば、こうした「調和」は「記憶の脱歴史化」をも後押ししている。[24] ロマン化した「祖父」世代への共感は、彼らの言説に疑念を抱いたり、異議を申し立てようとする思考を阻み、ひいては、その背景にある史的状況への関心を抑制する。死者たちの遺書にはしばしば「殉国」や「家族への思い」が綴られていたが、それは作戦遂行が戦術的な効果に乏しいことを知りながら、何とか「意味」を見出そうとした苦悶のあらわれでもあった。それだけに、後世の者が彼らの遺書に「感銘」を見出すことは、当事者たちが「意味」を綴る前提に「無意味」を感知していたことから大きく隔たるものである。言い換えれば、往時の彼らの「心情」への共感が深くなればなるほど、「無意味な死」を何とか意味づけるべく、「殉国」や「家族」を語らざるを得なくした公的な暴力が後景化される。死者のなかに「心情の美」が読み込まれることは少なくないが、美しさへの耽溺は、そういう「美しさ」を強いた社会のひずみをせいぜい舞台装置に押しとどめ、それを主題化することを阻んでしまう。

それに対し、戦中派世代と戦後派・戦無派世代、つまり「親」と「子」の断絶やぶつかり合いが明白であった状況では、双方が相手を論破できるような「戦争の語り」を模索せざるを得ない。むろん、そこでの議論のありようには、さまざまな限界や制約があったとしても、[25] 断絶や葛藤が可視化されていた状況は、年長者が語ろうとしない何かを年少者に想像させ、また、年少者が汲み取ろうとしない何かかの言語化を年長者に促そうとしたのではないか。少なくともメディア文化においては、世代的に安易に相容れない状況のほうが、戦時のありようを問う営みを促し、逆に世代間の調和が見られる状況が、かえって当たり障りのない「戦争の語り」の累積とそれ以上の思考の停止を促す側面があるように思われる。それはまさに、先にふれた「慰霊祭の論理」でもある。

「断絶」の風化

こうした状況を考えるうえで、「戦争体験の断絶」が「戦争体験（もしくは戦争の記憶）の風化」と言い換えられるようになったことは示唆的である。「断絶」と「風化」は含意が似ているようで、微妙に異なる。従来の認識が断ち切られ、そこに議論のぶつかり合いを示唆する「断絶」に対し、「地表およびその近くの岩石が、空気・水などの物理的・化学的作用で次第にくずされること」（『広辞苑』）を原義とする「風化」は、認識をめぐる対立ではなく、あたかも自然現象でしかないような漸進的な停滞を暗示する。そして、近年は明らかに「断絶」ではなく「風化」が、戦争体験への言及のなかで多用されている。

朝日新聞データベースで検索をしてみると、戦後五〇年にあたる一九九五年の一年間で、戦争体験や戦争の記憶に関する記事のうち、「断絶」という語でヒットするものは一三件であるのに対し、「風化」で該当するものは三二件である。[26] 二〇〇五年になると、「断絶」は一〇件にとどまる一方、「風化」は一九三件に達している。「断絶」に比べて、「風化」の一般化は明らかである。

しかしながら、一九六〇年代・七〇年代であれば、「断絶」が言われることのほうが多かった。『読売新聞』（一九六九年九月一〇日、夕刊）には阿部昭「断絶はあるのか――父と子　奇妙な〝戦争体験〟の継承」が掲載されているが、その冒頭では「「断絶」という言葉が大はやり」であることが指摘されている。実際、当時の雑誌記事・論文を検索してみると（cinii および国立国会図書館論文検索）、江藤文夫「戦争体験の断絶と連続」（『中央公論』一九六〇年六月号）、座談会「戦争を知らない世代の戦争観――新旧世代間の断絶を埋めるために」（『朝日ジャーナル』一九六七年八月一三日号）、小中陽太郎「世代論の愚と断絶の時代（特集「平和」のなかの「戦争」)」(『現代の眼』一九七五年一一月号)などが目につく。それに対し、論題に「風化」の語があるものは、「戦争体験の風化と思想化」(『現代の眼』一九六七年一〇月号)が初出であり、しかも三ページ程度のエッセイでしかない。その後に「風化」を冠した論考は、『文化評論』(一九七七年九月号)に掲載された石川弘義「戦争、疎開そして戦後——あのひもじさ・恐ろしさは〝風化〟したのか」まで待たなければならない。

かつて戦争体験や戦争の記憶は「断絶」の問題として論じられがちだった。しかし、戦後五〇年以上を経過するようにもなると、それは「風化」の問題系へと移行する。「断絶」が含意していた世代間の対立(さらには同世代内の亀裂)は後景に退き、あたかも「自然」に忘却されるであろうものとして、戦争の体験や記憶が位置づけられるようになった。「風化」の一般化は、戦争体験それ自体もさることながら、かつて見られた「断絶」そのものが風化している状況をも照射する。

だが、戦争をめぐるメディア文化史を振り返ってみるならば、風化というよりは断絶や亀裂のほうが際立っていた。世代間の対立は、しばしば体験や責任のありようを問う戦争映画を生み出した。同時代のなかでも、さまざまな亀裂が見られた。戦後初期の長崎原爆の映画や手記には、「感動の物語」を消費する者と何らかの「意味」にすがらざるを得ない体験当事者の同床異夢が透けて見える。戦跡(観光)は、往時の「記憶」を伝承するばかりではなく、ときに貧困に喘ぐ末端の当事者を排除する暴力も伴っていた。そこには体験をめぐる不調和こそが浮かび上がる。こうしたなかで、戦争アクション映画においても、軍や社会の組織病理がしばしば描かれてきた。

しかし、「風化」が前景化するにつれ、心地よい「継承」が夢想され、「調和」への憧憬ばかりが際立つようなった。「心情の美」への共感が量産される一方、断絶や亀裂を覆い隠し、その背後にある史的・公的なひずみへの想像が遠のいてしまう。

本章の冒頭でもふれたように、旧版の『日本のいちばん長い日』（一九六七年）では、ポツダム宣言受諾が政府部内で決定されていながらも、特攻に送り出されようとする隊員の茫然自失が、わずかながらも描かれていた。新版（二〇一五年）ではこれらの場面がない代わりに「家族愛」が映し出されているが、そこには「断絶」から「風化」へ、そして亀裂から調和へと移りゆく「メディア文化のなかの戦争」の変容が透けて見える。

ちなみに、岡本喜八は『日本のいちばん長い日』公開の翌年に、ぶざまな学徒兵の悲哀をコミカルに描いた『肉弾』を製作した。それは「士官学校の庭に二五〇キロバクダンが落っこって同室の戦友の九九％がハラワタをさらけ出し、足や手を吹っとばし、頸動脈をぶった切られて死ンだ」さまに居合わせた自らの戦争体験に根ざしていたのと同時に[27]、『日本のいちばん長い日』の特攻隊員の茫然自失を掘り下げたものであるようにも思える。前にも引いたように、岡本は戦争映画を撮る動機について、『独立愚連隊』（一九五九年）や『独立愚連隊西へ』（一九六〇年）を撮り終えたあとに、こう述べていた。

> 戦争は悲劇だった。しかも喜劇でもあった。戦争映画もどっちかだ。だから喜劇に仕立て、バカバカシサを笑いとばす事に意義を感じた。戦時中の我々はいかにも弱者であった。戦後十三年目の反抗は弱者ノツヨガリだったかもしれない。しかし弱くてちいちゃなニンゲンであった兵士たちにとって、バカバカシサへの反抗は切迫した願望でもあった。
> あまりにも切迫した願望のせいか、独立グレン隊は小高い視野にも立たず、慟哭もせずフマジメに誕生した。[28]

こうした幾重にも屈折した心性は、その後、どう「継承」され、また「断絶」したのか。あるいは「断絶」さえないままに「風化」したのか。「ポピュラー・カルチャーの戦後七〇年」は、調和と継承の政治性を「感銘」や「共感」の涙の奥底に照らし出しているのかもしれない。

「戦後七〇年」にあたる二〇一五年には、戦争をめぐるさまざまな議論が展開された。社会学や近接領域でも、例外ではなかった。日本社会学会でシンポジウム「戦争をめぐる社会学の可能性」が行われたほか、日本マス・コミュニケーション学会、同時代史学会等でも「戦後七〇年」を主題としたシンポジウムやワークショップが開かれた。広義の戦争社会学に含まれる研究書の刊行も少なからず見られた。

こうしたなかで垣間見られたのは、従来の知見をふまえつつも、それらを相対化しようとする試みであったように思われる。日本社会学会シンポジウムでは、「新しい戦争」も視野に入れつつ戦争という現象を理論社会学として捉え返す視角や、アメリカのミリタリー・ソシオロジーの動向と日本の潮流との対比に言及がなされたほか、いくつかの学会・研究書では、戦争の記憶の「脱文脈化」を正面から取り上げる動きも見られた。

これらの議論も念頭に置きながら、第七回戦争社会学研究会シンポジウム「ポスト「戦後七〇年」と戦争社会学の新展開」（二〇一六年四月二三日）では、「ポスト戦後七〇年」における戦争社会学のあり方について検討が行われ、同研究会機関誌『戦争社会学研究』（創刊号、二〇一七年五月）ではそのシンポジウムに基づく特集が組まれた。筆者はシンポジウムと特集のコーディネートを行ったが、以下ではそこでの議論をふまえつつ、戦争社会学の議論をどう展開させていくのかについて、考えてみたい。

社会構造への問い

これまで、日本の戦争社会学（および近接領域）では、日中戦争・太平洋戦争の体験をめぐる記憶やメディアについて、多くの研究が積み重ねられてきた。とくに、この二〇年間には、カルチュラル・スタディーズやポストコロニアル研究の影響のもと、「いかなる記憶が覆い隠され、いかなる暴力が不問に付されてきたのか」について、議論が積み重ねられてきた。二〇〇〇年代半ば以降の筆者のメディア史研究・思想史研究も、少なからず、この領域に含まれる。

だが他方で、戦争がどのような社会構造や社会空間の変化を生み出したのか、といった点については、相対的に議論が少なかったように思われる。

一九九〇年代半ばであれば、山之内靖や佐藤卓己らによって、総力戦体制論が提起された。そこでは、第一次大戦以降、物的資源のみならず人的資源の総動員を可能にする社会システムの構築と、その社会変容のインパクトが論じられていた。それは単なる抑圧のシステムではなく、国民が戦争に「主体的」に「参加」することを可能にするものであり、その点でファシズム国家とデモクラシー国家は等価であった。アメリカのニューディール政策であれ、日本の国家総動員体制であれ、物資のみならず国民の「主体」の動員を促す点で、近似したものであった。言うなれば、「参加」と「動員」はそこでは表裏一体のものだった。

さらに、そうした社会システムは前線と銃後、平時と戦時の区別を無効化した。総力戦体制下の社会システムが第二次大戦後に連続したのも、そのゆえであり、ある意味では、冷戦という総力戦の時代を形作るものでもあった。

このような総力戦（総動員）体制論に刺激を受けて、その後、少なからぬ「戦争（の）社会学」やメディア史研究が生み出された。だが、これ以降、戦争と社会構造の関係性を捉え返し、新たなパラダイムを提示しようとする動きは、あまり目立たなかったように思われる。

近年にこうしたテーマに向き合おうとしたのが、シリーズ「戦争が生み出す社会」三部作（新曜社、二〇一三年）であり、なかでも、第一巻『戦後社会の変動と記憶』（荻野昌弘編）にその姿勢が顕著である。同書のなかでは、国民国家の境界（国境）が誘発する暴力の構造に関する理論社会学的な考察のほか、旧軍施設が戦後、いかなる地域の空間編成を生み出してきたのかといった点についての実証的な論考が収められている。論文集であるがゆえに、個々の章（論文）を綜合する体系性に重きが置かれているわけではないが、今後、社会構造の変容や空間編成に戦争がいかに関わっていたのか（いるのか）について、いっそうの議論の展開が望まれよう。

「新しい戦争」をめぐって

加えて、「新しい戦争」を社会学としていかに捉え返すのか、という問題も重要である。テクノロジーの変化に伴い、戦闘行為のあり方も変容しつつある。GPS技術を用いたミサイル攻撃や無人機の利用は、歩兵をはじめとした人的資源に依存していた従来の戦争形態を旧いものとした。国家相互の戦争とは異質なテロリズムの広がりも顕著である。その変化が、社会のあり方をどう変容させたのか。逆に、昨今の社会変容――少子高齢化、低成長、格差の広がり、移民の増大――がいかなる戦争の形態を生み出しているのか。こうした「戦争と社会の相互作用」の現在を問うことの必要性は、ますます重要なものとなっている。

とはいえ、「新しい戦争」が、はたしてどれほど「新しい」現象なのか、という点についても、見きわめる必要があるだろう。これについては、ドイツ軍事史研究者の鈴木直志の指摘が示唆的である。「新しい戦争」は、正規軍と非政府武装組織との非対称戦争であり、そのゆえに長期化する特徴を持つが、それは従来から見られたゲリラ戦に通じるものである。また、戦闘員と民間人の区別が消滅し、部隊間の戦闘より民間人殺害が顕著である点にしても、ヨーロッパの古代・中世の戦争のほか、近現代の植民地戦争で広く見られるものであった。大量の難民発生や兵士の無規律化といった特徴も、「新しい戦争」が言われるようになる前から、存在していた。こうした状況を念頭に、鈴木はD・ランゲヴィーシェの議論を引きつつ、「メディアが伝える「新しい戦争」は、現象面ではすべて古いもの」であることを指摘する。[1]

だとすれば、「新しい戦争」の「新しさ」が強調されることによって、何が見落とされてしまうのか。こうした見方はいかなる社会背景によって規定されているのか。その点についても議論されねばならない。政治学や地域研究とは異なる〈戦争〉社会学の観点から、「新しい戦争」をいかに捉え返すのか。今後、深められるべき課題であろう。

記憶とメディアの問題系

近年多く議論が重ねられてきた「記憶」や「メディア」をめぐる研究にしても、新たに取り組まれるべき課題は少なくない。

戦争体験をめぐって、いかなる記憶が社会的に後景化したのか。それを問うべく、当事者の語りがたい記憶に向き合い、また、公的には見えにくくされた記憶を丹念に掘り起こす作業は、米山リサ『広島 記憶のポリティクス』(岩波書店、二〇〇五年)の影響もあり、ここ一〇年ほどのあいだに大きく進展した。これらを通して、「記憶のポリティクス」が多角的に論じられてきた。

だが、こうしたポリティクスの批判的な析出が進む一方、それを支えてきた社会的な構造や力学を、史資料に基づき実証的に検証する作業は、意外に多くはなかったように思われる。聞き取りや手記に精力的に向き合いながら、抑圧されてきた記憶の析出は一定の進捗を見せている一方、その抑圧が支持(あるいは自明視)されてきた背景は、どれほど直視されてきただろうか。

むろん、ジェンダー・ポリティクスやポストコロニアルな欲望でもって説明することも不可能ではないし、こうした視角の重要性は言うを俟たない。だが、それは、そうした「欲望」を抱く人々の「実感」に対して、外在的な批判である以上に、どれほど迫り得ているのか。その点については、やや疑問に思うところもないではない。

戦後初期の広島の原爆被災日イベントは、このことを考えるうえで興味深い。戦後の数年間、広島では八月六日の原爆被災日を記念して、さまざまな祝祭的な催し(広島平和祭・復興祭)が行われていた。市内を花電車が運行し、仮装した人々が山車に乗って練り歩いた。とくに、一九四七年には大きな盛り上がりを見せ、当時の新聞(『夕刊ひろしま』一九四七年八月七日)も「歓喜でもみくちゃ」「こぞり讃う巷の晴れ姿」と報じていた。

もっとも、これに対して「あのようなお祭りさわぎをするのはもってのほか」「平和を祝ふ前に平和を贖つた膨大な生命を想起してほしい」という声もいくらか見られた。従来の研究では、祝祭への批判言説をもって、被爆当事者の思いを代弁するものとみなすむきもあった。言うなれば、末端の被爆者の情念を汲み取らないまま、祝祭に走った市行政・財界・メディア(あるいは戦後、市外より転入した住民)という構図である。

こうした側面が見られたことも否めないだろうが、また異なる見方もできるのではないだろうか。そもそも、なぜ市行政・財界が原爆被災日に合わせた祝祭イベントを企画することが可能であったのか。なぜ、地域メディア(『中国新聞』および実質的な同紙夕刊の『夕刊ひろしま』)が、このイベントの「歓喜」に満ちた盛り上がりを大々的に報じることができたのか。▼2

GHQの占領下にあったがゆえの制約も考えられなくもないが、かりにこの種の祝祭イベントが、被爆体験を有する大多数の市民の憤激を招くものであれば、行政・財界といえども、それを企画することは困難であり、地域最大手メディアが「歓喜でもみくちゃ」であるさまを高揚感をもって綴ることも不可能であっただろう。

だとすれば、ここで問うべきは、祝祭によって末端の被爆者の思いが抑えつけられたことではなく、なぜこうしたイベントが公然と受け入れられ、盛り上がりを見せることができたのか、ということではないだろうか。

「正しさ」の相対化

このことは、「正しさ」を捉え返すことでもあるだろう。当事者に寄り添う「正しさ」が、かえって「正しくない」(ように見える)言説や状況に内在的に迫り、それを支える力学を析出することを、阻んでしまうことがあったのではないか。「記憶のポリティクス」を生み出す暴力を批判的に問い続けることは、言うまでもなく不可欠な営みである。だが、同時にその暴力を振るう側（加担する側）の「実感」を理解し、それを支える社会的な心性のメカニズムを解きほぐすことも、あわせて求められるべきものである。

さらに言えば、それは「自らが同じ暴力を行使する側に立たないと言い切れるのか」という問いでもある。現在の価値規範から過去を問いただすことは、ある意味ではたやすい。だが、戦時であれ戦後初期であれ、自分がその状況に投げ込まれたとき、同じ「正しさ」を確信をもって主張し続けることができるのか。それは現在の安全な位置とはまったく異なる場であり、「正しさ」を貫けたとしても、相当の「強さ」を要求される。裏を返せば、「強くない」大多数の人々にとって、その種の「正しさ」を保持し続けることは明らかに困難なはずである。むしろ、今日とは異なる戦時なり戦後初期なりの別の「正しさ」に飲み込まれてしまうことのほうが一般的ではないだろうか。だとすれば問うべきは、「正しさ」に該当するかどうかではなく、暴力（あるいは、戦時など当時の「正しさ」）を自明視する状況を生むメカニズムでなければならない。

丸山眞男は、論文「現代における人間と政治」（一九六一年）のなかで、「外側からのイデオロギー的批判がたとえどんなに当たっていても、まさに外側からの声であるがゆえに、内側の住人の実感から遊離し、したがってそのイメージを変える力に乏しい」ことを指摘している。[3] その「内側の住人の実感」への接近も、戦争社会学のなかで考えられてもよいのではないだろうか。[4]

通時的変容と共時的な位相差

記憶や言説の通時的な系譜についても、じつは必ずしも十分な整理がなされているわけではないように思う。それはすなわち、いかなる言説を対象として選択するのかにも関わっている。

記憶や体験をめぐる言説変容を描こうとする場合、いかなる言説史料がどの時代をどのように代表するのか（しないのか）ということの判断が迫られる。だが、それは決して容易なものではない。手記であれ遺稿集であれ、戦後膨大な数のものが刊行されてきたわけだが、それだけに、そのすべてを網羅することは不可能である。それは「広島」なり「沖縄」なりに限っても、同じことである。

したがって、何らかの形で、いったんは資料を限定しなければならないが、その説明が判然としないものも、決して少なくはない。ことに私家版などの手記を扱う場合、そこで語られていることが同時代を象徴するものなのか、それとも時代の変化に関わらず、当事者が抱き続けた情念を表しているのか。さらに言えば、なぜ、その手記を取り上げて、他の手記を取り上げないのか。手続き論の厳密さにこだわることが必ずしも生産的であるとは思わないが、それでも、扱う史料を限定する論拠が不明確なままに、時系列的な変容過程を精緻化することは困難である。

言説の背後にあるメディアの特性も、見落とすべきではない。ある言説が雑誌のなかで扱われているのであれば、その雑誌が流通する範囲（地域、階層など）において、それなりに受容される社会状況があることがうかがえるだろう。中堅・大手の出版社から単行本化されているのであれば、ナショナルな範囲で、ある程度受容されるようになったことが推測される。それが映画化されたとなれば、なおさらであろう。それに対して、私家版や自費出版の手記の場合、その流通範囲はごく限られている。書き手の人的ネットワークの範囲では、ある程度受け入れられるものではあったのかもしれないが、それを超えた範囲で、どの程度の代表性を有るのかは、おそらく判然としない。

だからと言って、手記を分析することに限界があると言いたいわけではない。その言説を載せるメディアの特性に注意を払いながら、ナショナル（あるいはローカル）な範囲で、どのような言説が前景化しているのかを、まずは検証する必要があるだろうし、そのうえで私家版の手記の言説がどのような位置にあるのか――「主流」をなす言説に沿うものであるのか、それとも、そこから零れ落ちるものであるのか――を問わなければならない。[5]

これらは、同時代における言説の位相差を考えることにもつながる。何が「主要」な言説とされ、いかなる言説が周縁化されていたのか。同時代の「広島」の議論と「沖縄」のそれとでは、言説やそれを支える磁場がいかに相違していたのか。その対比を幾重にも重ね合わせることによって、ある記憶の共時的・通時的な位置づけが浮き彫りにされるはずである。そのことを、史資料の限定（絞り込み）を経たうえで、いかに実証的に検証するのか。それらが、これからの「戦争の記憶」の戦後史研究に求められている。

理論と個別化

なお、これに関連して、「かつてのような理論化への志向がうすく、議論が個別化している（ように見える）近年の研究動向をどう考えればいいのか」という問いが、シンポジウム「「ポピュラー・カルチャーと戦争」の七〇年」（日本マス・コミュニケーション学会、二〇一五年六月一三日）のなかで提起された。筆者もそこに登壇していたが、これは「戦争の記憶」を捉え返すうえできわめて重要な論点であるので、以下に考えるところを記しておきたい。

先にもふれたように、一九九〇年代以降、ナショナリティや植民地主義を問う議論が多く積み重ねられ、「戦争の記憶」のポリティクスの検証も進展した。これらの視角はいまなお有用なものであり、筆者自身も問題意識を共有するところは少なくない。ただ、こうした潮流が実証史学から見れば、しばしば図式や予断が先行しているようにも見えたことは否めない。

戦後にも持続する植民地主義の暴力はさまざまに描き出された一方、ともすれば今日の「正しさ」を基準に過去を問いただすかのような議論もいくらかは見られた。むろん、こうした研究視角も重要なものではあるが、前述のように「暴力が暴力とみなされなかったことの社会的な力学」の検証は限られていた。そもそも、現代のわれわれが同じ状況に置かれて、はたして同じ暴力を行使しないと言えるのかどうか。そこから問いが発せられてもよいように思う。

そこで必要なのは、一定の汎用性のある理論・視角をもって史料を読解することではなく、むしろ、史料から既存の見取り図をどう修正し、アレンジしていくのかという作業ではなかろうか。その当時の時代背景を念頭に史料群を読み込んでいくと、当初予期した図式では説明できない入り組んだ状況が、しばしば浮かび上がる。そこから、フレームを書き換え、更新する営みこそが求められるように思う。

それは一見、史料に閉じた「個別化」に見えるのかもしれない。たしかに、国民国家や植民地主義などのポリティクスを問うフレームに比べれば、ごく限られた時代や現象を説明するにとどまっているように捉えるむきもあろう。だが、その時々の社会や文化の力学を地道に析出しようとするのであれば、そこから遊離するのではなく、いったんは「個別化」に浸る必要があるのではないか。史料を「理論を導く（もしくは当てはめる）ためのマテリアル」と見るのではなく、むしろ、時代を多様に映し出すはずの個々の史料のまえに、謙虚になってもよいように思う。

しかし他方で、個別実証的な議論の専門分化が進むあまり、その知見から同時代の文化や社会がどう透けて見えるのか判然としないことも、少なくはない。また、戦争体験論史や「戦争の記憶」史について言えば、個々の史料の読み解きが一定の進展を見せる一方、それを通時的に整理し直し、戦後の変容過程や社会背景を実証的に扱う研究は少ない。

さらに言えば、広島なり沖縄なりの地域メディア史研究がある程度、積み重ねられる一方、広島と沖縄の史的プロセスにおいて何が同じで何が異なるのか。こうした地域間比較も十分になされてきたとは言いがたい。だが、その比較対照から、より広い文脈を読み解くことができるようになるだろうし、また、個々の事象の社会的な位置づけもそこから逆照射されるのではないだろうか。

その意味で、考えるべきは「個別化」か「理論化（普遍化）」かではなく、個別化を突き詰めた先に、より広い文脈をいかに読み解くのか、ということであるように思う。一定の汎用性を帯びた見取り図も模索されてしかるべきであろうが、それは個別化と対立するものではない。むしろ個別化をくぐった先に汎用性のあるフレームや見取り図が構想されねばならない。図式や理論で説明しがたい矛盾や残余、個別性を削ぎ落とすのではなく、それを視野に収めながら、社会や文化の時系列的な変容や共時的なねじれを、いかに読み解くのか。こうした問いを念頭に置いたメディア史研究や歴史社会学が、めざされるべきであろう。

自衛隊と戦後

最後に、自衛隊の問題について、少しばかりふれておきたい。「戦争（の）社会学」では、総じて日中戦争・太平洋戦争（あるいは日露戦争）をめぐる体験・記憶・思想に主たる焦点が当てられてきた。だが、警察予備隊の創設から、すでに七〇年ほどが経過していることを考えれば、「戦後社会と自衛隊（警察予備隊・保安隊）」という主題も考察されなければならない。

自衛隊基地と地域社会の関係、旧軍と自衛隊の連続性と不連続性、ＰＫＯ派遣や安保関連法の成立に伴う隊員・家族の状況など、社会学として扱うべき課題は多い（同時に、資料的な制約も少なくない）。だが、それらに加えて、自衛隊を通して戦後史を捉え直す作業もなされてもよいように思う。「格差」の問題は、その一例である。

戦後、再軍備に批判的な輿論は決して小さくはなかったが、警察予備隊や保安隊、自衛隊は、しばしば募集人員をはるかに上回る応募者を獲得していた。ことに、保安隊から自衛隊に拡充されて間もない一九五四年には、陸上自衛隊で二・三倍、海上自衛隊で九・四倍、航空自衛隊に至っては一三倍という高倍率に及んだ。[6]

そこでは、農村青年の応募が際立っていた。その背景について、農業経済学者・近藤康男が編纂した『共同研究　貧しさからの解放』(中央公論社、一九五三年)では、以下のように指摘されている。

軍隊は或る程度の就職のチャンスであつた。中小地主の息子は士官学校を出て将校になり、農民の息子にとつては下士官は名誉ある職業であつた。それが敗戦によつて路を閉ざされていたのだから、二ヵ年の勤務の後には、六万円の退職金がもらえる警察予備隊は、農村では喜んで迎えられた。これからの〔保安隊への〕拡張もまた同じであろう。過剰人口をかかえている農民が、問題を自分だけで解決しようとするかぎり予備隊は名誉ある職業以外の何ものでもない。八百屋の小僧よりも、身売りする娘よりもはるかに高く評価される。[7]

当時の農村の人口過剰や、田畑を相続できない二三男の雇用不安(二三男問題)――こうした問題に直面している農村青年からしてみれば、自衛隊への就職は、公務員としての一定の安定性が確保でき、機械操縦等の技術を身につけることで、除隊後の転職を有利にすることも見込めるものであった。

ただ、彼らにとって自衛隊に進むことは、「就職」の問題というより、ときに「進学」の問題でもあった。評論家・安田武はその著書『少年自衛隊』（東書房、一九五六年）のなかで、少年自衛隊員に応募する中卒農村少年の多さの背景を分析している。そこでは「お金のかからねあどさえって、勉強しでやくて……」という東北出身者の言葉を引きながら、「成績が優秀で、当人が進学の希望に燃えている」層が、少年自衛隊に応募しており、それは「「就職問題」ではなくて、「進学問題」というべき」であることを指摘している▼8。家庭の貧困や、義務教育以上の進学に価値を見出さない親の意向のゆえに、高校進学を断念せざるを得なかった農村少年たちは、単なる職の獲得ではなく、高校進学に代わる「何かを学ぶ機会」として、（少年）自衛隊という進路を選び取っていたのである。

都市と農村の隔絶、所得や学歴をめぐる格差の問題が、そこには透けて見える。言うなれば、自衛隊に関するこれらの記述は、戦後復興期や高度経済成長初期における社会のひずみを照らし出すものであった。

安田武は、自らの学徒兵体験をふまえながら、一九六〇年代以降、多くの戦争体験論をものしたことで知られる。『戦争体験』（一九六三年）や『学徒出陣』（一九六七年）は、その代表的なものである。それだけに、これら後年の著作に比べれば、最初の著書であるこの『少年自衛隊』は、昨今の研究で言及されることは少なく、むしろ忘れられた感さえある。だが、一九五〇年代半ばにおける自衛隊志願者の多さの背景を考えるうえでは、示唆深い記録である。

こうした自衛隊の戦後史や言説変容を通して、戦後の格差や学歴、ナショナル・アイデンティティがいかに浮かび上がるのか。逆にその問題が、自衛隊のあり方や社会的なイメージを、どのように形作ってきたのか。今後の研究の進展が待たれる課題である。

以上、思いつくままに、今後の戦争社会学の「課題」を書き連ねたが、裏を返せば、既存の研究を塗り替え得る視角や領域は、決して少なくないということでもある。そもそも、戦争社会学は新しい分野である。近接分野を含めて、研究蓄積には一定の厚みがあるが、さりとて、「新しい戦争」のような現代的なテーマであれ、戦時や戦後の社会を問う歴史社会学的なテーマであれ、扱いきれていない領域も大きい。これらの研究が積み重ねられることは、「戦後七〇年」の議論が更新・刷新され、「ポスト戦後七〇年」の研究が生み出されることにつながるだろう。

註

プロローグ

▼1 橋川文三「靖国思想の成立と変容」『中央公論』一九七四年一〇月号、二三六頁。

▼2 同、二三六 - 二三八頁。

▼3 舟喜順一「書評『はるかなる山河に』」『基督教文化』一九四八年七月号、五三頁。

▼4 同、五三 - 五四頁。

▼5 舟喜順一「大陸への船中生活」しやんりく会編『第一回海軍指導中支派遣興亜学生勤労報国隊紀行録』しやんりく会、一九四〇年、一五頁。

第一章

▼1 財団法人千鳥ヶ淵戦没者墓苑奉仕会編・発行『千鳥ヶ淵戦没者墓苑創建五〇年史』二頁。

▼2 これらが戦跡として発見・構築されるプロセスについては、拙著『「戦跡」の戦後史――せめぎあう遺構とモニュメント』（岩波現代全書、二〇一五年）を参照。

▼3 靖国神社史に関する研究には多くの蓄積がある。主要なものとしては、村上重良『慰霊と招魂』（岩波新書、一九七四年）、大江志乃夫『靖国神社』（岩波新書、一九八四年）、小堀桂一郎『靖国神社と日本人』（PHP新書、一九九八年）、田中伸尚『靖国の戦後史』（岩波新書、二〇〇二年）、赤澤史朗『靖国神社』（岩波書店、二〇〇五年）、國學院大學研究開発推進センター編『招魂と慰霊の系譜――「靖国」の思想を問う』（錦正社、二〇一三

年）、保阪正康『「靖国」という悩み』（中公文庫、二〇一三年）などが挙げられる。二〇〇〇年代の靖国問題を倫理学やナショナル・アイデンティティ論、ポスト・コロニアル研究の視座から問い直したものとしては、高橋哲哉『靖国問題』（ちくま新書、二〇〇五年）がある。千鳥ヶ淵戦没者墓苑については、遺骨収集事業史を扱った浜井和史『海外戦没者の戦後史』（吉川弘文館、二〇一四年）がその一部において、同墓苑の設立過程を扱っている。また、伊藤智永『奇をてらわず――陸軍省高級副官美山要蔵の昭和』（講談社、二〇〇九年）は、美山要蔵日記を手掛かりにしながら、厚生省援護局次長を務めた美山要蔵の戦後の半生を描き、そのなかで靖国神社の存続や千鳥ヶ淵戦没者墓苑の設立をめぐる関係者の動きを丁寧に記述している。

本章は、これらの先行研究を参照しつつも、靖国神社と千鳥ヶ淵戦没者墓苑の軋轢に着目し、遺骨のアウラを帯びた「無名戦没者の墓」と宗教施設の靖国神社がそれぞれ、なぜ、国民的な「戦争の記憶」を象徴し得るものとならなかったのかについて、考察する。

靖国神社と千鳥ヶ淵の葛藤に言及しているものとしては、赤澤史朗『靖国神社』（前掲）や伊藤智永『奇をてらわず』（前掲）が挙げられる。これらは関係者の動向や政治過程などが実証的に検証されている一方、靖国神社と千鳥ヶ淵の葛藤が、「日本の戦没者」の「記憶の場」の（不）成立にどのように関わったのかについて、議論するものではない。本章は、この両書に示唆を得つつ、「日本の戦没者」を記憶する戦跡がなぜ、社会的に広く受容されるものとならなかったのかを、歴史社会学的に検証する。

▼4 『慰霊と招魂』（前掲）、一一三―一一四頁。

▼5 靖国顕彰会編・発行『靖国』一九六五年、四四頁。

▼6 同、四三頁。『慰霊と招魂』（前掲）、一二九頁。

▼7 小川原正道「靖国神社問題の過去と現在」『近代日本の政治』法律文化社、二〇〇六年、二四一―二四二頁。

▼8 靖国顕彰会編・発行『靖国』（前掲）、四九頁。

▼9 『慰霊と招魂』（前掲）、一六八―一六九頁。

▼10 『靖国の戦後史』（前掲）、一一頁。

▼11 大江志乃夫『靖国神社』（前掲）、三八頁。

▼12 高原浩一（靖国神社宣徳部長・禰宜）「靖国神社戦後30年の歩み」『社報靖国』一九七五年六月一日、五頁。

▼13 「完遂には全国的な支持を期待」(「特集合祀問題解説」)『社報靖国』一九五三年四月一〇日。
▼14 「合祀は今も行はれてゐる――戦後の合祀」『社報靖国』一九五三年四月一〇日。
▼15 安藤鶴夫「歳月」(一九六七年八月)『わたしの東京』求龍堂、一九六八年、一一三‐一一六頁。
▼16 同、一一四頁。
▼17 「母の声　子の声」『社報靖国』一九五三年一月一五日。
▼18 「遺族の声――故哲市の霊に告ぐ　広島・父より」『社報靖国』一九五三年四月一〇日。
▼19 同上。
▼20 戦後初期の靖国神社が、後年とは異なり、殉国賛美や「大東亜戦争」の積極的な肯定とは異なるものであったことについては、赤澤史朗『靖国神社』(前掲)でも指摘されている。そこでの議論は本章を考えるうえでも示唆深いものであったが、本章では、同書とは異なり、「平和主義」であったか否かを軸に言説を分析することはしない。むしろ、ここでは、固有の死者との私的に閉じた対話が意識されていたのか、それとも、死者を公的な「護国」「殉国」の文脈に位置づけるものであったのかに着目する。
▼21 「特集　遺族の声」『社報靖国』一九五二年一〇月一日。
▼22 同上。
▼23 「遺児の声――捧げ奉る切々の願ひ」『社報靖国』一九五五年二月一日。
▼24 同上。
▼25 「特集　遺族の声」『社報靖国』一九五二年一〇月一日。
▼26 同上。
▼27 「靖濤」『社報靖国』一九五三年八月一日。
▼28 「六年目のみたままつり」『社報靖国』一九五二年七月一日。
▼29 同上。
▼30 「母の声　子の声」『社報靖国』一九五五年六月一五日。
▼31 加藤喜子「誓ひの辞」(「遺児の声」欄)『社報靖国』一九五七年一二月一五日。
▼32 高橋義昌「遺児一同を代表して」『社報靖国』一九五九年四月一五日。

▼33 「靖濤」『社報靖国』一九五九年三月一五日。
▼34 『靖国の戦後史』(前掲)、九頁。赤澤史朗『靖国神社』(前掲)、三五頁。
▼35 靖国神社編『靖国神社百年史　資料篇上』靖国神社、一九八三年、二六九頁。
▼36 『靖国の戦後史』(前掲)、九頁。赤澤史朗『靖国神社』(前掲)、三五頁。
▼37 『靖国神社百年史　資料篇上』(前掲)、二八一頁。「遂に発送さる　待望の合祀通知状」『社報靖国』一九五三年八月一日。
▼38 「遂に発送さる　待望の合祀通知状」『社報靖国』一九五三年八月一日。『靖国神社百年史　資料篇上』(前掲)、二九二頁。
▼39 赤澤史朗『靖国神社』(前掲)、五二頁。
▼40 「合祀は今も行はれてゐる」『社報靖国』一九五三年一月一五日。
▼41 「靖国神社「現状と将来」――国の手をはなれて六年　慎重要するお社のあり方」『社報靖国』一九五二年七月一日。
▼42 「特集　合祀問題解説」『社報靖国』一九五三年四月一〇日。
▼43 「臨時調査部発足」『社報靖国』一九五三年一〇月一〇日。
▼44 筑波藤麿「昭和二十八年元旦　年頭にあたりて」『社報靖国』一九五三年一月一五日。
▼45 同上。
▼46 「合祀は今も行はれてゐる」『社報靖国』一九五三年一月一五日。
▼47 「御遺族各位に訴える!!　合祀は一日も早く国の手で　しかし靖国神社を変へてはならない」『社報靖国』一九五六年四月一日。
▼48 赤澤史朗『靖国神社』(前掲)、一九頁。
▼49 同、二二頁。
▼50 同、二二頁。
▼51 同、二〇頁。
▼52 鈴木孝雄「靖国神社に就いて」『偕行社記事』一九四一年一〇月号、一一頁(靖国神社偕行文庫所蔵)。

▼53 「靖国神社「現状と将来」——国の手をはなれて六年　慎重要するお社のあり方」『社報靖国』一九五二年七月一日。

▼54 同上。

▼55 同上。

▼56 同上。

▼57 「御遺族各位に訴える‼　合祀は一日も早く国の手で　しかし靖国神社を変へてはならない」『社報靖国』一九五六年四月一日。

▼58 千鳥ヶ淵戦没者墓苑奉仕会編・発行『千鳥ヶ淵戦没者墓苑創建三十年史』一九八九年、四頁。『千鳥ヶ淵戦没者墓苑創建五〇年史』（前掲）、八九頁。厚生省編『続々・引揚援護の記録』（復刻版）、クレス出版、二〇〇〇年、二二九頁。

▼59 『千鳥ヶ淵戦没者墓苑創建三十年史』（前掲）、四頁。

▼60 「「無名戦没者の墓」に関する件」（一九五三年一二月一一日閣議決定）国立国会図書館調査立法考査局編『靖国神社問題資料集』国立国会図書館、一九七六年、二二三頁。

▼61 「靖国神社と無名戦士の墓」『社報靖国』一九五四年三月一日。

▼62 「衆議院　日ソ共同宣言特別委員会（昭和三一年一一月二四日）」『靖国神社問題資料集』（前掲）、四八頁。

▼63 「衆議院　海外同胞引揚及び遺家族援護に関する調査特別委員会」『靖国神社問題資料集』（前掲）、四六頁。

▼64 同様のことは、各地に建設された忠魂碑に対する靖国神社の言及のなかにも見ることができる。占領下では忠霊塔や忠魂碑の建設は抑制され、既存のものでも学校等、公共の場からの移転が強いられたり、公務員や首長がその身分で式典に参加することが禁じられていた。だが、占領終結後は、忠霊塔・忠魂碑の新規建設が相次いだ。こうした動きについて、『社報靖国』は、「一部には選挙運動に利用されたきらひも相当あるらしく、無方針に頻発する慰霊祭、建碑の計画の為に遺族の経済的、精神的な負担が増加して、その反発を生んだ例もある」（一九五三年一〇月一〇日）、「［全国的な戦没者慰霊塔を建てようという運動は］靖国神社に意識的にも無意識的にも関係ない形をとつてゐるやうである。［中略］何れにしてもこの場合は計画者の思想、宗教等の反映が濃い」（一九五四年三月一日）と記すなど、忠霊塔の建設運動への不快感が綴られている。ここにも、戦没者追悼・顕彰を

めぐって、靖国神社に取って代わりかねない存在への苛立ちを見ることができよう。

▼65 「千鳥ヶ淵戦没者墓苑　創立の由来のはなし（1）」『千鳥ヶ淵』一九七三年二月一日。執筆者欄に「Y・M」とあるが、終戦時に陸軍大臣官房副官を務め、戦後は引揚援護局次長を務めた美山要蔵の手によるものと思われる。

▼66 衆議院予算委員会第一分科会（一九六四年二月二一日）での受田新吉（民社党）および今村譲（厚生省大臣官房国立公園部長）の発言。引用は『靖国神社問題資料集』（前掲）、一九七六年、五四頁。

▼67 「靖国神社と無名戦士の墓」『社報靖国』一九五四年三月一日。

▼68 「衆議院　海外同胞引揚及び遺家族援護に関する調査特別委員会（昭和三一年一二月三日）」『靖国神社問題資料集』（前掲）、四八頁。

▼69 ベネディクト・アンダーソン『増補　想像の共同体』NTT出版、一九九七年、三二頁。

▼70 「千鳥ヶ淵戦没者墓苑年譜」『千鳥ヶ淵戦没者墓苑創建五〇年史』（前掲）、八九‐九五頁。

▼71 赤澤史朗『靖国神社』（前掲）、一一九頁。なお、本章では、靖国神社と千鳥ヶ淵戦没者墓苑の軋轢に焦点を当てているが、両者には一定の連続性もあった。「無名戦没者の墓」構想において中心的な役割を担った全国遺族等援護協議会（のちに全国戦争犠牲者援護会）には、戦時期に靖国神社宮司を務めた鈴木孝雄が顧問として名を連ねていた。また、厚生省引揚援護局次長として千鳥ヶ淵戦没者墓苑設立に向けた調整に奔走していた美山要蔵は、同時に遺族援護と戦没者合祀の事務作業を表裏一体で処理し、一九五〇年代半ばの靖国神社合祀遅延問題の解消に努めていた。この点については、伊藤智永『奇をてらわず』（前掲、二九八頁、三二六‐三二九頁）に詳しい。また赤澤史朗『靖国神社』（前掲）でも、靖国神社と千鳥ヶ淵の軋轢に言及されており、「全国戦争犠牲者援護会がその建設の主導権を握った頃から、施設の目的は「殉国」の遺骨を収納したものとして、その死を賛美するものとなってくる」（一一四頁）と指摘し、靖国神社との連続性が示唆されている。たしかに、人的な連続性や彼らのイデオロギーに注目すれば、その通りかもしれない。だが、本章は関係者の「思想」ではなく、靖国神社や千鳥ヶ淵戦没者墓苑といった場が社会的にどう位置づけられたのか、に着目したい。関係者や関係団体をめぐる思想的な連続性は見落とすべきではないものの、それを強調してしまうことで、両者の社会的な位置づけの相違が見えにくくなってしまう。なお、伊藤智永『奇をてらわず』（前掲）では、美山要蔵の生涯に焦点を当てながら、両者の軋轢と連続性が丁寧に叙述されている。

▼72 「仮称無名戦士の墓に関する参考意見」『靖国神社問題資料集』(前掲)、二二四頁。

▼73 美山要蔵「墓苑の場所選定と名称について」『千鳥ヶ淵戦没者墓苑創建五〇年史』(前掲)、四九頁。

▼74 『千鳥ヶ淵戦没者墓苑創建三十年史』(前掲)、七頁。

▼75 国立国会図書館調査立法考査局「靖国神社問題の経過と問題点」『靖国神社問題資料集』(前掲)、一九頁。

▼76 「衆議院　海外同胞引揚及び遺家族援護に関する調査特別委員会(昭和三一年一二月三日)」『靖国神社問題資料集』(前掲)、四八頁。

▼77 同上。

▼78 同上。

▼79 美山要蔵「墓苑の場所選定と名称について」『千鳥ヶ淵戦没者墓苑創建五〇年史』(前掲)、四九頁。「墓苑の創建」『千鳥ヶ淵戦没者墓苑創建五〇年史』(前掲)、四頁。

▼80 「全国戦没者追悼式の実施に関する件(昭和三十九年四月二十四日閣議決定)」『靖国神社問題資料集』(前掲)、二二〇頁。

▼81 「全国戦没者追悼式の実施に関する件の修正について(昭和三十九年七月九日閣議決定)」『靖国神社問題資料集』(前掲)、二二〇頁。ここには、日本遺族会のつよい働きかけも関わっていた。『日本遺族通信』(一九六四年八月一日号)に掲載された「靖国神社境内で全国戦没者追悼式」には、日比谷公会堂開催の閣議決定後、逢沢寛や村上勇ら、日本遺族会に関わりの深い自民党議員が党や政府につよく会場変更を求めたことが記されている。

▼82 「戦没者追悼式の会場問題について」(内閣総理大臣あて日本キリスト教連合会幹事・滝沢清照会)『靖国神社問題資料集』(前掲)、二二二頁。

▼83 「衆議院　社会労働委員会(昭和三十九年七月三一日)――全国戦没者追悼式場の件」『靖国神社問題資料集』(前掲)、五四-五五頁。

▼84 「戦没者追悼式の会場問題について」(内閣総理大臣あて日本キリスト教連合会幹事・滝沢清照会)『靖国神社問題資料集』(前掲)、二二二頁。

▼85 「戦没者追悼式の会場問題について」(昭和三十九年年八月一一日援発第八一一号　滝沢清あて厚生省援護局長回答)『靖国神社問題資料集』(前掲)、二二二-二二三頁。

▼86 「衆議院社会労働委員会（昭和三十九年七月三一日）――全国戦没者追悼式場の件」『靖国神社問題資料集』（前掲）、五五‐五六頁。前者は内閣法制局長官・林修三の、後者は厚生大臣・神田博の答弁。なお、林修三は閣議において、靖国神社への会場変更に疑義を挟んだとされる。『靖国神社問題資料集』（前掲）、五六頁。『靖国の戦後史』（前掲）、二〇〇二年、八五頁。

▼87 「衆議院　社会労働委員会（昭和三十九年七月三一日）――全国戦没者追悼式場の件」『靖国神社問題資料集』（前掲）、五六頁。ちなみに、この戦没者追悼式は、靖国神社にとっても不快感を喚起するものであった。『社報靖国』（一九六四年九月一五日）の「靖濤」には「国は憲法の政教分離の規定を遵守することは必要であろう。しかし、だからと云って、戦歿者に対する礼を失して良いと云ふものではない」「戦歿者追悼式の問題も、本質を見逃して、形式にとらわれている結果から生ずる問題ではあるまいか」と綴られている。

▼88 「衆議院　社会労働委員会（昭和三十九年七月三一日）――全国戦没者追悼式場の件」『靖国神社問題資料集』（前掲）、五八‐五九頁。

▼89 『靖国の戦後史』（前掲）、八〇頁。

▼90 「靖国神社国家護持要綱」『社報靖国』一九六三年五月一五日。『靖国の戦後史』（前掲）、八三頁。

▼91 「靖国神社国家護持要綱」『社報靖国』一九六三年五月一五日。靖国神社祭祀制度調査会「靖国神社国家護持要綱」（一九六三年四月二三日）『靖国神社問題資料集』（前掲）、一二五頁。

▼92 引揚援護局長「靖国神社合祀事務に対する協力について」（援発第三〇二五号、一九五六年四月一九日）『靖国神社問題資料集』（前掲）、二三二頁。

▼93 「一般邦人の戦闘参加者も合祀」『社報靖国』一九五八年一〇月一〇日。

▼94 『靖国の戦後史』（前掲）、六六頁。

▼95 日本遺族会編・発行『日本遺族会十五年史』一九六二年、二二一‐二二三頁。

▼96 同、九二頁。

▼97 『靖国の戦後史』（前掲）、八三頁。

▼98 国立国会図書館調査立法考査局編『靖国神社問題資料集』（前掲）、一三一頁。

▼99 「靖国神社国家護持を推進」『社報靖国』一九六四年三月一五日。

▼100 『靖国の戦後史』(前掲)、一〇〇頁。赤澤史朗『靖国神社』(前掲)、一五五 - 一五七頁。
▼101 『靖国の戦後史』(前掲)、一一〇頁。
▼102 戸村政博編『靖国闘争』新教出版社、一九七〇年、三〇頁、四一頁。赤澤史朗『靖国神社』(前掲)、一四八頁。
▼103 『靖国闘争』(前掲)、三八頁、四五七 - 四五八頁。
▼104 赤澤史朗『靖国神社』(前掲)、一五〇頁。
▼105 カトリック「私たちは靖国神社の国家管理を立法化することに反対します」『靖国神社問題資料集』(前掲)、二八三頁。
▼106 日本社会党政策審議会靖国神社問題特別委員会「「靖国神社法案」に対する日本社会党の態度(一九七四年一月一六日)」『靖国神社問題資料集』(前掲)、二五〇頁。
▼107 安田武「靖国神社への私の気持」『現代の眼』一九六八年二月号、一九九頁。
▼108 安田武『戦争体験』未來社、一九六三年、一六三 - 一六四頁。
▼109 「靖国神社への私の気持」(前掲)、一九九頁。
▼110 橋川文三「靖国思想の成立と変容」『中央公論』一九七四年一〇月号、二三六頁。
▼111 同、二三六 - 二三八頁。
▼112 同、二三八頁。
▼113 影山正治「靖国神社の国家護持は名実ともに神社方式で!」『影山正治全集』第一八巻、一九九二年。影山正治「靖国神社問題の前進を」『影山正治全集』第一八巻(前掲)。「川田事件公判記録――影山正治証人の陳述」『影山正治全集』第一八巻(前掲)。赤澤史朗『靖国神社』(前掲)、一四一頁、一四五頁。
▼114 「靖国神社の国家護持は名実ともに神社方式で!」(前掲)、一二三頁。初出年は不詳だが、山崎案への批判であることからして、一九六八年ごろと思われる。
▼115 参院法制局長「靖国神社に対する国家補助についての見解(一九七七年一一月二日)」『靖国神社問題資料集』(前掲)、一六六頁。
▼116 衆議院法制局「靖国神社の国家護持に関する件(一九六六年一一月一七日)」『靖国神社問題資料集』(前掲)、一六五頁。

▼117 「村上勇代議士との会見（一九六七年六月二七日）」『靖国闘争』（前掲）、四〇六頁。
▼118 「靖国神社法案――山崎私案」『靖国神社問題資料集』（前掲）、一三七頁。「靖国神社法案――根本案」『靖国神社問題資料集』（前掲）、一四六頁。
▼119 「靖国法案自民党に提出」『日本遺族通信』一九六七年七月一日号。赤澤史朗『靖国神社』（前掲）、一四二頁。
▼120 佐藤清一郎「靖国神社国家護持について」『日本遺族通信』一九六八年九月一日号。
▼121 日本遺族会編・発行『英霊とともに三十年』一九七六年、八八‐八九頁。
▼122 影山正治「靖国神社の国家護持は名実ともに神社方式で！」『影山正治全集』第一八巻、一九九二年、一二四頁。
▼123 日本社会党政策審議会靖国神社問題特別委員会「「靖国神社法案」に対する日本社会党の態度（一九七四年一月一六日）」『靖国神社問題資料集』（前掲）、二五一頁。
▼124 赤澤史朗『靖国神社』（前掲）、一八四‐一八五頁。日本キリスト教協議会「靖国問題の総括と展望（一九七五年七月二一日）」『靖国神社問題資料集』（前掲）、二八一‐二八二頁。
▼125 『靖国の戦後史』（前掲）、一六七頁。『朝日新聞』一九七五年八月一五日（夕刊）、一九七八年八月一五日（夕刊）、一九八〇年八月一六日、一九八五年八月一五日（夕刊）。

第二章

▼1 広島市市民局平和推進室編・発行『原爆ドーム世界遺産登録記録誌』iii頁（「はじめに」）。被爆体験をめぐる広島での遺構やモニュメントが整備されるプロセスについては、拙稿「遺構の発明と固有性の喪失――原爆ドームをめぐるメディアと空間の力学」（『思想』二〇一五年八月号）および拙著『「戦跡」の戦後史――せめぎあう遺構とモニュメント』（岩波現代全書、二〇一五年）で言及している。本章では、そこでの議論もふまえつつ、長崎の戦跡整備史との対比に重点を置いている。
▼2 西田秀雄編『神の家族四〇〇年――浦上小教区沿革史』浦上カトリック教会、一九八三年、一三一頁。
▼3 「昭和三十三年第二回長崎市議会会議録――臨時会」一九五八年二月一七日、二三‐二四頁（長崎市議会事務局議事課所蔵）。
▼4 長崎市議会編・発行『長崎市議会史』記述編第三巻、一九九七年、八七六‐八七八頁。『神の家族四〇〇年』（前

掲）、一三頁。

▼5 『神の家族四〇〇年』（前掲）、一三一頁。『長崎日日新聞』一九五八年三月一五日。

▼6 長崎県議会史編纂委員会編『長崎県議会史』第七巻（長崎県議会、一九八〇年）所収の議事録を見る限り、一九五八年浦上天主堂撤去問題が議題にあがった形跡はない。

▼7 井上光晴「〝原爆〟の根源にあるものを撃つ」『季刊・長崎の証言』第三号、一九七九年五月、一一二－一一三頁。

▼8 山田かん「被爆象徴としての旧浦上天主堂」『季刊・長崎の証言』第八号、一九八〇年、八二頁。山田かんは、この詩を、『長崎ロマン・ロランの会会報』（川崎信子発行）第二七号（一九五八年七月）より引用している。「長崎ロマン・ロランの会」は、山田かんの説明によれば「ロマン・ロランの平和思想と戦闘的ヒューマニズムへの共鳴と学習のために集った」ものであった。山田かん『長崎・詩と詩人たち』汐文社、一九八四年、一二八頁。

▼9 「被爆象徴としての旧浦上天主堂」（前掲）、八二頁。同論文は、山田かん『長崎原爆・論集』（本多企画、二〇〇一年）にも収められている。

▼10 長崎県観光連合会編『観光の長崎県』長崎県観光連合会、一九四九年。長崎バス・長崎旅行社編『長崎遊覧バス大型貸切市内名所御案内』長崎バス・長崎旅行社、刊行年不詳。

▼11 『夕刊ひろしま』一九四八年一〇月一〇日。『夕刊中国新聞』一九五〇年一〇月二四日。

▼12 「第三回広島平和都市建設専門委員会要点記録」一九五一年一月二〇日、広島市公文書館所蔵。

▼13 中国新聞社編・発行『年表ヒロシマ』一九九五年、一二二頁。

▼14 長崎市原爆被爆対策部編・発行『長崎原爆被爆五十年史』一九九六年、四六二頁。

▼15 福田須磨子『詩集　原子野』現代社、一九五八年、七頁。

▼16 福田須磨子『われなお生きてあり』ちくま文庫、一九八七年、三一三頁。

▼17 同、三一〇頁。

▼18 同、三一四頁。

▼19 『長崎原爆被爆五十年史』（前掲）、四六三頁。『長崎市議会史』記述編第三巻（前掲）、八六五－八六九頁。

▼20 北村西望『百歳のかたつむり』日本経済新聞社、一九八三年、一五〇頁。

▼21 『われなお生きてあり』（前掲）、三一四－三一五頁。

▼22 拙著『「戦跡」の戦後史』（前掲）参照。

▼23 杉本亀吉「平和祈念像建設事業の回想」長崎市・平和祈念像建設協賛会編『平和記念像の精神』長崎市・平和祈念像建設協賛会、一九五五年、二〇頁。

▼24 『長崎日日新聞』一九五二年一月二三日。『長崎市議会史』記述編第三巻（前掲）、八六六頁。風頭山をはじめとした長崎平和公園の場所選定の力学については、大平晃久「長崎平和公園の成立――場所の系譜の諸断片」『長崎大学教育学部紀要』（第一号、二〇一五年）参照。

▼25 『長崎市議会月報』一九五二年九月二五日、同年一〇月二五日。

▼26 「平和祈念像建設事業の回想」（前掲）、二〇頁。

▼27 『長崎原爆被爆五十年史』（前掲）、三六頁。

▼28 調来助編『長崎　爆心地復元の記録』日本放送出版協会、一九七二年、一一頁。

▼29 山崎崇弘『クモをつかんだ男』「クモをつかんだ男」刊行会、一九八〇年。

▼30 『長崎日日新聞』一九五二年一月二二日。

▼31 汐文社編集部編『原爆ドーム物語』汐文社、一九九〇年、四二頁。「原爆ドーム　ビル新築で崩壊の心配」『中国新聞』一九六三年一〇月五日。拙著『焦土の記憶』（新曜社、二〇一一年）も参照のこと。

▼32 中国新聞社編『増補　ヒロシマの記録』中国新聞社、一九八六年、一八九頁。「原爆ドーム　姿勢正した〝歴史の証人〟」『中国新聞』一九六七年六月一三日。

▼33 広島市議会編・発行『広島市議会史　議事資料編Ⅱ』一九九〇年、八一九頁。

▼34 『朝日新聞』一九六七年二月一四日。

▼35 拙著『「戦跡」の戦後史』（前掲）参照。

▼36 拙著『焦土の記憶』（前掲）、三三〇頁。

▼37 広島市編・発行『ドームは呼びかける――原爆ドーム保存記念誌』一九六八年、六〇頁。

▼38 この文章が書かれた日付は、一九五九年八月二日と記されているが、初出誌等は不明である。ただし、ここでは、浦上天主堂撤去から一〇年余りを経た一九六九年になって、この文章が公にされていることを重視している。

▼39 秋月辰一郎「原爆被爆の実体を語ることこそ私たちの義務」『長崎の証言』第一集、一九六九年、九頁。

▼40 座談会「八〇年代の核状況と思想の課題」『季刊・長崎の証言』第五号、一九七九年、二五頁。

▼41 「被爆象徴としての旧浦上天主堂」(前掲)、八五頁。

▼42 同、八七頁。

▼43 山田かん「お宮日と原爆」『季刊・長崎の証言』第九号、一九八〇年一一月、一二三頁。

▼44 山田かん『長崎原爆・論集』(前掲)、二一五頁(初出は、「広島にて」『炮氓』第四六号、一九七六年一二月)。

▼45 同、八六頁。

▼46 むろん、原爆ドームには、保存工事がなされるまでの二〇年のあいだ、小規模な崩落が継続的に見られ、徐々に壁の傾斜が進行した。その意味で、保存工事のまえのドームが、被爆の惨状をそのまま伝えていたわけではないが、かといって、保存工事によって、被爆の惨状そのものが再現されるわけではない。それは、あくまで「本物らしさ」を追求したものでしかない。

▼47 『ドームは呼びかける』(前掲)、八〇頁。

第三章

▼1 北村毅『死者たちの戦後誌』(御茶の水書房、二〇〇九年)は、文化人類学の問題関心から、地域の人々の慰霊実践に焦点を当てつつ、沖縄の戦後戦跡史を詳述している。それに対し、本章はメディアとの関わりにおいて、戦跡がいかに社会的に構築されてきたのか、また戦跡というメディアがいかなる機能を有していたのかを考察する。なお、拙著『「戦跡」の戦後史』(岩波現代全書、二〇一五年)では、沖縄・広島・知覧の戦跡史を比較対照し、戦跡が社会的に創られるメカニズムについて論じている。本章は、同書における摩文仁戦跡史の考察に基づきながら、戦跡とメディア・イベントの相関や「戦跡というメディア」の成立・機能に焦点を当てて論述する。

▼2 いずれも沖縄県公文書館所蔵。

▼3 これら各府県の慰霊塔建設趣意書については、沖縄県公文書館に所蔵されている(「慰霊塔関係綴」)。

▼4 北海道・三重の建立当初の面積については、沖縄県編・発行『沖縄の霊域』(一九八三年)に記載がなかったため、「各都道府県慰霊塔一覧表 一九六五年三月現在」(沖縄県公文書館所蔵)を参照。また、設立地については、

▼5 はじめの設立地を基準とすべく、沖縄戦没者慰霊奉賛会編・発行『沖縄の霊域』（一九六七年）も参照している。なお、北霊碑は一九七二年に改修し、敷地面積が増えており、その分は累計面積に反映させている。

▼6 富田祐行『ブルーガイドブックス　沖縄』実業之日本社、一九六三年、二〇頁。

▼7 琉球政府編・発行『琉球要覧』（各年度）より。

▼8 「三〇周年記念誌」編集委員会編『沖縄県遺族連合会青壮年部三〇周年記念誌』沖縄県遺族連合会青壮年部、一九九一年。

▼9 仲宗根義尚「青壮年部のあゆみと課題」沖縄県遺族連合会青壮年部『若竹　総集編』一九八五年、一二頁。

▼10 「平和祈願と慰霊の行進」『若竹』第三号、一九六三年、一五頁。

▼11 戦後沖縄で、「慰霊の日」をはじめとした記念日が創られていくプロセスとのその社会背景については、拙著『「聖戦」の残像』（人文書院、二〇一五年）の第五章「戦後沖縄と「終戦の記憶」の変容」を参照。

▼12 「青壮年部のあゆみと課題」（前掲）、一二頁。

▼13 同上。

▼14 沖縄県編・発行『沖縄の霊域』一九八三年。

▼15 「青森県戦没者慰霊塔「みちのくの塔」建立趣意書」東亜日報出版部編『みちのくの塔』東亜日報出版部、一九六五年。

▼16 『沖縄の霊域』（前掲）、一三頁。

▼17 ただし、合祀者数の内訳について、現地（摩文仁・米須・国吉等の都道府県碑）の碑文・レリーフ等で、沖縄県編・発行『沖縄の霊域』（一九八三年）よりも詳細を把握できる場合は、その数値を採用している。

▼18 東京都南方地域戦没者慰霊碑建設委員会編・発行『東京之塔』一九七二年、四五頁。

▼19 同、五頁、三八頁。

▼20 森田砂夫「戦跡巡拝は観光旅行ではない」日本遺族会編・発行『第五回沖縄戦跡巡拝　感想文集』一九六〇年、六九頁。

▼21 池田道夫「身に沁みた沖縄の人の親切」『第五回沖縄戦跡巡拝　感想文集』（前掲）、二一頁。

▼22 大平孝一「父の眠る魂魄の塔に額づいて」『第五回沖縄戦跡巡拝　感想文集』（前掲）、四七頁。

▼22 「荒らされる南部の霊域」『琉球新報』一九六八年一二月五日（夕刊）。
▼23 渡辺豊信『私の沖縄　戦跡巡拝して』私家版、一九六八年、二七頁、五一頁。
▼24 与那嶺光雄「摩文仁に立つ」『若竹』第一〇号、一九六九年。引用は『若竹　総集編』（前掲）、四五〇－四五一頁。
▼25 同、四五一頁。
▼26 中野好夫編『戦後資料沖縄』日本評論社、一九六九年、五九七頁。
▼27 沖縄県祖国復帰闘争史編纂委員会編『沖縄県祖国復帰闘争史　資料編』沖縄時事出版、一九八二年、三六八頁。
▼28 「摩文仁に立つ」（前掲）、四五一頁。
▼29 巻頭言「主張　やってきた戦国時代」『若竹』第一一号、一九七〇年。引用は『若竹　総集編』（前掲）、四六七頁。
▼30 『沖縄県祖国復帰闘争史　資料編』（前掲）、八一三頁。
▼31 「赤ペンキで落書　摩文仁の丘」『毎日新聞』一九七五年六月一九日。

第四章

▼1 拙著『「反戦」のメディア史』世界思想社、二〇〇六年。「キネマ旬報一九五六年度内外映画ベスト・テン」『キネマ旬報』一九五七年二月特別号、三六頁。
▼2 江藤文夫「一つの転回点――戦争映画の系譜」『映画芸術』一九五六年九月号、三三頁。
▼3 同上。
▼4 「野火（シナリオ）」『キネマ旬報』一九五九年九月下旬号、一三三頁。
▼5 同上。
▼6 同、一三六頁。
▼7 安田武『戦争体験』未來社、一九六三年、三四頁。
▼8 同、一三七頁。
▼9 岡本喜八「愚連隊小史・マジメとフマジメの間」『キネマ旬報』一九六三年八月下旬号。引用は岡本喜八『マジ

メとフマジメの間』（ちくま文庫、二〇一一年）、五三頁。

▼10　同、五一‐五二頁。

▼11　利根川裕「十五年目の戦争」『映画芸術』一九六〇年二月号、二六頁。

▼12　佐藤公彦「『野火』をこう見る」『映画芸術』一九六〇年三月号、六四頁。

▼13　同上。

▼14　小田実『「難死」の思想』岩波現代文庫、二〇〇八年、三頁‐五頁。

▼15　同、三〇六頁。

▼16　「野火（シナリオ）」『キネマ旬報』一九五九年九月下旬号、一四九頁。

▼17　映画『軍旗はためく下に』をめぐる「戦争の記憶」のポリティクスについては、次章参照。

▼18　なお、『軍旗はためく下に』のなかでも、グアム島のジャングルを二六年間さまよって生還した残留日本兵・横井庄一をモデルにした漫才に観衆が大笑いする場面がある。だが、それは観衆自身に向けた「嘲笑」とは言い難いものであった。そこで描かれる漫才は明らかに、「恥ずかしながら生きながらえて帰ってまいりました」という発言など、戦後二七年の日本では浮き上がってしまうような横井の言動を念頭に置くものであり、残留日本兵の奇妙な言行を突き放して嘲り笑うものであった。横井を異人視し、「ネタ」として扱う当時のメディア状況については、山口誠『グアムと日本人』（岩波新書、二〇〇七年）参照。

第五章

▼1　吉田裕『兵士たちの戦後史』岩波書店、二〇一一年、一八七頁。

▼2　本文中に引用した台詞は、いずれもＤＶＤ『軍旗はためく下に』（ディアゴスティーニ、二〇一五年）より。

▼3　『軍旗はためく下に』については、公開当時の映画評としては、佐藤忠男「軍旗はためく下に」（『映画評論』一九七二年四月号）、岩崎昶・進藤七生「今号の問題作批評Ｉ　深作欣二監督の『軍旗はためく下に』」（『キネマ旬報』一九七二年五月上旬号）などがあるほか、深作欣二を特集した雑誌・書籍のなかで部分的な言及はあるが（キネマ旬報社編『世界の映画作家22　深作欣二・熊井啓』キネマ旬報社・一九七四年、渡辺武信「ノスタルジーに支えられたバイオレンス」『キネマ旬報臨時増刊――「深作欣二の軌跡」』二〇〇三年など）、人文・社会科

学方面の研究対象として扱うものは少ない。そのうち、映画研究の観点からこの映画を扱ったものとして、峰尾和則「フラッシュバックから読み解く映画『軍旗はためく下に』」（『バンダライ』第八号、二〇〇九年）がある。同論文では、この映画におけるフラッシュバックのありようを考察しながら、深作の意図と当時の映画評のずれについて考察されている。それに対して本章は、安田武、鶴見俊輔、橋川文三らの議論とも対比しながら、戦後の戦争体験論史のなかにこの映画を位置づけたい。そのうえで、映画のなかで死者をめぐる予期が幾度も覆されるプロセスに着目し、そのことが戦後の「記憶」のありようをいかに問い返すのかを検討する。

▼4 結城昌治「ノート」『結城昌治作品集5　軍旗はためく下に・虫たちの墓』朝日新聞社、一九七三年、三六〇頁。

▼5 直近に『トラ・トラ・トラ！』（二十世紀フォックス）の演出を手掛けてまとまった収入が入り、映画化権の買い取りが可能になったという（深作欣二・山根貞男『映画監督　深作欣二』ワイズ出版、二〇〇三年、二一〇頁、二一二頁）。

▼6 『映画監督　深作欣二』（前掲）、二一六頁。

▼7 同、二一六頁。

▼8 深作は、この映画を企画した意図として、「人肉を食ったりなんかの果てに、まともな人間だった漁師でも凶暴な兵隊に変化してしまう、その残酷さを描くんだ」と語っている。原作では、上官殺害は師団上層部のでっち上げで、捕虜殺害を隠蔽するためのものであったとされているが、深作は「庶民＝被害者という図式」には飽き足らず、上官殺害を無実の罪とするのではなく、「人殺しにまで追い込まれるから戦争ってのはヤバイんだという話」に改めている（『映画監督　深作欣二』（前掲）、二一一頁）。

▼9 引田惣彌『全記録テレビ視聴率五〇年戦争』講談社、二〇〇四年、二二九頁。

▼10 岡本喜八「愚連隊小史・マジメとフマジメの間」『マジメとフマジメの間』ちくま文庫、二〇一一年、五〇頁。初出は『キネマ旬報』一九六三年八月下旬号。

▼11 同、五三頁。

▼12 この点については、拙著『「戦争体験」の戦後史』（中公新書、二〇〇九年）参照。

▼13 日本戦没学生記念会編『新版第二集　きけわだつみのこえ』岩波文庫、二〇〇三年、二八七頁。引用は、早稲田大学在籍中に学徒出陣した木戸六郎の日記より。

▼14 上山春平「解説」和田稔『わだつみのこえ消えることなく』角川文庫、一九七二年、三〇三頁、三〇五頁。
▼15 鶴見俊輔「戦争と日本人」『朝日ジャーナル』一九六八年八月一八日号、八頁。
▼16 佐藤忠男「差別としての美」『ユリイカ』一九七五年一〇月号、九〇 - 九一頁。
▼17 なお、運動部活動と同じく高校紛争を楽しむかのような生徒たちも描かれるが、それも大橋と生徒たちの世代ギャップや、大橋の戦後への溶け込めなさを浮き彫りにしている。
▼18 安田武『戦争体験』(前掲)、一〇頁。
▼19 同、一五八頁、九二頁。
▼20 村上兵衛・須崎勝彌「対談　死と軍人の精神構造」『シナリオ』一九六八年九月号、二六 - 二七頁。
▼21 同、三一頁。
▼22 前述のように、深作欣二は戦場での体験を持たない世代に属していたが、それだけに、「たいした戦闘経験もしていない連中」の饒舌さが苦々しく感じられたのかもしれない。
▼23 磯部浅一「獄中日記」河野司編『二・二六事件——獄中手記・遺書』河出書房新社、一九七二年、三〇一頁。
▼24 同、二八八 - 二八九頁。
▼25 橋川文三「靖国思想の成立と変容」『中央公論』一九七四年一〇月号、二三六 - 二三七頁。
▼26 村尾昭「「死んで貰いますッ!!」この一言を書く為に」『シナリオ』一九七三年二月号、九四頁。任侠映画の盛衰とその社会背景については、拙著『殉国と反逆』(青弓社、二〇〇七年)参照。
▼27 瓜生忠夫「高度経済成長と映画現況」『世界の映画作家22　深作欣二・熊井啓』(前掲)、五一頁。
▼28 VHSビデオ版は一九八七年に発売されたが、DVD制作は、『東宝・新東宝戦争映画DVDコレクション43 軍旗はためく下に』(二〇一五年九月二九日号、ディアゴスティーニ)まで待たねばならなかった(なお、アメリカ版は二〇〇五年に制作・発売されている)。ただし、二〇一五年より、アマゾン・プライムなどのネット映像配信サービスで視聴が可能になった。
▼29 斎藤正治「深作欣二　人と作品」(キネマ旬報社編『世界の映画作家22　深作欣二・熊井啓』(前掲)、七八頁)より重引。また、二〇〇〇年前後のインタビューのなかでも、「いわゆる反戦映画として括られやすい作り方になっちゃったのかなあという苛立ち」があったことを回想している(『映画監督　深作欣二』(前掲)、二一四頁)。

第六章

▼1 田中仁彦は、鶴見俊輔が一九六八年の「わだつみ会・夏季大学」のなかで語った言葉として、この部分を「世代の断絶と連帯」(『朝日ジャーナル』一九六八年八月一八日号、一三頁)のなかに引用している。ここでの引用はそこからの重引。

▼2 荒正人「きけわだつみのこえ」『教育』第三巻第一二号、一九四九年、七五-七六頁。

▼3 出隆「「わだつみのこえ」になにをきくべきか」『人間』第五巻第二号、一九五〇年、五頁。

▼4 もっとも、自由主義やマルクス主義の古典に接することは困難になったものの、日本主義の古典を通して、人格陶冶や生の意味を考えようとする営みは、旧制高校・大学において広く見られた。竹内洋・佐藤卓己編『日本主義的教養の時代』(柏書房、二〇〇五年)参照。

▼5 鶴見俊輔「平和の思想」『鶴見俊輔著作集』第五巻、筑摩書房、一九七六年、一五〇頁。初出は、『戦後日本思想体系4 平和の思想』筑摩書房、一九六八年。

▼6 座談会「わだつみ会の今日と明日」『わだつみのこえ』一九六四年二月号、四〇頁。

▼7 小田実『「ベ平連」・回顧録でない回顧』(第三書館、一九九五年、五二-五三頁、五四四頁。吉川勇一の発言は同書からの重引。

▼8 鶴見俊輔「わだつみ・安保・ヴェトナムをつらぬくもの」『わだつみのこえ』一九六八年八月号、二頁。

▼9 鶴見俊輔「すわりこみまで」『鶴見俊輔著作集』第五巻、筑摩書房、一九七六年、九三頁。初出は『朝日ジャーナル』(一九六六年八月一四日号)。

▼10 同上。

▼11 鶴見俊輔「戦争と日本人」『鶴見俊輔著作集』第五巻、筑摩書房、一九七六年、一三六頁。初出は『朝日ジャーナル』一九六八年八月一八日号。

▼12 同、一三九頁。

▼13 同上。

▼14 戦前・戦後の教養主義については、竹内洋『教養主義の没落』(中公新書、二〇〇二年)に詳しい。戦争体験

（論）と教養の規範の接合については、拙著『「戦争体験」の戦後史』（中公新書、二〇〇九年）および『焦土の記憶』（新曜社、二〇一一年）参照。

▼15 拙著『「戦争体験」の戦後史』（前掲）。

▼16 「戦争と日本人」（前掲）、一四二頁。

▼17 出隆『詩人哲学者』小山書店、一九四四年、九頁。

▼18 出隆「出隆自伝」『出隆著作集7』勁草書房、一九六三年、四八九頁。

▼19 加賀乙彦『戦争ノート』潮出版社、一九八二年、一一一‐一一三頁。

▼20 「わだつみ・安保・ヴェトナムをつらぬくもの」（前掲）、八頁。

▼21 「戦争と日本人」（前掲）、一四二頁。

▼22 田中仁彦「世代の断絶と連帯」（『朝日ジャーナル』一九六八年八月一八日号、一三頁）より重引。

▼23 鶴見俊輔「坊主」『鶴見俊輔著作集』第五巻、筑摩書房、一九七六年、三七六頁。初出は『蛍雪時代』一九七一年八月号。

▼24 同上。

▼25 同上。

第七章

▼1 南九州市「知覧特攻平和会館入館者数」（二〇一三年度、同市提供）および同市観光課への電話取材（二〇一八年八月一七日）による。

▼2 伊藤純郎『特攻隊の〈故郷〉』吉川弘文館（歴史文化ライブラリー）、二〇一九年。なお、特攻隊員の置かれた状況や当時の国民の認識については、一ノ瀬俊也『特攻隊員の現実』（講談社現代新書、二〇二〇年）に詳しい。

▼3 特攻隊員と地域住民の交流についてはしばしば語られるが、そこで重きが置かれるのは、「住民が特攻隊員に接した」という体験ではなく、彼らが聞き取った（とされる）特攻隊員の体験や心情である。その意味で、地域住民が体験した事柄が多く語られる広島・長崎・沖縄、あるいは東京空襲等の「記憶」とは明らかに異質である。

▼4 戦後日本において、戦跡（および戦跡観光）がどのように構築されたのか、それが戦争体験の「継承」「断絶」

にどう関わったのかについては、歴史的・実証的な研究は必ずしも進んでいない。戦跡をめぐる地域の「戦争の記憶」や慰霊実践については、宗教学や文化人類学、地理学において、一定の蓄積がなされている。そこでは、記念碑建立や慰霊をめぐる実践に焦点が当てられ、地域における追悼の意味変容等について考察されている（北村毅『死者たちの戦後誌』御茶の水書房・二〇〇九年、西村明『戦後日本と戦争死者慰霊』有志舎・二〇〇六年、粟津賢太『記憶と追悼の宗教社会学』北海道大学出版会・二〇一七年、上杉和央「記憶のコンタクト・ゾーン――沖縄の「慰霊空間の中心」整備をめぐる地域の動向」『洛北史学』第一号・二〇〇九年など）。ポストコロニアル研究や歴史学などの観点から、戦後日本の戦跡やそれにまつわる記憶のポリティクスについて考察した研究も少なくない（米山リサ『広島 記憶のポリティクス』岩波書店・二〇〇五年、長志珠絵『占領期・占領空間と戦争の記憶』有志舎・二〇一三年など）。しかし、戦後日本の主要な戦跡がどのようなプロセスを経て「意義あるもの」として発見されたのか。それに伴い、一帯の空間はどのように整備され、変容したのか。そこに、メディアや社会状況がどのように関わっていたのか。これらの変容プロセスや社会的な力学については、史料に基づく十分な検証が進んでいるとは言いがたい。

戦跡は地域や慰霊行事との関わりのみで創られるのではなく、メディアでの報道やポピュラー文化における表象とも密接に結びつき、そこでのイメージをときに内面化し、逆輸入しながら、戦跡は構築されてきた。解き明かすべきは、その史的な変容プロセスと社会的なメカニズムである（なお、拙著『「戦跡」の戦後史』（岩波現代全書、二〇一五年）は、こうした関心に基づくものである）。

このような問題意識から、本章は知覧戦跡を事例に、「メディアと社会背景がどのように関わりながら、いかに戦跡が構築されてきたのか」という点に焦点を当て、戦後日本において戦跡が構築される社会的な力学を歴史社会学的に検討する。

▼5 その他、知覧の特攻戦跡観光をメディア史研究・観光社会学・文化社会学の観点から検討したものとしては、福間良明・山口誠編『「知覧」の誕生』（柏書房、二〇一五年）を参照。

▼6 メディアと地域社会（およびグローバルな国際関係）が関わりながら、戦跡や観光が創られていくプロセスについては、グアムの戦跡観光を扱った山口誠『グアムと日本人』（岩波新書、二〇〇七年）がある。また、メディアと地域社会の相互作用の観点から、戦後日本の戦跡史を扱ったものとして、拙著『「戦跡」の戦後史』（前掲）

が挙げられる。同書では、広島、沖縄、知覧の戦跡構築プロセスを比較検討している。本章はこの両書の視座をふまえながら、知覧戦跡の構築プロセスとその現代における波及について論じていく。

なお、本章では、おもに戦後初期から一九七〇年代半ばまでの時期と一九九〇年代以降の時期に焦点を当てる。知覧特攻平和会館が開館される一九八〇年代の時期も重要ではあるが、「特攻」が地域の記憶としてすでに成立している点では、七〇年代半ば以降から大きな質的な変化はないものと筆者は判断している。むしろ、本章後半で論じるように、戦友会による慰霊観光が急激に減少した九〇年代以降に質的な変化が見られる。こうした点から、本章は、「特攻」が地域の記憶として位置づけられるようになる七〇年代までの時期と九〇年代以降をおもに扱うこととする。八〇年代など、本章で十分に扱えなかった時期における変化の詳細については、今後の課題としたい。

▼7 知覧特攻慰霊顕彰会編・発行『魂魄の記録』（二〇一四年）、および知覧特攻平和会館ウェブサイト（http://www.chiran-tokkou.jp/learn/summary/index.html）参照。

▼8 知覧町郷土誌編纂委員会編・発行『知覧町郷土誌』一九八二年、九六頁。

▼9 瀬戸口幸一「土地強制収容と特攻機の墜落」『知覧文化』第三号、一九九三年、二五〇頁。

▼10 農林水産省種苗管理センター編・発行『種苗管理センター一〇年のあゆみ』一九九六年、四〇頁、八〇頁。『知覧町郷土誌』（前掲）には、知覧茶原種農場の開設は一九五二年七月と記されているが、同農場の設置が、金谷や奈良と時を同じくしてなされたことを考えると、『種苗管理センター一〇年のあゆみ』の記載の通り、一九四七年の開設と考えられる。

▼11 広島、沖縄、知覧の戦跡構築プロセスを比較検討したものとしては、拙著『「戦跡」の戦後史』（前掲）参照。

▼12 拙著『「戦跡」の戦後史』（前掲）。

▼13 「特攻観音をめぐる秘話（上）」『新鹿児島』一九五六年一〇月二五日。

▼14 拙著『殉国と反逆――「特攻」の語りの戦後史』青弓社、二〇〇七年、四一－五〇頁。

▼15 拙著『「戦跡」の戦後史』（前掲）。

▼16 同上。

▼17 「特攻観音の夏祭り」『町報ちらん』一九六四年九月。「護国神社・特攻観音夏祭り」『町報ちらん』一九六九年八

月。

▼18 「特攻平和観音慰霊祭」『町報ちらん』一九七一年六月。

▼19 特攻映画の社会的な受容動向（および一九六〇年代後半の任俠やくざ映画ブームとの結びつき）については、拙著『殉国と反逆』（前掲）参照。

▼20 高橋三郎編『共同研究　戦友会』田畑書店、一九八三年。吉田裕『兵士たちの戦後史』岩波書店、二〇一一年。

▼21 拙著『「戦争体験」の戦後史』中公新書、二〇〇九年。

▼22 拙著『「戦跡」の戦後史』（前掲）。本書第三章も参照。

▼23 「原爆ドームの処置」『夕刊中国新聞』一九五〇年一〇月二四日。

▼24 「第一一回町民体育大会」『町報ちらん』一九七四年一一月。

▼25 折田フサコ「町民体育大会によせて」『白い雲』第三一号、知覧町婦人会、一九七五年、二九頁。

▼26 そこには、当時の「海軍ブーム」の影響もあったと思われる。「野蛮」で「不合理」という陸軍のイメージに対し、海軍は「スマート」で「合理的」であり、日米開戦にも消極的だったというイメージが見られた。それは史実とは異なるものの、こうした認識に則る形で、海軍への憧れが語られつつ、その延長で陸軍批判、ひいては戦争批判さえ語られることがあった。吉田裕『日本人の戦争観』（岩波書店、一九九五年）参照。

▼27 山口誠「「特攻」の真正性」福間良明・山口誠編『「知覧」の誕生』（前掲）。

▼28 松元寛「被爆体験の風化」『中国新聞』一九七〇年八月三日。

▼29 「特攻観音夏祭り」『町報ちらん』一九七〇年六月。

▼30 『魂魄の記録』（前掲）、七二頁。

▼31 知覧町編・発行『いにしえの時が繙かれる　ちらん』一九九二年、三三頁。

▼32 難波涼子「知覧実高女慰問文」『知覧町報』一九三八年一二月。

▼33 金丸三郎「特攻銅像の建立・特攻遺品館の建設　趣意」（知覧特攻平和会館所蔵）、一九七一年。

▼34 『兵士たちの戦後史』（前掲）、一一一頁。

▼35 同、一一二頁、一八七頁。

▼36 高木俊朗「角川文庫版あとがき」『特攻基地知覧』（改版）、角川文庫、一九九五年、三六四頁。

▼37 同、三六〇頁。

▼38 知覧高女なでしこ会編『知覧特攻基地』文和書房、一九七九年。

▼39 「特攻」に傾斜していく知覧のありようへの批判としては、高木俊朗の議論が最も際立っているが、それは社会的にも一定程度、共有されていた。たとえば、『朝日新聞』（一九六八年八月二二日）は、知覧に言及しながら「戦後、特攻隊員について、作り話やごまかしをいったり、賛美したりしている人」を批判した高木のエッセイ「講演会から――特攻隊員の思い出」が掲載されている。高木の議論が全国紙で大きく取り上げられていること自体、特攻戦跡が前景化しつつある知覧への違和感が、必ずしも高木のみにとどまるものではなかったことを指し示している。

▼40 『町報ちらん』一九六四年九月、一九八二年五月、一九八五年五月。

▼41 清水秀治「全国少飛会の皆様」『翔飛』創刊号（少飛会）、一九六八年、一頁。

▼42 知覧特攻平和会館「知覧特攻平和会館入館者数」（知覧特攻平和会館、二〇一二年）。

▼43 「平和へのメッセージ from 知覧――スピーチ・コンテストについて」（知覧特攻平和会館ウェブサイト http://www.chiran-tokkou.jp/contest/　二〇一七年六月二日閲覧）。「第二八回スピーチ・コンテスト募集要項」（http://www.chiran-tokkou.jp/contest/application/index.html　二〇一七年六月二日閲覧）。なお、このスピーチ・コンテストの事務局は、知覧特攻平和会館内に置かれている。

▼44 『朝日新聞』二〇一五年二月一四日。

▼45 『産経新聞』二〇一五年七月二五日。

▼46 『産経新聞』二〇一五年七月二九日。

▼47 「平和」の語りが孕むポリティクスについては、山本昭宏「〈平和の象徴〉になった特攻」『「知覧」の誕生』（前掲）参照。

第八章

▼1 林京子「祭りの場」『群像』一九七五年六月号、五三頁。

▼2 佐藤卓己『八月十五日の神話』ちくま新書、二〇〇五年。

▼3 『朝日新聞』二〇一六年五月二八日。『読売新聞』二〇一六年五月二八日。

▼4 広島の戦跡史については、拙著『「戦跡」の戦後史』(岩波現代全書、二〇一五年)のなかで論じている。本章は、そこでの議論を下敷きにしつつ、「無難さ」が議論の抑制を生み出すメディアの力学について考察する。

▼5 飯沼一省「広島平和記念都市建設計画についての意見書」広島市公文書館所蔵、一九五一年ごろ。

▼6 「あなたはいつまでそのままで?」『夕刊ひろしま』一九四八年一〇月一〇日。「時言　原爆ドームの処置」『夕刊中国新聞』一九五〇年一〇月二四日。

▼7 第一次原爆文学論争については、拙著『焦土の記憶』(新曜社、二〇一一年)参照。

▼8 「放射線」『中国新聞』一九四六年八月六日。中国新聞社編『ヒロシマの記録』未來社、一九六六年、二九頁。戦後の「八・六」「八・九」における広島・長崎の祝祭イベントについては、拙著『焦土の記憶』(前掲)参照。

▼9 金井利博「廿世紀の怪談——広島の一市民の述懐」『希望』一九五二年七・八月号、五〇頁。

▼10 「第三回広島平和都市建設専門委員会要点記録」一九五一年一月二〇日、広島市公文書館所蔵。

▼11 「広島平和記念都市建設計画についての意見書」(前掲)。

▼12 『中国新聞』一九六〇年八月二一日(夕刊)、一九六三年一〇月五日。

▼13 原水爆禁止広島県協議会事務局長・伊藤満ほか一一名「要請書」広島市議会編・発行『広島市議会史　議事資料編II』一九八七年、八一七頁。

▼14 広島市編・発行『ドームは呼びかける——原爆ドーム保存記念誌』一九六八年、七〇頁。

▼15 松元寛「被爆体験の風化」『中国新聞』一九七〇年八月三日。

▼16 山本健吉「文芸時評(上)」『読売新聞』一九六六年八月二九日、夕刊。

▼17 『ドームは呼びかける』(前掲)、六〇頁。

▼18 同、六八頁。

▼19 吉田裕『兵士たちの戦後史』岩波書店、二〇一一年、一一一頁。

▼20 たとえば「護国神社、特攻観音夏祭り」(『町報ちらん』一九六六年八月一〇日)、「特攻観音夏祭り」(『町報ちらん』一九七〇年六月一五日)など。

▼21 高木俊朗『特攻基地知覧』角川文庫、一九七三年(初刊は朝日新聞社、一九六五年)。

▼22 「当たり障りのなさ」のポリティクスを問ううえでは、大城立裕『カクテル・パーティー』（一九六七年）は示唆的である。この小説は、戦後沖縄を舞台とし、中国への出征経験を持つ沖縄人の主人公、日本人の新聞記者、中国人の弁護士、そして米軍関係者の交友が描かれる。彼らのあいだには、幾多のタブーが存在した。主人公はかつて日本兵として中国戦線に出征していたが、日本軍は中国のみならず沖縄でも住民に暴虐をなした。アメリカは戦後も沖縄を占領し、統治者として振る舞っている。だが、それらには言及しない注意深い配慮がなされ、彼らの人間関係は平穏に維持される。

しかし、主人公の娘が米兵にレイプされたことから、彼らの人間関係に亀裂が生じる。米軍関係者は、理由をつけては法廷での証言を拒もうとする。中国人の弁護士に相談すると、かつて妻が日本軍に犯されたことを告げられ、南京で軍務に就いていた主人公はかえって詰問されてしまう。主人公はこれをきっかけに、彼らに対しても自分に対しても不寛容に振る舞おうとする――「このさいおたがいに絶対的に不寛容になることが、最も必要ではないでしょうか。私が告発しようとしているのは、ほんとうはたった一人のアメリカ人の罪ではなく、カクテル・パーティーそのものなのです」（大城立裕「カクテル・パーティー」『大城立裕全集』第九巻、勉誠出版、二〇〇二年、一二四頁）。ここでは、「カクテル・パーティー」に象徴される「当たり障りのなさ」が議論の深化を妨げ、責任の問題を棚上げにしがちな戦後のありようが、批判的に問われている。

終章

▼1 『kihachi　フォービートのアルチザン』東宝出版事業室、一九九二年、一七七頁。

▼2 戦後メディア文化における戦争イメージのポリティクスについては多くの研究があるが、主要なものとして、高井昌吏編『「反戦」と「好戦」のポピュラー・カルチャー』（人文書院、二〇一一年）、與那覇潤『帝国の残影』（NTT出版、二〇一一年）、好井裕明『ゴジラ・モスラ・原水爆』（せりか書房、二〇〇七年）、一ノ瀬俊也『戦艦大和講義』（人文書院、二〇一五年）、中久郎編『戦後日本の中の「戦争」』（世界思想社、二〇〇四年）、吉村和真・福間良明編『「はだしのゲン」がいた風景』（梓出版社、二〇〇六年）などが挙げられる。筆者も『「反戦」のメディア史』（世界思想社、二〇〇六年）、『殉国と反逆――「特攻」の語りの戦後史』（青弓社、二〇〇七年）、『「聖戦」の残像』（人文書院、二〇一五年）、『「戦跡」の戦後史』（岩波現代全書、二〇一五年）のほか、共編著

で『複数のヒロシマ』（青弓社、二〇一二年）や『「知覧」の誕生』（柏書房、二〇一五年）を公にしている。本章は、筆者のこれまでの研究および本書の既述の議論をふまえながら、公的な主題が後景に退き、「脱歴史化」ともいうべき二〇〇〇年代以降の状況を照らすべく、近年の動向と戦後初期・中期の動きを対比的に論じていく。

▼3 永井隆『長崎の鐘』日比谷出版社、一九四九年、一七一頁。

▼4 拙著『「反戦」のメディア史』（前掲、第四章）参照。

▼5 永井隆『長崎の鐘』（前掲）、一七一頁、一七八 - 一七九頁。

▼6 拙著『焦土の記憶』（新曜社、二〇一一年）参照。

▼7 金井利博「二〇世紀の怪談」『希望』一九五二年七・八月合併号、五〇頁。

▼8 大田洋子『夕凪の街と人と』大日本雄弁会講談社、一九五五年、五一 - 五二頁。

▼9 中国新聞社編『年表ヒロシマ』中国新聞社、一九九五年、一二二頁。

▼10 拙著『「戦跡」の戦後史』（前掲）参照。

▼11 岡本恵徳「水平軸の発想」『現代沖縄の文学と思想』沖縄タイムス社、一九八一年、二四四頁。初出は、谷川健一編『沖縄の思想』木耳社、一九七〇年。

▼12 北村毅『死者たちの戦後誌』御茶の水書房、二〇〇九年。拙著『「戦跡」の戦後史』（前掲）。

▼13 海軍飛行予備学生第十四期会編『別冊あゝ同期の桜』毎日新聞社、一九六六年、一七六頁。

▼14 『知覧文化』一九九三年三月号。栗原俊雄『特攻——戦争と日本人』中公新書、二〇一五年。高木俊朗『特攻基地知覧』角川文庫、一九九五年。

▼15 吉田裕『兵士たちの戦後史』岩波書店、二〇一一年、一一一頁。

▼16 橋川文三「靖国思想の成立と変容」『中央公論』一九七四年一〇月号、二三六 - 二三八頁。

▼17 安田武『戦争体験』未來社、一九六三年、一四二頁。

▼18 「靖国思想の成立と変容」（前掲）、二三八頁。

▼19 特攻戦跡が人生訓をめぐる「社会教育」の場として着目されることの社会背景については、井上義和「記憶の継承から遺志の継承へ」（福間良明・山口誠編『知覧の誕生』前掲）および同『未来の戦死に向き合うためのノート』（創元社、二〇一九年）に詳しい。

▼20 『戦争体験』（前掲）、一〇頁、一四九‐一五〇頁。

▼21 「第六回シンポジウム報告」『わだつみのこえ』第三〇号、一九六五年、四一頁。

▼22 拙著『「戦争体験」の戦後史』（中公新書、二〇〇九年）参照。

▼23 共感やロマン化の対象として、「親」ではなく「祖父」が選び取られやすいことについては、「対談　生きられた戦後史をたどる」（『現代思想』二〇一五年八月号）のなかで小熊英二が指摘している。

▼24 戦没者への共感が語られながら、史的背景が後景に退く社会的な力学については、前記・井上義和論文のほか、山口誠「戦跡が「ある」ということ」（福間良明・山口誠編『「知覧」の誕生』前掲）に詳しい。

▼25 植民地主義批判や加害責任論、天皇の戦争責任をめぐる議論が生み出された背景については、拙著『「戦争体験」の戦後史』（前掲）を参照されたい。

▼26 「断絶」に関する記事件数は、「戦争&記憶&断絶」および「戦争&体験&断絶」でヒットした記事数の合計である。「風化」の場合も同じく、「戦争&記憶&風化」および「戦争&体験&風化」の検索件数の合計を用いている。なお、一九八〇年代以前は、朝日新聞・読売新聞のデータベースではヒットする件数が多くはないので、ciniiや国立国会図書館論文検索の結果を参照している。

▼27 岡本喜八「愚連隊小史・マジメとフマジメの間」『キネマ旬報』一九六三年八月下旬号。引用は、岡本喜八『マジメとフマジメの間』（ちくま学芸文庫、二〇一二年、五一‐五二頁）より。

▼28 同、五三頁。

エピローグ

▼1 鈴木直志「ドイツ歴史学における戦争研究」福間良明・野上元・蘭信三・石原俊編『戦争社会学の構想』勉誠出版、二〇一三年、二九一頁。

▼2 この点については、拙著『焦土の記憶――沖縄・広島・長崎に映る戦後』（新曜社、二〇一一年）参照。

▼3 丸山眞男「現代における人間と政治」『増補版　現代政治の思想と行動』未來社、一九六四年、四九二頁（初出は一九六一年）。

▼4 知覧観光のなかで、企業研修や自己啓発と結びつきながら「特攻」を受容する動向を内在的に考察した井上義和

「記憶の継承から遺志の継承へ」(福間良明・山口誠編『「知覧」の誕生』柏書房、二〇一五年)および、そこでの議論を深化させた『未来の戦死に向き合うためのノート』(創元社、二〇一九年)は、「内側の住人の実感」に向き合う研究の一例である。

▼5 何が(一定の)代表性を有する言説であるのかを考えるうえでは、これらのメディアの言説のほか、その分野・地域の主要イデオローグや彼らを取り巻く論争に着目することも有効であるように思う。ある文化人が、その分野・時代・地域で一定のプレゼンスを有していたのであれば、その要因や背景を問うことで、彼らの言説が生み出され、受容された背景を読み解くことができるだろう。また、論争は、その時代や地域において、何が論点として発見されていたのかをも、浮き彫りにするものである。

▼6 『毎日新聞』一九五四年一〇月六日。

▼7 近藤康男編『共同研究　貧しさからの解放』中央公論社、一九五三年、二二頁。

▼8 安田武『少年自衛隊』東書房、一九五六年、四二頁、四八頁。なお、農村や都市における格差と教養・勉学への憧れについては、拙著『「勤労青年」の教養文化史』(岩波新書、二〇二〇年)参照。

あとがき

　かれこれ一〇年ほど前のことになるが、二〇一〇年の夏に原爆ドームに赴いたことがある。ちょうど『焦土の記憶――沖縄・広島・長崎に映る戦後』（新曜社、二〇一一年）の原稿執筆が大詰めの時期で、公立図書館・文書館で図版資料を探していた。その合間に立ち寄ったのだが、原爆ドームの南面を撮影することも、ひとつの目的だった。

『増補ヒロシマの記録』（中国新聞社編・発行、一九八六年）には、原爆ドームの南面で虫採りに興じる子どもたちの写真（一九五〇年撮影）が収められている。それがモノクロだからということもあるかもしれないが、いかにも廃墟然とした様子が印象に残っていた。雑草が多く茂っていることも、その思いを強くした。それが現在ではどれほどまでに「美しく」なっているのか。それを写真に収めたいと考えていた。

　そうした目で現代のドームの周囲を眺めてみると、一帯の「心地よさ」はやはり際立っていた。ドームと元安川に沿って遊歩道が整備され、柳やツツジが植えられている。街路にはクラシカルで洒落た街灯も設けられている。現代の原爆ドームは、やはり一九五〇年当時のそれとは異質なものであった。

11-1　原爆ドーム南面（1950年）

むろん、今日の原爆ドームでも、「瓦礫」は「保存」されている。だが、それを注視してみると、じつは人骨や什器の破片、あるいはそれらが炭化したものなどは見当たらない。きわめて整然と配置された「瓦礫」である。しかも、原爆ドームの柵の内部には、芝生までもが敷き詰められている。かりにそこに「瓦礫」が置かれていたとしても、被爆直後のおぞましさのようなものまで「保存」されているとは言いがたい。むしろ、ある種の見た目の心地よさが、往時のおぞましさを「上書き」しているのではないか。写真を撮りながら、そうした思いをうっすらと抱いたものである。

原爆ドームは、これまでに幾度か補修工事が行われており、一九九六年には世界文化遺産に登録された。だが、その「保存」や「継承」の営みの延長で、何かが掻き消されてきた。さらに言えば、これは原爆ドームに限るものでもないのだろう。長崎・沖縄・知覧などの戦跡はもとより、「戦争」を語るメディアや思想にも少なからず見られるものではないだろうか。こうした問題関心から戦跡を論じたものが、『「戦跡」の戦後史』（二〇一五年）であったが、戦跡に限らず、さまざまな「継承という断絶」を扱ったのが本書である。

＊

「戦争」のメディア史・思想史・歴史社会学に関する著書としては、『「反戦」のメディア史』（世界思想社、二〇〇六年）以降、これまでに七冊の単著を上梓している。博士論文をもとにした最初の著書は、明治期から戦時期にかけての「知とナショナリズム」を扱った『辺境に映る日本』（柏書房、二〇〇三年）であり、近年は勤労青年の教養文化史なども扱っているので（『「働く青年」と教養の戦後史』筑摩選書、『「勤労青年」の教養文化史』岩波新書など）、決して「戦争」のみを研究してきたわけではないが、これまでの研究キャリアのなかで、このテーマが占める比重が大きいことは事実である。本書は、その間に雑誌や論文集に寄稿した論考のうち、おもに二〇一五年以降に発表したものを集めたものである。書き下ろしの単著ではなく、あくまで個別論文をもとにしたものではあるが、これまでの七冊の問題意識が、それなりに集約されている面もあるかもしれない。同時に、今から思えば、「戦後七〇年」をめぐる議論の違和感もあったように思う。

11-2 街路樹や遊歩道が整備された原爆ドーム南面

「戦後七〇年」前後の時期には、私のような研究者でも、原稿や講演、取材の依頼がそれなりに多かった。そのころは、安倍談話（二〇一五年八月一五日）や安保法制、慰安婦問題などが大きな論点となっていたが、私が取材や講演、新聞寄稿で依頼された内容は、総じて「継承」をめぐるものが多かった。たしかに、存命の戦場体験者が何かを語れる時期としては、最後に近いかもしれない。「戦後八〇年」には戦中派世代が一〇〇歳以上になっていることを考えれば、「戦後七〇年」

に「継承」への切迫感が多く語られたことは不思議ではない。
ただ、どことなく、しっくりこない思いがあったことも否めない。「語り部」や関連団体の活動を調べている各紙の記者の方から、「こういう活動についてどうお考えですか」と電話取材されることは、以前からしばしばあった。そんなときには「素晴らしい実践ですね」と答えつつも、「それ以外のどんなコメントを期待しているのだろうか」という思いもなくはなかった。「継承」をめぐるかすかな違和感を口にした際には、ある記者の方が「えっ、じゃぁ、体験者が語り継ぐ実践は要らないってことですか」と戸惑っていたことを覚えている。そのときは、まだ、自分のなかできちんと整理できていなかったので、いたずらに記者の方を混乱させただけだったかもしれないが、「戦後七〇年」ブームを私自身もくぐるなかで、多少は言語化できるようになり、いくつかの論考も公にしてきた。本書は、それらを収めている。初出は以下の通りである。

第一章 「「社」と「骨」の闘争――靖国神社・千鳥ヶ淵戦没者墓苑と「戦没者のシンボル」の不成立」『京都メディア史研究年報』第一号、京都大学大学院教育学研究科メディア文化論研究室、二〇一五年四月
「「死者の政治主義」の加速――靖国神社国家護持運動をめぐって」『立命館産業社会論集』第五二巻第四号、立命館大学産業社会学会、二〇一七年三月
第二章 「広島・長崎と「記憶の場」のねじれ――「被爆の痕跡」のポリティクス」『立命館大学人文科学研究所紀要』第一一〇号、二〇一六年三月
第三章 「「摩文仁」をめぐる輿論と空間編成――「戦跡というメディア」の成立と変容」浪田陽子・

柳澤伸司・福間良明編『メディア・リテラシーの諸相』ミネルヴァ書房、二〇一六年三月
第四章「『野火』に映る戦後――「難死」と「嘲笑」の後景化」『戦争社会学研究』第二号、みずき書林、二〇一八年五月
第五章「覆され続ける「予期」――映画『軍旗はためく下に』と「遺族への配慮」の拒絶」好井裕明・関礼子編『戦争社会学』明石書店、二〇一六年一〇月
第六章「「順法」への懐疑と戦争体験――「カウンター・クライム」の思想」『現代思想』第四三巻第一五号（総特集　鶴見俊輔）、青土社、二〇一五年一〇月
第七章 "The Construction of Tokkō Memorial Sites in Chiran and the Politics of ‹Risk-Free› Memories" *Japan review: Journal of the International Research Center for Japanese Studies* 33, March 2019
第八章「「慰霊祭」の言説空間と「広島」――「無難さ」の政治学」『現代思想』第四四巻第一五号（特集〈広島〉の思想）、青土社、二〇一六年八月
終章「「断絶」の風化と脱歴史化――メディア文化における「継承」の欲望」『マス・コミュニケーション研究』第八八号、学文社、二〇一六年一月
エピローグ「「ポスト戦後七〇年」と「戦争」をめぐる問い」『戦争社会学研究』第一号、勉誠出版、二〇一七年四月

このうち、靖国神社や千鳥ヶ淵を扱った本書第一章は、もともと拙著『「戦跡」の戦後史』（岩波現代全書、二〇一五年）の一部として執筆したものである。だが、分量がかさむことに加えて、広島や沖縄などの戦跡と同列に扱うことの難しさもあって、最終的には同書から外したという経緯がある。それ以外のもの

については、「戦後七〇年」関連で依頼を受けて執筆したものが、ほとんどである。もっとも、それらの論考のなかには、シンポジウムでの報告や司会コメントをもとにしたものもある（第四章、終章、エピローグ）。それだけに、いわゆる学術論文的なスタイルではない部分もあるかもしれないが、その分、「戦争の記憶」をめぐる近年のメディア言説や研究動向について、うっすらと気になっていたことを言語化できたところもあるように思う。

本書に収めるうえでは、上記論文に少なからず加筆修正を施している。また、もともと個別論文であったために、各章間に若干の内容的な重なりがある。改稿の際には可能な限り整理をしているが、それを完全に書き改めることは、あまりに抜本的な改稿となるため断念せざるを得なかった。その点はご容赦いただきたい。広島・沖縄・知覧の戦跡史については、拙著『「戦跡」の戦後史』で詳述しているので、関心がおありの方は同書を参照いただきたい。

なお、『軍旗はためく下に』（一九七二年）を扱った第五章の元論文の執筆経緯について、少しばかりふれておきたい。この映画は今となっては忘れられた作品だろう。一九八七年にVHSビデオが出されているが、DVDは海外版を除けば市場に出ておらず、二〇一五年にディアゴスティーニより「東宝・新東宝戦争映画DVDコレクション」のひとつとして期間限定的に発売されただけにとどまっている。二〇一五年ごろから、アマゾン・プライムなどの動画配信サービスで視聴することができるようになったが、この作品にふれる人は限られよう。

だが、第五章でもふれたように、この映画は「戦争の記憶」を捉え返すうえで、じつに示唆深いものを内包している。学生たちに「好きな戦争映画は何ですか」と聞かれる際には、私は躊躇なくこの映画を挙げている。私自身がこの映画の存在を知ったのは、研究の一環で古い戦争映画をやみくもに見ていた二〇〇五年ごろだった。レンタル店や公立図書館で借りたビデオやＤＶＤのなかに、たまたま紛れていたのが、この映画だった。オーディエンスのさまざまな「予期」を覆したり、映画『羅生門』（黒澤明監督、一九五〇年）のように観る者によって見え方が異なる描写が興味深く、何度観ても新たな発見や解釈を楽しむことができた。それだけに、いつかこの作品について論考を書きたいとは思っていたが、いざ言語化するとなると容易ではなかった。二〇一六年にこれについて書く機会を得たことで、自分なりに整理できたことは、たいへん有難かった。

ちなみに、ある大学で集中講義を行った際、戦後日本映画をいくつか取り上げたことがある。この映画のほかには、『きけ、わだつみの声』（関川秀雄監督、一九五〇年）、『拝啓天皇陛下様』（野村芳太郎監督、一九六三年）、『キューポラのある街』（浦山桐郎監督、一九六二年）、『ニッポン無責任時代』（古澤憲吾監督、一九六二年）などを扱ったが、意外に学生たちが最も関心を示してくれたのが、『軍旗はためく下に』だった。私がやや熱っぽく語ってしまったせいもあるのかもしれないが、この「戦争映画の「仁義なき戦い」」とも言うべき作品が、現代においても広く顧みられてもよいのではないかと、改めて思ったものである。

＊

本書を取りまとめるうえでは、作品社の福田隆雄さんと倉畑雄太さん、そして渡辺和貴さんに、多くのご尽力をいただいた。もともとは、『現代思想』（二〇一六年八月号）に掲載された拙稿（本書の第八章の元論文）を読んでくださった渡辺さんに声をかけていただいて、本書の構想を練ることとなった。最初にお目にかかったのが二〇一六年一〇月なので、かれこれ四年近くも前のことである。ただ、そのころは『「働く青年」と教養の戦後史』（二〇一七年）の執筆・校正に追われていたうえに、勤務先での役職の関係で校務も多忙だったため、企画を固めるうえでかなりの時間を要してしまった。その点を心苦しく思っているうちに、渡辺さんが他社に移られることとなり、福田さんが担当を引き継いでくださった。これまでの拙著の多くとは異なり、書き下ろしでなかった分、構成の確定や加筆・修正に思いのほか時間を費したが、お二人のご助言のおかげで、上梓できる運びとなった。編集作業においては、倉畑さんが実にていねいに進めてくださった。厚く御礼申し上げます。

二〇二〇年一月

福間良明

付記

「あとがき」もふくめて本書の原稿を脱稿してひと月を経たあたりから、新型コロナウイルス感染症（COVID-19）の全世界的な流行を目の当たりにすることとなった。かつてスペインかぜが流行したことがあったが、それも一世紀も前のことであり、史実としては知っていても、現在でも起こりうる事象として想定されてはいなかった。スペインかぜは、第一次世界大戦における人（軍隊）の移動が流行の一因だったが、平時において人・モノの移動が加速された現代のグローバリゼーションは、疫病をごく短期間のうちに全世界に広げることとなった。そのグローバリゼーションの帰結として、各国が実質的に国境を閉ざす措置をとったのは、何とも皮肉なことではある。

ただ、新型コロナウイルスが広がる日本社会を見ていると、本書の問題系と重なるところもあるように思われた。その点についても付記しておきたい。

新型コロナウイルス感染症の世界的な広がりは、医療の問題だけでなく、社会のあり方そのものに大きなインパクトを与えた。それまでその必要性が言われながらも一向に進まなかった在宅勤務が、ここに来てかなり進んだ。数週間のうちにオンライン会議システムが普及し、オンライン授業やリモート会議、リモート取材が広がりを見せた。テレビ・ドラマやバラエティ番組までもが「リモート」で制作されるなど、実験的な試みも進められている。感染拡大が収束したのちも、おそらくは従来の生活様式・労働環境に完全に戻ってしまうのではなく、「リモート」がある程度定着するだろう。

だが、そこに大きな社会のひずみが横たわっていることは見落とすべきではない。「リモートワーク」にしても、あらゆる人々に開かれていたわけではまったくない。医療関係者や介護従事者、中小製造業などに従事する人々にとって、それは縁遠いものでしかなかった。在宅勤務が広がるなかで、人々はネット通販を広く利用したが、その商品を運ぶ宅配事業者は、当然ながら「リモートワーク」は不可能だった。「リモート」の生活様式は、それが困難な人々があって初めて成立するものであった。

かりに「リモートワーク」が可能な業種であっても、「社外でのアクセス権限が認められない」などの理由で、正社員に認められた在宅勤務が派遣社員・契約社員には適用されず、従来どおりの通勤が強いられることもあった。さらに言えば、「リモートワーク」「オンライン授業」の前提となる通信環境や情報機器の所有状況についても、さまざまな格差が見られた。「リモートワーク」に代表される情報技術の恩恵は、決して万人に広がっていたわけではない。

こうした状況は、どこか「戦争」を思わせるものがある。一九四五年三月の東京大空襲では、被害は均一に広がったわけではなく、中小・零細企業と木造家屋が密集した下町地区の被害が甚大だった。これ以降、地方への疎開が進み、空襲死者数そのものは減少したが、農村部に縁故がなく都市部にとどまらざるを得なかった層は、その後の空襲で多く命を落とすこととなった。考えてみれば、「外出自粛」とは自宅への「疎開」の謂いである。空襲にせよ感染症のパンデミックにせよ、あらゆる人々を「平等」に襲うように見えながら、被害を最小限に食い止める層とそうでない層との乖離は明らかであった。

コロナと戦争のアナロジーは、これにとどまるものではない。小出しにされた経済対策・雇用対策とその遅れは、しばしば指摘されるように、兵力を逐次投入したために失敗したガダルカナル作戦を想起させる。「国難」にありながらも国と地方自治体の足並みが乱れた状況は、旧陸海軍のセクショナリズムと組織病理を思わせる。政府が各戸に配布した布マスクには粗悪品も多く混じっていたが、それも不良部品の多さゆえに手榴弾不発や戦闘機のエンジントラブルを頻発させた戦時下の生産体制と重なって見える。

とはいえ、国がまったく手を打たなかったわけではない。四月に緊急事態宣言を発し、人々の外出抑制を促したことは、一定の功を奏したのだろう。国内の住民への「特別定額給付金」や、売上が急減した中小企業などを対象にした「特別家賃支援給付金」も創設された。しかし、それが人々に行き渡るには多くの時間を要し、受給する前に廃業する事業者も少なからず見られた。防護服やマスクなど医療物資の枯渇も深刻だった。そのことは戦時期の物資配給の機能不全を思わせる。

こうしたなか、マスクの高額転売が社会問題となったが、これは戦時下で言えば「物資の横流し」にほかならない。さらに言えば、「リモートワーク」を支える情報技術が、ネット上の「横流し」を可能にしたことは、何とも皮肉なものである。

「外出自粛」のもとでの相互監視は、戦時期の隣組を思わせた。営業を「自粛」しなかった商店や外出する人々（とくに若者層）へのバッシングは、ネット上のみならず、現実社会でも色濃く見られた。罹患者への責任追及さえ、しばしば公然と論じられた。人々の「正義」の暴走による排除の力学は、決して戦時下にとどまるものではなかったのである。

当初、中国での感染拡大が多く報じられたこともあり、排外主義的な動きも見られたが、それは偏狭な「正義」を振りかざした「加害」の論理にほかならなかった。感染症対応で心身を擦り減らしながら医療に従事する医師・看護師らへの賞賛（フライデーオベーションなど）も見られた一方、専門病院に勤務する医療従事者やその家族に心ない言葉を浴びせるむきもあった。それは、戦地に赴く兵士を美辞麗句でもってさんざん持ち上げながら、戦争が終わると「敗残兵」との侮蔑の言葉をぶつけた七五年前の日本社会と、いかほどの相違があるのだろうか。

もっとも、二〇二〇年四月初旬の第一波ピーク時に比べれば、翌月下旬以降はひとまずの収束が見られた。検査数の少なさが指摘されつつも、日本の感染率・死亡者率の他国に比べた低さを誇る議論もあった。だが、ここで求められるべきは、その安堵感に浸ることではなく、この間の「コロナと政治・社会」のありようを批判的に問い直すことである。さらに言えば、それは「誰が悪かったのか」に終始すべきではない。むしろ、「何が非効率や不平等を生んだのか」「なぜ構造的にうまくいかなかったのか」という「失敗の本質」こそが問われねばならない。

そのことも、戦後の「戦争の語り」に通じるものである。本書でも述べてきたように、戦後日本では慰霊祭のような「無難さ」に満ちた語りが多く流布していた。責任追及の議論もないではなかったが、往々にして「悪玉探し」が先に立ち、「悪」が暴力に見えない社会を支えた構造については、不問に付されてきた。コロナをめぐる語り口が、それと同様のものに陥ってしまうのであれば、また新たなパンデミックに対し、同じ失敗や非効率、不平等を繰り返すことになるのではないだろうか。

コロナウイルスが蔓延した二〇二〇年は、「戦後七五年」でもある。コロナをめぐる議論は、「戦争の語り」に通じる「無難さ」に終始するのか。それとも、その「失敗の本質」に向き合えるのか。「継承という断絶」は、「戦後七五年」への問いであるのと同時に、コロナウイルスが広がった日本社会に向けられた問いでもある。

二〇二〇年五月二〇日

著者記す

戦後日本、記憶の力学──「継承という断絶」と無難さの政治学

二〇二〇年七月二〇日　初版第一刷印刷
二〇二〇年七月三〇日　初版第一刷発行

著　者　福間良明

発行者　和田　肇
発行所　株式会社作品社
〒一〇二-〇〇七二　東京都千代田区飯田橋二-七-四
電話　〇三-三二六二-九七五三
ファクス　〇三-三二六二-九七五七
振替口座　〇〇一六〇-三-二七一八三
ウェブサイト　http://www.sakuhinsha.com

装丁　鈴木正道
本文組版　大友哲郎
印刷・製本　シナノ印刷株式会社

ISBN978-4-86182-814-0　C0030　Printed in Japan

福間良明（ふくま・よしあき）
一九六九年熊本市生まれ。京都大学大学院人間・環境学研究科博士課程修了。博士（人間・環境学）。出版社勤務、香川大学経済学部准教授を経て、現在、立命館大学産業社会学部教授。専攻は歴史社会学・メディア史。
著書に、『「反戦」のメディア史——戦後日本における世論と輿論の拮抗』（世界思想社、内川芳美記念マス・コミュニケーション学会賞受賞）、『「戦争体験」の戦後史——世代・教養・イデオロギー』（中公新書）、『焦土の記憶——沖縄・広島・長崎に映る戦後』（新曜社）、『「戦跡」の戦後史——せめぎあう遺構とモニュメント』（岩波現代全書）、『「働く青年」と教養の戦後史——「人生雑誌」と読者のゆくえ』（筑摩選書、サントリー学芸賞受賞）、『「勤労青年」の教養文化史』（岩波新書）など。

事項索引

た行

な行

は行

ま行

や行

ら行

わ行

英字

人名索引

は行

ま行

や行

ら行

図版出典一覧　＊本文に記載があるものを除く

第一章
1-1　靖国顕彰会編・発行『靖国』1965年
1-2　木村伊兵衛『木村伊兵衛昭和を写す1――戦前と戦後』ちくま文庫、1995年
1-4　『新建築』1963年3月号
1-6　靖国顕彰会編・発行『靖国』1965年
1-7　田中伸尚『靖国の戦後史』岩波新書、2000年
1-8　『社報靖国』1966年9月15日号
1-9　『社報靖国』1970年4月15日号
1-10　戸村政博編『靖国闘争』新教出版社、1970年
1-11　戸村政博編『靖国闘争』新教出版社、1970年

第二章
2-1　長崎原爆資料館所蔵
2-2　高原至ほか『長崎　旧浦上天主堂』岩波書店、2010年
2-3　高原至ほか『長崎　旧浦上天主堂』岩波書店、2010年
2-4　米軍撮影／広島平和記念資料館所蔵・提供
2-6　広島市立公文書館所蔵
2-7　広島市立公文書館所蔵

第三章
3-1　沖縄県編・発行『沖縄　戦後50年のあゆみ』1997年
3-3　沖縄県立公文書館所蔵
3-4　沖縄県立公文書館所蔵
3-5　沖縄県立公文書館所蔵
3-6　沖縄タイムス社『写真記録　戦後沖縄史』1987年
3-7　沖縄県編・発行『沖縄　戦後50年のあゆみ』1997年
3-9　筆者撮影（2015年3月）
3-10　沖縄タイムス社編・発行『写真記録　戦後沖縄史』1987年

第四章
4-1　『なつかしの日本映画ポスターコレクション』近代映画社、1989年
4-4　日活ポスター集製作委員会編・発行『日活ポスター集』1984年
＊映画シーンはいずれもDVD『野火』（KADOKAWA、2015年）より

第五章
5-1　映画『軍旗はためく下に』広告
5-8　『世界の映画作家22　深作欣二・熊井啓』キネマ旬報社、1974年
5-9　佐々木順一郎・円尾敏郎編『日本映画ポスター集　東映活劇任侠編II』ワイズ出版、2001年

5-11　佐々木順一郎・円尾敏郎編『日本映画ポスター集　東映活劇任侠編Ⅱ』ワイズ出版、2001年
5-13　佐々木順一郎・円尾敏郎編『日本映画ポスター集　東映活劇任侠編Ⅱ』ワイズ出版、2001年
＊映画シーンは、上記にあるものを除いて、いずれもDVD『東宝・新東宝戦争映画DVDコレクション43　軍旗はためく下に』（ディアゴスティーニ、2015年）より

第六章

6-1　『以悲留』第3号、1984年

第七章

7-1　『毎日グラフ臨時増刊　続・日本の戦歴』1965年11月
7-2　知覧特攻慰霊顕彰会編・発行『魂魄の記録』2004年
7-3　知覧特攻慰霊顕彰会編・発行『魂魄の記録』2004年
7-4　『毎日グラフ臨時増刊　続・日本の戦歴』1965年11月
7-6　佐々木順一郎・円尾敏郎編『日本映画ポスター集　第二東映、ニュー東映、東映編　佐々木順一郎コレクション』ワイズ出版、2001年
7-7　知覧特攻慰霊顕彰会編・発行『魂魄の記録』2004年
7-8　『町報ちらん』1974年11月号
7-9　知覧高女なでしこ会編『群青』1996年
7-10　知覧特攻慰霊顕彰会編・発行『魂魄の記録』2004年

終章

9-1　『東宝・新東宝戦争映画DVDコレクション4　日本のいちばん長い日』（ディアゴスティーニ、2014年）
9-2　『日本のいちばん長い日』（2015年）広告
9-3　『なつかしの日本映画ポスターコレクション』近代映画社、1989年
9-4　広島市編・発行『街と暮らしの50年』1996年
9-5　広島市編・発行『街と暮らしの50年』1996年
9-6　『キネマ旬報』1966年11月下旬号
9-7　『東宝・新東宝戦争映画DVDコレクション15　独立愚連隊』（ディアゴスティーニ、2014年）
9-8　DVD『肉弾』（ジェネオン エンタテインメント、2005年）
9-10　DVD『男たちの大和　YAMATO』（東映、2006年）

あとがき

11-1　中国新聞社編・発行『増補　ヒロシマの記録』1986年
11-2　筆者撮影（2010年）